本书受到山东省自然科学基金青年基金项目“跨期双重选择行为下家庭财富资本与代际流动的传递机制研究”（ZR2022QG041）、青岛金圣润电器有限公司数字化管理优化咨询项目资助。

家庭财富代际传递的跨期双重选择机制研究

尹玉琳◎著

INTERTEMPORAL DUAL-CHOICE MECHANISMS AND THE INTERGENERATIONAL TRANSMISSION OF FAMILY WEALTH

中国经济出版社
CHINA ECONOMIC PUBLISHING HOUSE
·北 京·

图书在版编目(CIP)数据

家庭财富代际传递的跨期双重选择机制研究 / 尹玉琳著. -- 北京 : 中国经济出版社, 2025. 5. --ISBN 978-7-5136-8189-6

Ⅰ. F126.2

中国国家版本馆 CIP 数据核字第 20250LN517 号

策划编辑　崔姜薇
责任编辑　张　博
责任印制　李　伟
封面设计　任燕飞

出版发行　中国经济出版社
印 刷 者　河北宝昌佳彩印刷有限公司
经 销 者　各地新华书店
开　　本　710mm×1000mm　1/16
印　　张　15.75
字　　数　232 千字
版　　次　2025 年 5 月第 1 版
印　　次　2025 年 5 月第 1 次
定　　价　88.00 元
广告经营许可证　京西工商广字第 8179 号

中国经济出版社 **网址** http://epc.sinopec.com/epc/ **社址** 北京市东城区安定门外大街 58 号 **邮编** 100011
本版图书如存在印装质量问题，请与本社销售中心联系调换(联系电话：010-57512564)

前言 Preface

在当今社会经济格局中，家庭财富积累与代际流动已成为影响社会公平与经济可持续发展的核心议题。改革开放四十余年来，中国家庭财富总量跃居世界前列，但财富分配的代际固化现象却日益凸显：高收入家庭通过房产、金融资产与教育投资形成“代际优势闭环”，而低收入家庭则陷入“低储蓄—低教育投入—低社会流动”的恶性循环。这一现象背后，隐藏着家庭在“积累”与“转移”、“利己”与“利他”之间的跨期双重选择行为——既要在当期消费与长期投资间权衡，又要在物质资本积累与子女人力资本培育间分配资源。本书聚焦家庭经济决策中的跨期双重选择行为，深入剖析其对家庭财富积累、分配以及代际流动产生的影响，致力于揭示背后隐藏的复杂传递机制。

家庭财富作为家庭经济状况的重要体现，其积累、分配和传承不仅关乎个体家庭的福祉，更与整个社会的经济结构和发展趋势紧密相连。从宏观角度看，家庭财富的总量增长和结构变化反映了社会经济的发展水平与变迁；从微观角度看，家庭财富的代际传递直接影响着下一代的发展起点和机会。代际流动则是衡量社会公平性与活力的关键指标，它体现了子女相对于父母在社会经济地位上的变动情况。较高的代际流动性意味着社会为不同阶层的个体提供了较为平等的发展机会，有利于激发社会活力，促进资源的合理配置；反之，较低的代际流动性可能导致社会阶层固化，阻碍社会的进步与和谐发展。

本书将深入挖掘跨期双重选择行为与家庭财富、代际流动之间的内在联系。通过严谨的理论分析与翔实的实证研究，尝试解答一系列关键问题：家庭在跨期双重选择过程中，如何权衡短期利益与长期目标，进而影响家庭财富的积累与分配策略？不同类型的跨期双重选择行为，如教育投资决策与职业选择决策的交互影响，对代际流动会形成怎样的作用机制？社会经济环境的变化，如宏观经济波动、政策调整等，如何改变家庭的跨期双重选择行为，进而对家庭财富传承和代际流动格局造成冲击？

在研究方法上，本书综合运用经济学、社会学、心理学等多学科理论与方法，构建了全面而深入的分析框架。一方面，借助经济学的数理模型，对家庭的跨期双重选择行为进行精准刻画，量化分析其对家庭财富和代际流动的影响；另一方面，通过社会学的调查研究方法，深入了解家庭决策背后的社会文化因素和个体心理动机。同时，结合心理学的行为实验方法，验证理论假设，进一步揭示家庭在跨期双重选择行为中的非理性行为特征及其对家庭经济决策的影响。

希望本书的研究成果能为相关领域的学术研究提供新的理论视角和实证依据，推动家庭经济学、代际流动理论等学科的发展与完善。在政策实践方面，为政府制定促进家庭财富合理增长、优化收入分配格局、提升代际流动性的政策措施提供科学参考，助力社会实现更加公平、可持续的发展目标。

目录
Contents

第 1 章 绪 论

1.1 研究背景及问题提出

在我国由计划经济体制向现代市场经济体制转型的过程中，家庭逐渐摆脱了计划经济体制的桎梏，开始独立地积累和分配财富。这一变革使得全国城乡居民的家庭资产在数量和种类上都经历了翻天覆地的变化。“让一部分人先富起来”的发展策略极大地激发了社会成员的积极性和创造力，促进了经济的快速增长。然而，随着时间的推移，这一策略也带来了一系列社会问题，特别是关于财富分配不均和代际流动的问题。一方面，先富起来的群体通过积累财富和资源，为子女提供了更好的教育、医疗和就业机会，从而加剧了社会阶层固化；另一方面，后富或未富起来的群体在资源获取上处于劣势，其子女的未来发展也面临更多障碍。财富不平等已成为21世纪一种重要的不平等（Piketty，2014）①，这不仅引发了金融危机，阻碍了经济增长，还进一步加剧了社会冲突，对经济社会的正常运行造成了巨大冲击（Goda & Lysandrou，2011②；Bagchi & Svejnar，2015 ③；Aaskoven，2022 ④）。鉴于中国家庭财富积累已达到较高水平，缩小财富分配差距成为实现全民共同富裕的核心问题。因此，深入研究中国家庭财富与收入分配不均之间的联系，是当前的重要议题。

---

① ［法］托马斯·皮凯蒂（Thomas Piketty）. 21世纪资本论［M］. 北京：中信出版社，2014.

② GODA T，LYSANDROU P. The contribution of wealth concentration to the subprime crisis：A quantitative estimation［J］. Social Science Electronic Publishing，2011，38（2）：301-327.

③ BAGCHI SUTIRTHA AND JAN SVEJNAR. Does wealth inequality matter for growth? The effect of billionaire wealth，income distribution，and poverty［J］. Journal of Comparative Economics，2015，43（3）：505-530.

④ AASKOVEN，LASSE. The political effects of wealth inequality：Evidence from a Danish land reform［J］. Comparative Politics，2022，55（1）：143-164.

随着我国居民家庭收入与财富水平普遍提升，以及收入差距和财富差距日益扩大，社会上"寒门难出贵子"和"富二代""官二代"等现象频繁出现。家庭财富对子女教育和就业所造成的深刻影响，已经引起了社会各界及学术界的广泛关注和深入探讨。关于这一社会现象的讨论引发了各界的深思：为何寒门难出贵子？家庭经济状况如何影响子代的就业与收入？人力资本投资领域正面临诸多质疑。相较于高等教育，义务教育资源已不再稀缺，但优质的义务教育资源依旧稀缺。尽管新修订的《中华人民共和国义务教育法》明确禁止对学校进行重点与非重点的划分，然而，长期存在的"重点"学校和重点"班级"现象不可能在短时间内彻底消除。诸多示范学校及特色班级依然存在，其教学品质与普通学校相比，差异依旧显著。经济条件优越的城镇家庭，对义务教育的追求已从"有无"转向"优劣"，更加注重教育资源的品质。鉴于城乡之间的差异以及流动人口在教育权益方面的不足，农村家庭及农民工家庭的子女在义务教育阶段主要关注的是能否获得相应的教育资源，这使得他们在教育的起始阶段就已经显著落后于城镇家庭的子女。尽管高中教育不属于义务教育范畴，但它是通往高等教育的关键途径。依据劳动力市场分割理论，教育可被划分为地位教育与生存教育两大类。通常而言，获得本科及以上学历者接受的是地位教育，其就业机会多集中在主要劳动力市场；而未获得此类学历者则接受生存教育，其就业机会主要在次要劳动力市场。据此，完成高中教育却并未进入高等教育阶段的个体，与未接受高中教育者在本质上并无显著差异，均属于生存教育范畴(刘精明，2004①)。在高中教育阶段，部分重点学校通过征收高额的择校费，导致一些农村家庭的子女以及经济条件较差的城镇家庭子女被排除在外。此外，高昂的择校费、学区房价格以及海外留学的热潮，使得城镇内部不同经济条件的家庭在教育投资上面临不同的约束。

根据清华大学发布的数据，2020 年该校在内地的招生中，仅有 19.3% 的学生来自农村及贫困地区。若排除通过学校"自强计划"和国家专项计划录取的学生，来自农村的生源比例实际上不足 10%。多数来自农村地区的

① 刘精明．教育选择方式及其后果[N]．中国人民大学学报，2004(1)：67.

学生难以获得优质的高等教育机会，这主要表现为他们进入顶尖学府的比例相对较低。造成这一现象的根本原因在于，不同家庭经济条件所导致的义务教育阶段和高中教育阶段资源分配不均。由此可见，社会普遍持有这样一种观点：家庭条件较好的孩子更有可能借助父母的人力资本投资和社会资本来获取更好的职业机会。基于对子女的关爱，父母往往会通过财富转移的方式来增进下一代的福祉（Becker & Tomes，1979）①，譬如给子女提供更多的人力资本以及社会资本投入等，从而提升子女的学历水平以获得更多的就业机会；通过直接的财富转移，有效提高子女未来的物质生活水准，并增强其应对经济波动的能力。然而，一些学者持有不同观点，他们认为家庭财富的直接转移可能会对子女的劳动供给产生不利影响。例如，Cardia 和 Ngde（2003）②的研究表明，父母向子女转移的财富会降低子女参与劳动的意愿；家庭财富的直接转移倾向于使子女选择更为轻松的职业，并减少其工作时间。

因此，本书在构建跨期双重选择模型的基础上，基于家庭劳动供给理论，结合中国经济的特征及现实制度安排，从微观层面深入探讨家庭财富对子女收入和就业的影响效应、作用机制以及异质性，旨在揭示家庭财富与子女经济地位之间的微观机理，进而为国家相关部门的政策制定提供理论和实证支持。

1.2 研究意义

为了实现共同富裕，中国通过建立共同富裕统计监测体系，不断推进脱贫攻坚和乡村振兴，致力于缩小城乡差距、地域差距和收入差距。根据《共同富裕蓝皮书：中国共同富裕研究报告（2022）》，2013—2020 年，中国共同富裕指数从 24.67 增长至 44.23，增长了 79.3%，显示了共同富裕

---

① BECKER G S, TOMES N. An equilibrium theory of the distribution of income and intergenerational mobility[J]. Journal of Political Economy, 1979, 87(6): 1153-1189.

② CARDIA E, NGDE S. Intergenerational time transfers and childcare[J]. Review of Economic Dynamics, 2003, 6(2): 431-454.

程度的显著提升。要缩小收入差距，家庭财富的合理规划成为重点关注问题。

1.2.1 理论层面

（1）有助于深化对家庭劳动供给理论的理解，并从家庭财富的视角拓展了对我国当前青年就业问题研究的视野。

“寒门难出贵子”等社会现象的频繁出现，凸显了家庭财富在子女就业过程中日益增长的重要性。学者们对此现象的阐释多集中于家庭财富作为子女社会资本在就业中的作用方面。然而，随着我国劳动力市场监管的逐步加强，父母通过权力寻租等方式为子女谋职的途径受到限制，在子女就业趋向公平化的背景下，家庭财富仍然对子女就业产生显著影响。因此，本书选取家庭财富代际转移作为研究的切入点，深入探讨家庭财富与子女就业之间的关系，旨在使家庭财富对子女就业影响的内在机制更加明晰。鉴于子女作为家庭中的重要一员，研究家庭财富与子女收入及就业之间的联系，有助于更深入地理解家庭劳动供给理论，并为青年就业问题的研究提供新的视角。

（2）有助于丰富家庭财富、代际转移及人力资本投资微观领域研究。

本书的研究立足于财富代际传递的视角，构建了一种综合考虑跨期双重选择行为的家庭财富代际传递模型，旨在探讨财富间接传递（即人力资本投资）与财富直接传递对子女就业和收入的影响。Becker（1979）所提出的关于人力资本投资的理论，主要从间接角度分析了其对子女就业收入的作用。本研究则在考虑社会现实的基础上，将财富直接代际传递的因素纳入分析框架，并深入剖析了其对子女就业和收入的影响机制。此外，本书从子女就业收入、就业选择以及工作时长三个维度进行综合分析，以期全面理解家庭财富对子女社会经济地位的影响，进而丰富并拓展关于家庭财富、代际传递以及人力资本投资的理论研究。

1.2.2 现实层面

（1）有助于破解代际固化困境，促进社会公平正义，实现共同富裕。

在当前社会，代际固化现象日益引起人们的关注。家庭背景的差异往往导致子女在教育和就业等方面面临不公平的待遇，进而加剧了社会阶层的固化。本书通过深入探讨家庭在“物质积累”与“人力投资”“利己消费”与“利他转移”之间的权衡，建立家庭财富代际传递的机制，为破解这一困境提供了新的视角和思路。通过揭示财富直接和间接传递对子女就业和收入的影响，本书有助于政策制定者更准确地把握代际传递的规律，为设计差异化政策提供依据，从而使政策制定者制定出更加公平合理的政策，促进社会公平正义的实现。同时，通过引导家庭理性地进行财富管理和人力资本投资，本书也有助于提升家庭的整体福祉，为实现共同富裕奠定坚实的基础。

(2)有助于引导家庭理性决策，提升财富管理效能。

通过研究家庭财富与人力资本之间的关系，促进家庭资产配置科学化，规避“教育过度投资”风险，进而警示城市中一些家庭“倾家荡产买学区房”的非理性行为，从而保障家庭财务健康。同时，家庭还要关注子女的全面发展，为子女的长远发展奠定坚实物质基础。通过合理的家庭财富管理和人力资本投资，家庭可以增强自身的金融风险抵御能力。在面对经济波动或突发事件时，拥有稳健的财务状况和多元化资产配置的家庭能够更好地应对挑战，减少因经济压力而对子女教育和生活质量的负面影响。同时，提升家庭成员的金融素养和风险管理意识也是增强家庭金融风险抵御能力的重要一环，这有助于家庭做出更加明智和理性的财务决策，从而保障家庭的长远发展和稳定。

(3)有助于引导父母选择恰当的方式对子女进行代际财富转移，实现父母和子女效用最大化。

父母可通过间接与直接两种方式对子女进行代际财富转移。间接转移以对子女进行人力资本投资为主。本书中，国内外学者通过大量研究证实，人力资本投资在提升女性就业质量和竞争力方面发挥着关键作用。例如，研究显示，人力资本投资有助于提高女大学生的就业机会和竞争力，降低就业市场上的性别歧视，以及提高女性的教育水平和技能水平。对子女进行人力资本投资，能够有效增强其个人能力，促进其在职场上的长期发展；同时，此举对国家而言，亦有助于提高劳动力素质，推动我国经济结构的优化升级。因此，在父母考虑向子女进行财富传承时，应优先考虑对子女进行充分的人力资本投资。适度的直接财富转移能够改善子女的就业状况，但若父代直接财富转移金额超过一定限度，则可能削弱子女的就业动力。因此，在确保充分的人力资本投资基础上，父母可以适度地对子女进行直接财富转移，以期达到父母与子女双方效用的最大化。

1.3 研究思路和章节安排

本书主要研究了“寒门难出贵子”“富二代”以及“富不过三代”等社会现象背后的代际流动机制，即家庭财富对子代劳动收入及劳动供给所产生的影响，并对其影响机制进行了实证分析。首先，本书以 Becker 的人力资本理论为基础，结合利他主义、博弈论以及劳动供给理论等经济学多重视角，同时考虑了父辈对子辈的人力资本投资与直接财富转移两种行为。假设父辈与子辈均以效用最大化为目标，并将父辈的利他动机纳入理论模型，从而构建跨期双重选择行为下的人力资本代际流动模型，并进行了理论推导，以揭示家庭财富与子代劳动收入之间的关系。其次，本书使用中国家庭追踪调查(CFPS)数据，对我国居民家庭财富及金融资产持有状况进行了深入分析，并重新评估了代际流动性弹性以及家庭财富转移对代际收入弹性的作用，旨在验证模型推论。再次，通过实证分析，检验了家庭财富对子代收入的间接影响路径——人力资本投资，并进一步探讨了人力资本水平对子代收入差距的贡献率。最后，本书验证了家庭财富对后代收入、职业选择以及劳动供给时间的影响。本书章节结构安排如下：

第 1 章是绪论。主要介绍了本项目的研究背景、研究问题、研究意义、研究思路、研究方法、技术路线图等。

第 2 章是概念界定及文献综述。主要对本书涉及的几个核心概念进行明确界定，并系统性地归纳和整理了家庭资产选择行为以及代际流动影响机制的相关研究理论，然后，基于本书的切入点和研究思路对现有的文献进行述评。

第 3 章是理论基础研究。主要是基于双重选择行为视角的代际流动机制分析，其以 Becker 和 Tomes（1979，1986）的理论模型为基础并做了适当扩展：一是在父母对子女人力资本投资行为的基础上增加直接财富转移行为，二是父代和子代都将根据各自的约束条件在劳动和闲暇之间做出行为选择。主要包括：OLG 跨期迭代理论、Atkinson 代际收入分配理论、父母效用函数与选择行为、家庭财富与子代收入的关系等。

第 4 章是家庭财富现状。主要分析我国当前家庭财富的整体规模、结构特征及其变化趋势。首先，通过对 CFPS 数据进行整理和分析，描绘出我国居民家庭财富的总体规模。其次，深入探讨家庭财富的结构特征，包括金融资产、房产等不同类别财富的占比及其变动情况。最后，分析不同收入水平、城乡、区域之间家庭财富的差异性，揭示家庭财富分布的不均衡现象。本章为后续的代际流动机制研究提供现实背景和数据支持。

第 5 章为代际收入流动性测算。采用 2010—2020 年的 CFPS 数据，刻画了父代和子代的收入关系。为了验证理论模型的推论准确性，本章采用了多种方法进行严谨检验。另外，为了保证测算结果相对更加准确，在解决样本选择偏差问题的基础上，采用平均收入值法和工具变量法测算代际收入弹性，同时纳入了家庭财富直接转移因素，评估其对子代收入弹性的影响。

第 6 章是家庭财富对人力资本的影响分析。本章主要分析家庭财富对家庭教育支出的影响，家庭教育支出、择校行为与子代上重点学校的概率之间的关系，教育非同质背景下择校行为对子代收入及职业的影响。主要回答以下几个问题：第一，家庭财富或家庭收入每提高 1 个百分点，教育支出会提高多少个百分点？不同分位的家庭收入对教育支出的影响存在多少差异？第二，教育投入的增加与学生学业成绩之间是否存在正相关关系，即教育支出每提高 1 个百分点，子代的学习成绩能否相应提高？研究显示，不同经济水平的家庭教育支出对子代学习成绩的影响存在差异，例如，收入较高的家庭的教育支出弹性较大，其子代的学习成绩相对较好。第三，在择校行为的影响下，子代进入重点学校的概率如何？家庭财富每增加 1 个百分点，子代进入重点学校的概率能否相应提高？

第 7 章是人力资本对子代收入的影响分析。本章采取相对教育指标，将代际优势/劣势积累纳入分析框架，进一步分解了人力资本在投资阶段和收益阶段对子代收入的影响，并将子代收入差距进行了 RIF 反事实分解。本章主要回答以下问题：第一，不同教育代际流动对子代收入的影响如何？第二，教育对子代收入差距的解释力是多少？

第 8 章是家庭财富对子代收入及劳动供给的影响分析。主要分析了居民家庭财富情况，选取家庭财富和家庭收入两个变量分析家庭财富对子代收入、子代职业偏好和子代劳动供给时间的影响，本章采用 CFPS 数据并用大量实证分析来检验，具体回答了以下几个关键问题：首先，家庭对子女经济支持如何影响子代的收入、职业选择及劳动时间？其次，家庭净财富或家庭收入每增加 1 个百分点时，对子代收入、职业选择及劳动时间的具体效应，即在财富分化的情况下，财富较多的家庭，其子代是否选择轻松的职业，或者说子代是否选择社会地位更高的职业而不是收入更高的职业？最后，在控制子代人力资本水平的条件下，直接财富转移是否会降低其劳动供给时间？

第 9 章是主要结论及政策建议。对本书的理论模型和主要实证结果进行总结。提出以下建议：提升贫困家庭在子女人力资本方面的投资水平，降低家庭直接财富转移，推动教育的优质均衡发展，减少劳动力市场中的歧视性制度，优化家庭资产配置，提高社会流动性。

1.4 研究方法和技术路线图

1.4.1 研究方法

本书以劳动经济学、微观经济学、新制度经济学等相关理论为基础，使用微观调查数据针对我国家庭资本的选择行为构建了动态模型，在此基础上，加入家庭资本因素影响收入代际流动的内在机理加以实证检验。具体的研究方法如下：

(1)文献与比较研究：广泛查阅并分析国内外的文献资料，深入了解代际流动研究的最新进展，熟练掌握各种主要的理论模型和计量方法。结合中国的发展实际情况，提出科学合理的研究假设，构建适用于我国居民的理论模型和研究方法。通过对国内外文献的比较分析，揭示我国代际流动问题的特殊性和复杂性，为后续实证研究提供坚实的理论基础和方法支撑。

(2)归纳分析与逻辑推理：①基于文献研究，通过归纳与分析的方法，构建了一个涵盖人力资本投资、直接财富转移、个体劳动供给决策三个维度的理论模型，以梳理并深入探讨代际流动的内在机制。②通过逻辑推理的方式，深入探讨了家庭财富对下一代收入的影响机制以及二者之间的动态平衡关系。以此为理论基础，探讨缩小财富差距、提高代际收入流动性的有效手段。

(3)微观计量分析：计量分析主要是为了揭示代际流动现状并对理论模型的推论进行验证，具体包括三个部分：①在充分考虑数据选择性偏差问题的基础上，使用OLS模型、分位回归模型、人力资本模型等测算中国的代际收入弹性等。②基于扩展的人力资本理论框架，运用了固定效应模型、随机效应模型、分位回归模型、Mlogit模型、Mprobit模型、工具变量法以及Tobit模型等多种计量手段。③利用Logit模型、Probit模型、Mlogit模型、Mprobit模型以及Heckman两阶段法等计量工具，深入分析了家庭财富与子代职业偏好、劳动供给之间的内在联系。④采用RIF反事实分解法，分解人力资本水平对子代收入差距的作用机制。

1.4.2 技术路线

本书遵循“提出问题—模型构建—机制分析—实证分析—对策建议”的逻辑顺序，通过文献梳理、归纳演绎、定性分析与定量研究相结合的方式展开研究，课题研究的关键技术路线和方法见图1-1。

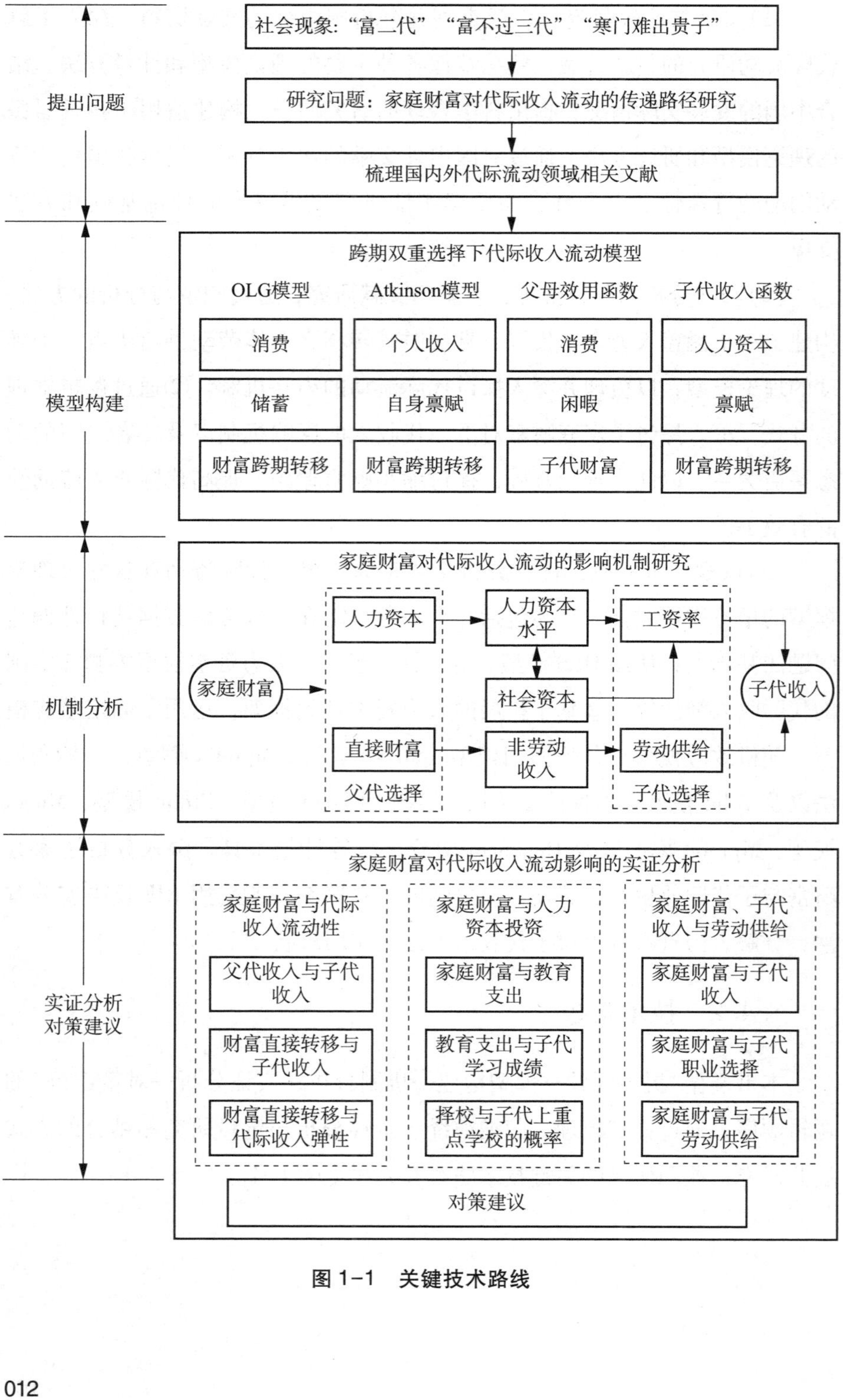
提出问题
社会现象:“富二代”“富不过三代”“寒门难出贵子”
研究问题:家庭财富对代际收入流动的传递路径研究
梳理国内外代际流动领域相关文献
模型构建
跨期双重选择下代际收入流动模型
OLG模型
Atkinson模型
父母效用函数
子代收入函数
消费
个人收入
消费
人力资本
储蓄
自身禀赋
闲暇
禀赋
财富跨期转移
财富跨期转移
子代财富
财富跨期转移
机制分析
家庭财富对代际收入流动的影响机制研究
家庭财富
人力资本
直接财富
父代选择
人力资本水平
社会资本
非劳动收入
工资率
劳动供给
子代选择
子代收入
实证分析
对策建议
家庭财富对代际收入流动影响的实证分析
家庭财富与代际收入流动性
父代收入与子代收入
财富直接转移与子代收入
财富直接转移与代际收入弹性
家庭财富与人力资本投资
家庭财富与教育支出
教育支出与子代学习成绩
择校与子代上重点学校的概率
家庭财富、子代收入与劳动供给
家庭财富与子代收入
家庭财富与子代职业选择
家庭财富与子代劳动供给
对策建议

图 1-1　关键技术路线

第 2 章

概念界定及文献综述

2.1 概念界定

(1)家庭财富。

家庭财富即家庭资产，指的是家庭所拥有或控制的、能够以货币计量的经济资源或预期的未来经济收益。根据《基本会计准则》，资产是指企业通过过去的交易或事件形成的、企业所拥有或控制的、预期能够为企业带来经济利益的资源。本书中所提及的家庭财富，特指家庭的净资产，即家庭资产与负债之间的差额。

(2)直接财富转移。

财富转移乃处理家庭资产的一种方式，本书特指父代对子代的财富转移。直接财富转移特指父母在生前向子女进行的财产馈赠行为，不包含遗产继承。其核心特征是财产性质保持不变，而所有权发生转移。生前的财产馈赠与逝世后的遗产继承对子女行为的影响存在差异。本书中所提及的直接财富转移，专指生前的财产馈赠，排除了遗产继承的情形。

(3)人力资本与人力资本投资。

人力资本是指蕴含于劳动力个体之中的体力、知识技能等，这些能力是从事生产活动能力的总称(Schultz，1961)①。舒尔茨(Schultz)划分出五种具备经济价值的人类能力，具体包括：学习能力、完成有意义工作的能力、参与各种文娱体育活动的能力、创造力以及应对非均衡状态的能力。Becker(1964)②进一步深入探讨了人力资本的形成与积累，明确指出教育、

---

① SCHULTZ，THEODORE W. Investment in human capital[J]. The American Economic Review，1961，51(1)：1-17.

② BECKER，GARY S. Human capital[M]. New York：National bureau of economic research，1964.

培训、健康投资均为个体人力资本的构成要素。国内学者对人力资本的界定普遍遵循舒尔茨和贝克尔的定义，主要围绕知识、技能、健康及经验等方面进行阐述。兰玉杰、陈晓剑(2003)①认为，人力资本是指那些内化于个体之中，并在生产过程中发挥作用的知识、技能、能力、健康以及努力程度等要素的综合价值。该定义以劳动者的个体差异为出发点，体现了人的观念、知识、技能、能力和健康等要素的稀缺性，以及这些要素在市场上的供求关系。

所谓人力资本投资，是指投资者通过对个体进行资本投入(包括货币资本或实物资本)，提升其人力资本水平，从而增加劳动产出的一种投资活动。本书所探讨的人力资本投资，特指父辈对子女的人力资本投资行为，其核心内容涵盖父母对子女的教育投入、健康投入以及心智开发等，而不包括个体工作经验的积累或自我进修等其他形式的人力资本投资。从理论上讲，人力资本投资的差异主要体现为数量上的不同，但在实际操作中，通常还需进一步区分质量上的差异。因此，在实证研究过程中，对人力资本投资的衡量主要通过观察父辈对子女的教育支出、择校类型选择、是否为教育进行储蓄等指标来进行。根据 Becker 和 Tomes(1979, 1986)的代际流动理论，父代与子代收入之间的相关性是通过父代对子代的人力资本投资建立的，即父代先将家庭财富转变为子代的人力资本，再由人力资本转变为子代的财富或收入，这条路径可看作间接财富转移[1][2]。

(4)收入差距。

收入差距是指在特定时期内(通常为一年)个人或不同群体在收入分配过程中所获得的收入在数量上所呈现的不均衡。这种不均衡反映在居民通过劳动所获得的工资、奖金、津贴等收入，通过拥有生产要素的所有权和使用权所获得的收入，通过拥有财产所获得的收入，以及通过转移支付所获得的收入等多个方面。我国国家统计局已停止发布基尼系数，然而，通过人均可支配收入这一指标，我们依然能够洞悉我国居民之间的收入差

① 兰玉杰，陈晓剑. 人力资本的概念界定及其性质研究[J]. 科学学与科学技术管理，2003，24(4)：3.

距。例如，根据国家统计局的数据显示，2024 年全国居民人均可支配收入为 41314 元，收入最高的 20%家庭（高收入组）的人均可支配收入为 98809 元，收入最低的 20%家庭（低收入组）的人均可支配收入为 9542 元，前者是后者的 10 倍以上，收入差距较为显著。此外，收入差距有绝对与相对之分。其中，绝对收入差距通常以货币单位或其他物质指标来衡量，它反映了不同个体或群体之间在收入绝对值上的差异。相对收入差距则着重于收入的比重或相对份额，揭示了收入分配在不同个体或群体间的相对差距。绝对收入差距与相对收入差距之间既存在联系也存在差异：在总收入水平保持不变的情况下，绝对收入差距与相对收入差距的变化趋势是一致的，即绝对收入差距的扩大往往伴随着相对收入差距的扩大；然而，在总收入水平波动的情况下，绝对收入差距与相对收入差距的变化趋势可能并不一致。

（5）收入代际传递。

收入代际传递（亦称代际转移）主要指父辈的资源禀赋特征传递给子代，使子代与父辈在各方面的经济境遇或特征存在相关性，这种相关性越强，则代际传递的效用也越强。在社会实践中，很多现象和特征均存在代际传递性，例如收入水平、社会阶层、教育成就、健康、文化价值等，古语“有其父，必有其子”正是对代际传递现象的诠释。

代际流动性是与代际传递紧密相关的概念，它涉及子代相对于父辈在社会经济状况上的变迁。通过对比代际传递与代际流动性，可以更深入地理解代际传递的内涵。代际传递与代际流动性的共通之处在于，两者均关注至少两代人之间在资源禀赋特征方面的相互依存性，即子代的社会经济地位在多大程度上受到其父辈的影响。差异体现在两个方面：首先，代际传递着重于继承性，意味着资源禀赋特征在连续两代人之间保持稳定。相对地，代际流动性则强调变化，即资源禀赋特征在两代人之间可能出现的变动。其次，两者在评定代际公平的标准上存在不同。代际传递越强，表明社会结构越趋于固化，中下阶层子女通过个人奋斗实现社会经济地位上升的可能性越低。相反，代际流动性越强，意味着后代无须依赖前代的资源禀赋特征，便能获得更佳的发展机遇，并能通过个人努力实现社会经济地位的提升。代际传递与代际流动性之间呈现出一种此消彼长的关系，即代际传递越强，则流动性越弱，反之亦然。实际上，代际依存关系的变动与稳定是相对的而非绝对的，两者之间存在相互渗透的现象。因此，多数研究者并未对代际传递与代际流动性作出严格区分。例如，在教育代际传递的研究中，父辈的教育水平对子辈教育具有显著的正面影响，同时，高等教育的扩招政策也对教育代际传递产生了积极的作用。

（6）收入差距代际传递。

收入差距代际传递指的是家庭间的收入差距以及导致收入差距的资源占有优势/劣势条件，由父母传递给子女，使子女重复父母的经济境遇——继承父辈间的收入差距以及导致收入差距的资源占有优势/劣势条件，并将这样的收入差距以及导致收入差距的资源占有优势/劣势条件再次传递给后代的传递链；也指在一定的社会或阶层范围内父辈间的收入差距以及导致收入差距的资源占有优势/劣势条件在代与代之间延续，使后代重复父辈的经济境遇。可以说，收入差距代际传递的本质是父辈经济地位的再生产。在现实生活中存在的“富二代、穷二代”等“二代”现象其实质就在于子代的收入水平与父代的收入水平呈现高度的相关性，父代在收入分配上的经济地位优势/劣势条件被传递给了子代，使父辈间的收入差距也传递给子代，形成新一代的收入差距。

如果说收入差距是收入分配在个人或家庭间不均等的结果，那么收入差距代际传递则是不同收入水平家庭间收入代际传递的现象。收入差距与收入差距代际传递既有所区别，又相互联系。其区别在于：一方面，收入差距衡量的是收入结果的不平等，而收入差距代际传递则会引起机会的不平等。收入差距代际传递意味着子女的收入水平在某种程度上自出生起就已经由父母的收入水平决定，与子女后天努力的关系较小。另一方面，收入差距侧重于衡量静态的、一段时间内的收入不平等，而收入差距代际传递则侧重于衡量动态的、超长时期的收入不平等，反映了收入差距在代际的继承与延续。其联系在于：收入差距是收入差距代际传递的逻辑起点，而收入差距代际传递是收入差距从父代传递到子代的动态过程，正是收入差距的客观存在，才会有后面的收入差距代际传递，二者同属分配问题的范畴。此外，收入差距代际传递与收入差距之间形成了相互强化的闭环：前者由后者引发，前者的存在又加剧了机会不平等，从而进一步扩大了收入差距，构成了一个动态的恶性循环。

2.2 家庭代际关系的研究

国际学术界针对家庭代际关系的理论研究旨在：一是探究家庭代际转移的动因；二是分析代际流动的传递机制。在经济学领域，研究代际关系时通常依据的理论主要有三个：生命周期理论、世代交叠理论以及代际转移的动机。

(1)生命周期理论。

生命周期理论由美国经济学家弗朗科·莫迪利安尼和理查德·布伦伯格于20世纪50年代提出，主要研究个人在不同生命阶段如何做出消费与储蓄的决策，以实现一生中消费的平稳过渡。该理论亦称作消费与储蓄的生命周期理论，其核心理念在于：理性的消费者会依据其一生的劳动收入和财产收入来规划消费支出，旨在一生中实现消费与收入的均衡。假设消费者是完全理性的，他们会根据自身消费效用的最大化，对一生的全部收入进行最优的消费与储蓄分配。换言之，个人在安排消费与储蓄时，其消费行为将受到其一生总收入的制约，而非仅受当前收入的影响。该理论的基本表述形式如下：

$$C_t = k \cdot PV_t \tag{2.1}$$

其中，PV_t 是未来总收入的现值，k 代表居民的边际消费倾向。生命周期假说认为储蓄乃是为了退休阶段的消费而进行的准备。人们能在一生中保持消费的均衡，正是储蓄功能的体现。在劳动阶段，个人的收入超过消费，形成正储蓄，这是一个储蓄积累的过程；而在退休阶段，个人则动用之前积累的储蓄来满足消费需求，此时表现为负储蓄，即储蓄的减少过程。直至生命终结，个体在劳动阶段的正储蓄与退休阶段的负储蓄相互抵消，从而实现一生总收入与总消费的均衡。

传统的生命周期理论主要针对个体进行研究，而将其研究范围拓展至多代人群，是诸多学者探讨代际关系的理论基础。扩展的生命周期理论指出，每一代人不仅要为自身的退休生活储蓄，还需对上一代进行代际财富的传递。在此过程中，尽管他们可能会因转移财富而暂时遭受利益上的损失，但这种损失预期将在由下一代向他们进行财富转移时得到相应的弥补。在均衡状态下，这种代际转移应当是相等的。假设我们将财富代际转移的量设定为一个恒定值 K，那么扩展的生命周期理论便可以通过以下公式进行阐述：

$$Y \cdot L = C \cdot N + K \tag{2.2}$$

其中 $Y \cdot L$ 是一生收入，$C \cdot N$ 是一生消费。这一扩展模型意味着由于代代相传，代际转移将会延续不断。正是因为每一代人在年轻时的积累难以支撑其退休后的养老需求，代际转移才得以应运而生，并因此具备了其存在的合理性。每代人的代际转移量相同是该理论的基本假设。

(2)世代交叠理论。

世代交叠理论最初由阿莱(Allais，1947)在其著作《经济与利息》中提出，随后萨缪尔森(Samuelson，1958)[3]、戴蒙德(Diamond，1965)[4]以及布兰查德(Blanchard，1985)[5]等学者对其进行了深入完善和广泛拓展，为分析个人及家庭在其生命周期中的储蓄与消费决策提供理论基础。戴蒙德模型与拉姆齐模型的主要差异是对人口的新老交替的假设条件上的差异。在戴蒙德的世代交叠经济中，假设在任何特定时刻，青年人和老年人均共存于世，且能相互交易。

同样为了简化分析，理论模型假设每个人只活两期，即青年期和老年期，同时假设人口以自然增长率 n 的速度增长，L_t 代表 t 时期出生的人。那么在 t 时期存在 L_{t-1} 个老年人，其中，$L_t=L_{t-1}(1+n)$。每个人在青年期提供劳动，获得的劳动收入用于消费与储蓄，在老年期退休，收入来源于青年时期的储蓄。

假设个人在青年期(t 期)和老年期($t+1$ 期)的消费分别是 C_t 和 C_{t+1}，其个人效用函数可以写为

$$U_t=\frac{C_t^{1-\theta}}{1-\theta}+\frac{1}{1+\rho}\cdot\frac{C_{t+1}^{1-\theta}}{1-\theta}\qquad(\theta>0,\ \rho>-1)\tag{2.3}$$

该效用函数是一个相对风险厌恶系数不变的效用函数。由于生命是有限的，不再假设 $\rho>n(1-\theta)g$，以确保终生效用不发散。假设 $\rho>-1$ 是为确保老年期消费权数大于 0，当 $\rho>0$ 则个人在青年期的消费权数大于老年期（同样一单位的消费，在青年时期获得的效用水平更高），如果 $\rho<0$ 则情形相反。

个人第二期消费的约束条件是

$$C_{t+1}=(1+r)(w_tA_t-C_t)\tag{2.4}$$

其中，w_tA_t 是在 t 期所获得的劳动收入，该收入在第一期消费和储蓄之间进行分配。在第二期，个体不工作仅获得租金收入，并将第一期的储蓄及利息全部用于第二期消费，死亡时无资金剩余。初始资本量 K_0 归老年人所有，经济在 t 时刻的资本存量为 K_t，$K_t=(w_{t-1}A_{t-1}-C_{t-1})L_{t-1}$。在第一期老年人拥有的资本与青年人所供给的劳动结合起来共同构成生产，促使生产过程不断持续和迭代。

（3）代际转移的动机。

经济学领域研究的主要代际关系是与代与代之间的收入转移、财富转移相关的代际经济流动。Lillard 和 Willis（1997）对代际转移的动机进行了综述，将家庭代际转移的动机主要分为三类：养老保障动机、回报动机以及利他主义动机[6]。这一理论为家庭成员间的代际支持提供了理论基础。

Willis（1979）是养老保障动机的最早提出者。他认为在发展中国家，由于金融体系不完善、财产权不稳定、通货膨胀以及缺乏公共养老保障体系，子女提供的代际转移（如经济支持、家务帮助和生活照料）成为老年人养老保障的重要方式。由于依靠子女养老和依赖储蓄的风险不相关，因此个人通常更倾向于寻找一个包括子女供养和各种非人力资产的最优组合[7]。随着市场经济的发展和社会保障体系的日益完善，父母对子女的代际支持依赖性有所减弱，相应地，养老保障的动机也有所降低。然而，在东亚文化背景下，尽管居民储蓄率较高，但受到儒家文化的影响，许多家庭依然倾向于依赖子女进行养老。

回报动机是指父母通过财富馈赠和借贷等方式对子代进行人力资本投资，作为回报，子女为父母提供养老保障。Becker 和 Tomes(1979，1986)构建了父母对子女资本投资的模型，该模型认为成年子女从父母那里获得的代际转移与父母对子女教育投资之间存在显著的正相关关系。子女成年后的收入能力，很大程度上取决于其青少年时期所接受的父母在时间和资源上的投入，特别是父母对子女健康和教育方面的投资。由于人力资本投资促进了经济增长，因此，父母也能通过给予子女的资源禀赋馈赠，间接享受到经济增长带来的福利[1][2]。

Becker(1974，1993)在其回报动机理论基础上提出了利他主义动机理论，他视利他行为为一种适应性的生产过程，认为利他主义者在最大化自身与受惠者适应性总和的过程中，其行为的均衡状态表现为施与者的边际适应性与受惠者的边际适应性相等。在解释家庭内部行为时，他认为家庭成员之间的无私馈赠是关键因素，通过家庭成员间的财富转移，旨在实现总体福利效用的最大化[8][9]。Becker(1974)认为父代会由衷地关心子代的生活状况，并在能力范围内给予子代经济支持，由此构建了利他主义的代际交叠模型。Buiter 和 Carmichael(1984)[10]、Burbidge(1983)[11]及 Abel(1987)[12]进一步扩展了代际交叠模型，认为经济个体的总效用不仅取决于其自身的消费，还包括从对上代人的赠予以及对下代人的遗赠中所获得的效用。

就国内而言，顾鉴塘(1988)[13]、王伟宜和谢作栩(2005)[14]以及刘慧珍(2007)[15]等学者在 Blalock、Blau 和 Duncan 等(1967)[16]的地位获得模型的基础上，对城镇与农村个人地位获得过程进行分析，逐步将社会结构、制度因素纳入分析模型，进一步立足中国经济与社会文化转型过程努力提出创造性解释，对家庭代际问题开展了不少相关研究。

2.3 代际流动的影响机制

Corak 和 Heisz(1999)通过对加拿大不同收入阶层的人群进行研究，发现各收入阶层之间的代际流动性存在显著差异。[17]。Balsmeier 和 Peters (2008)[18]、Reimer 和 Jacob (2011)[19]、Aina (2013)[20] 以及 Heaton 等 (2014)[21] 等学者收集了关于影响代际传递的各种时序数据，运用统计学方法和计量经济学模型，深入探讨了贫困代际传递的成因、内容及其相关因素，为制定促进代际流动的政策提供了关键的理论依据和数据支持。综观国际学术界对代际流动传递机制的研究，主要涵盖了以下几个核心领域：

(1)人力资本投资。

对代际收入传递机制的研究最早始于 Becker 和 Tomes(1979)，主要从父代对子代在教育方面的投资进行分析，揭示出这种投资水平对子代未来收入状况具有重要影响[1]。作为改变社会阶层的后天性因素之一，教育在缩小收入差距、促进机会公平等方面起着重要作用。高水平公共教育投资将带来代际收入流动性的提高(Iyigun & Owen，1999[22]；Susan & Leonard，2004[23]；Dustmann，2004[24]；Meghir & Palme，2005[25]；等等)。例如，Dustmann(2004)指出，教育公平是实现社会公平的关键因素，而公共教育支出对代际收入流动性的提升贡献较大。此外，Meghir 和 Palme(2005)的研究也表明，教育投资与未来收入的反馈关系是收入分配的基础理论。

国内学者主要聚焦于教育公平、父辈教育程度以及教育代际流动的实证研究，深入探讨教育如何影响代际流动。

一是从教育公平角度研究代际流动性。陆学艺(2004)指出，教育、政治背景以及相关的政治制度等因素，对中国当代的代际收入传递产生了显著的影响[26]。郭丛斌与闵维方(2007)的研究表明，在我国，随着市场化进程的不断推进，受教育程度对代际收入传递的影响呈现出逐渐增强的趋势[27]。Weiss 和 Steininger(2013)认为，父母自身的人力资本积累不仅影响自身收入，而且会影响代际收入流动，促进子女收入提高[28]。范静波(2019)指出，教育具有促进代际流动的功能，家庭资本显著影响教育资源的获得，导致优质教育资源向资本更为强势的家庭集中[29]。陈爱丽等(2019)认为，提高个体受教育水平有助于促进社会阶层的代际向上流动，并抑制代际向下流动[30]。林相森和李湉湉(2019)通过构建多重中介效应模型研究了低收入家庭子女的教育水平对其阶层向上流动机会的影响机制，发现教育投资是提升我国低收入家庭子女阶层向上流动机会的关键途径，且受教育程度越高，阶层上升的机会越大[31]。朱月季等(2020)发现，尽管父辈的受教育程度并不直接作用于代际流动性，但当子代为男性时，父辈的受教育程度对代际流动起中介作用，子代的受教育水平对农村家庭代际流动具有显著的正向影响[33]。

二是从父母受教育水平出发，对教育代际流动进行研究。孙永强等(2015)通过实证研究发现，父辈的受教育程度与子代的教育具有明显的关联性，尤其是母亲对子女受教育水平的影响，显得尤为突出[33]。王处辉和朱焱龙(2015)基于“OED 三角”理论进行分析后认为，子代能否接受高等教育，与其父代的社会地位之间存在着密切且重要的关联[34]。解雨巷和解垩(2019)基于 Ordered Logit 模型对阶层代际传递进行分析，代际教育和职业向上流动能够显著促进阶层向上传递，从而改善阶层固化，打破贫困代际传递[35]。彭骏和赵西亮(2021)的研究表明，尽管义务教育政策与高校扩招政策的实施，未显著改变农村家庭中教育的代际流动性，但这些政策显著促进了农村子女教育代际向上流动[36]。

三是实证分析教育对代际流动的影响。方鸣、应瑞瑶(2010)指出，职业代际传递和教育代际传递是我国居民家庭代际收入传递的主要传导路径[37]。黄潇(2014)通过相关研究得出，父代经济困难导致其子代经济困难的可能性高达 60%，对子代的教育投入能极大地提升代际收入流动水平并能产生较强的影响[38]。赵红霞和高永超(2016)通过建构理论模型来分析我国教育代际流动现象，结果显示，我国教育代际流动存在性别、籍贯和地区的差异性[39]。魏晓艳(2017)[40]借助 OLS 和分样本回归方法对我国高等教育代际传递现象进行研究，发现我国高等教育代际传递现象较为明显，子代教育水平的高低与父辈的受教育程度具有正相关关系。刘小鸽等(2018)参考阳义南和连玉君(2015)的研究方法，使用序数 Probit 模型，采用两步法工具变量进行估计，得出最优地区代际流动系数为 0. 66，代际教育弹性为 0. 34，当前我国的代际流动水平低于这一最优值[41]。王卫东等(2020)发现，教育能够推动农村劳动力实现代际向上流动，同时有效抑制其向下流动及传承[42]。霍雨佳(2021)通过对代际流动与机会不平等的反事实分解发现，教育代际流动系数总体为0.196，且存在性别差异[43]。

(2)社会资本或社会环境。

研究收入不平等在代与代之间的传递以及社会因素在其中发挥的作用，主要涵盖以下三个方面：

一是除了家庭因素以外，家庭所处的社会环境以及子代成长的社会环境也会通过与家庭因素交互的形式对代际流动性产生影响。Benabou (1996a[44]，1996b[45])、Durlauf (1996[46]，1997[47]，1999[48]，2006[49])以及Hoff和Sen(2005)[50]等学者提出了关于社区代际流动性的分析模型，为理解社区和代际流动的关系提供了理论基础。其中，比较重要的是，Durlauf(1999)对Becker和Tomes(1979)[1]以及Loury(1981)[51]的家庭代际流动模型进行了拓展，分析了收入不平等在代与代之间的传递以及社会因素在其中发挥的作用。他认为，社会网络理论的示范带动作用、所处社区的平均家庭背景情况以及父母对子女投资偏好等都可能会影响个体的行为。Streufert(2000)[52]对这一机制进行了进一步阐述。

二是Akerlof和Kranton(2002[53]，2008[54])进一步探讨了个体的自我实现和自选择问题，并假设个体教育选择决定他如何将自身身份与社区其他人联系在一起。这部分理论也和家庭内部的资源分配和子女的自身禀赋效应相联系。当社区中的年青一代观察到他人的人力资本回报时，他们可能会对自己设定更高的要求和期望，进而推动自我人力资本向更高层次发展，并最终在劳动力市场上获得更高的回报，从而在一定程度上超越家庭背景的影响。李宏彬等(2012)指出，子代毕业后首份工作的收入往往容易受到父代政治资本的影响，父代政治资源较多的子代首份工作收入比父代政治资源少的子代大约高13%[55]。李力行和周广肃(2015)开展了职业、政治地位、受教育程度等的代际收入传递问题的研究[56]。

三是由于社区的隔离所造成的信息的传递。Durlauf (1999[48]，2006[49])的研究表明社会环境和家庭因素相互影响从而进一步强化了单独因素对代际流动性的影响效应。社区的隔离会导致穷人与富人之间的分隔，这种隔离一方面造成了信息获得的不平衡，另一方面强化了家庭因素对子女的影响。Antoni 和 Matthew(2009)的研究表明社会环境会对代际收入传递产生作用，当投资于社会环境的敏感度增加时，代际收入传递程度也会相应地加强[57]。吴晓刚(2007)根据对中国户籍制度与代际职业流动的研究发现，户籍制度降低了我国居民家庭的代际收入传递程度[58]。权衡(2008)深入探究了公共权力、政府宏观政策对我国居民家庭代际收入传递与不平等的作用机理[59]。Chetty 等(2014)的研究也表明，美国各州之间存在较大的代际收入流动性差异，而这些差异一定程度上可以被社区之间的隔离及其他社区因素解释[60]。这从另一维度证实了社区因素对代际流动性具有直接且显著的影响。Emran 等(2015)在研究印度代际教育流动时发现，子代教育的差异 70%源于父母的受教育程度和地理位置[61]。Chetty 等(2017)认为，种族隔离现象以及家庭结构的稳定性对社会的收入流动性产生了显著的影响。这从另一个角度为社区因素对代际流动性的影响提供了直接证据[62]。Sandra 等(2019)通过比较领养家庭和亲生父母家庭，研究了财富多大程度上由遗传或者环境决定，结果发现，在财富继承发生之前，环境因素便扮演着至关重要的角色，即便在相对平等的瑞典社会，子代的财富积累亦更多地受到后天环境和经历的影响[63]。于莉等(2021)采用分层线性模型对超大城市中农业人口的社会经济地位进行同期群代际分析，研究发现，在个体层面，其受到空间迁移和户籍类型这两个政策性因素的积极影响[64]。

(3)财富资本。

收入是劳动者经济价值的核心构成要素，在家庭资本的传承过程中，财富扮演着至关重要的角色，这一现象在代际收入流动研究中是不可忽视的重要事实(Piketty，2000)[65]。家庭财富分配的不均衡性及其易于传承的特点，使得收入在不同代际之间的传递更为紧密。

随着我国家庭的财富结构发生了巨大转变，财富差距也呈日益扩大的趋势。从居民家庭财富构成的角度分析，耐用品的持有比例呈现下降趋势，而房产和金融资产的持有比例则有所上升。资产的差距已经逐渐超过居民的收入差距，而居民房产总值的差距已经占据财富差距的主要部分(李实，2000)[66]。陈琳和袁志刚(2012)对中国居民家庭代际收入传递变动趋势和代际收入传递内在传导途径进行了探究，人力资本、财富资本与社会资本对代际收入传递的解释力高达 60%[67]。范绍丰(2023)认为，社会保险通过人力资本、财富资本和借贷资本三种渠道影响代际收入流动[68]。

(4)基因禀赋。

对基因禀赋的研究衡量的是在特定人群中，个体间的遗传变异能在多大程度上解释某一特定结果的差异，尤其是将遗传因素和社会环境因素相结合时的解释能力。子代收入可以通过多种渠道遗传，经济学领域有大量的文献，如 Heckman 等(2006)表明，可遗传的非认知个性特征，诸如个性特质、成瘾行为，以及认知技能，均会对职业选择、劳动供给、工作投入程度及冒险倾向产生显著影响，而这些都会影响收入[69]。遗传的认知技能和非认知特质还会影响教育选择，从而通过教育回报影响收入(Plomin et al., 2014)[70]。Behrman 和 Taubman(1989)通过对 R. A. Fisher 的模型进行了修改，纳入了可能在亲属群体间存在关联的环境指标。他们利用八个亲属群体的数据对受教育程度的模型进行了估算，发现基因禀赋对受教育程度的差异有较大贡献，社会环境对子代收入方差的解释力则是 5%，即社会环境因素对子代未来收入产生的影响相对有限[71]。Björklund 等(2007)研究了瑞典的代际收入传递与基因禀赋的关系，实证结果表明：子代与亲生父母的代际收入弹性值分别高于子代与养父养母的代际收入估计系数[72]。Sacerdote(2007)[73]采取了类似的方法来研究基因禀赋在代际收入传递中的影响，其研究结果表明，子代受教育年限与其养父养母受教育年限间的相关程度较弱，而与其亲生父母受教育年限的相关程度较强。Björklund 和 Jäntti (2012)进一步地分析了环境和遗传因素对收入差距的影响，结果发现，共享的环境和遗传因素对包括认知和非认知技能、受教育程度以及长期收入在内的一些生产性特征对收入不平等的作用的解释力达到 40%至 60%[74]。Clark 和 Cummins(2015)从姓氏的角度出发，研究了精英学校中姓氏的传递性。他认为，单纯依据收入水平来衡量的代际收入弹性无法全面体现代际流动性[75]。由于代际收入弹性未能考虑某些潜在因素，这些因素反映了经济社会地位，因此它高估了代际流动性。在这些被忽略的因素中，遗传因素，特别是基因，能够解释其中的主要部分。基因对代际流动性的作用主要通过影响智力等指标，进而影响子女在劳动力市场上的表现来实现。Hill 等(2019)通过对英国生物样本库中 286301 名参与者的基因数据和家庭收入进行全基因组关联研究(GWAS)，发现了与家庭收入相关的 30 个独立基因位点，其中 29 个位点属首次发现。此外，研究还发现了 120 个与家庭收入相关的基因位点，其中 18 个与智力相关。通过孟德尔随机化分析，研究团队确认了基因遗传的认知能力与收入之间可能存在因果关系[76]。根据 Hyytinen 等(2019)的研究，结合克劳迪娅·戈尔丁的发现，我们了解到在芬兰，女性约 40%的终生劳动收入差异与遗传因素有关，这一比例略高于男性[77]。Goldin 等(2006)的研究进一步揭示了性别收入差异的复杂性，特别是在女性劳动力市场参与和受教育水平提高的背景下。同时揭示了第一个孩子的出生对女性职业发展和收入的显著影响，并发现共享环境的贡献可以忽略不计。即便在考虑了收入代理变量的使用、教育因素的调整以及遗传相关性测量中存在的误差后，研究结果依然保持稳健[78]。

随着近年来研究的进一步深入，部分文献认为基因和环境是相互作用的，即基因可以改变环境对代际流动性的影响，比如 Becker 和 Tomes (1976)的家庭生育决策和数量—质量权衡理论，以及后来的代际流动模型一致认为父母更倾向于对智商更高的子女进行投资[79]；同时，环境亦可对基因产生影响，例如，Noble 等(2015)的研究揭示了后天环境对早期儿童大脑结构产生作用，进而影响其未来的人力资本发展和劳动力市场的表现[80]。

(5)选型婚配。

匹配机制是婚姻市场的基本运行法则，对人们的婚姻观念和婚配行为产生着深远的影响。以“门当户对”为显著特征的同类婚姻，是我国婚姻市场的主流模式，尤其是教育层面的婚姻匹配机制(牛建林，2016[81]；Han，2010[82])，可能起到降低代际流动性、加剧家庭收入不平等的作用。一方面，在婚姻匹配机制的影响下，人们更倾向于寻找与其收入能力相匹配的伴侣，这进一步拉大了家庭收入差距，导致社会收入阶层越发固化；另一方面，父代的婚姻匹配模式不仅直接影响其配偶的收入水平以及家庭总收入水平，还通过人力资本投资路径，最终作用于子代的收入水平（Güell et al.，2015）[83]。这意味着婚姻匹配程度越高，代际流动性可能会越低，家庭收入能力差距越大，进而形成更为严重的社会收入阶层分化（Greenwood et al.，2014[84]；Schwartz，2010[85]）。

Chadwick 和 Solon（2002）的研究揭示，在代际收入传递的过程中，女性的收入不仅受到其父辈收入的影响，而且与配偶父辈的收入也存在较高的关联性。这一现象揭示了婚姻匹配在代际收入传递中的关键作用，特别是在婚姻市场中，配偶的选择有可能进一步加剧代际收入传递效应[86]。Blanden（2005）的研究进一步探讨了婚配匹配和代际收入传递的关系，发现男方父母的收入与配偶父母的收入水平的相关系数约为 0.2[87]。另外，Blossfeld 和 Timm（2003）[88]以及 Musick 等（2012）[89]进一步指出，婚姻分配模式不仅受教育水平的影响，还与社会流动性和家庭背景相关。教育体系在现代社会婚姻市场中的作用越发凸显，而婚姻对个人生活的深远影响则更为错综复杂，需全面考量多重因素。

刘怡等（2017）通过构建婚姻匹配模型，深入探讨了婚姻匹配对代际流动性的影响。2014 年数据显示，父媳和父婿收入弹性分别约为 0.25 和 0.36，且后者高于前者，这表明婚姻匹配，尤其是对女性而言，是代际传递的重要机制[90]。Zhou（2019）通过对比农转非个体与城市户籍个体的通婚概率，分析了我国婚姻市场中的经济资源、文化匹配以及城乡边界问题，进而揭示家庭背景对婚姻匹配的影响机制[91]。许志等（2019）通过构建代际收入弹性与父母婚姻正向匹配程度之间的理论模型，表明婚姻市场正向匹配与代际收入弹性正相关[92]。郝立和王志章（2021）研究了婚姻迁移对代际流动性的影响，认为婚姻迁移者主要是通过婚姻向上匹配来实现自身阶层的跨越，婚姻迁移能够促进代际流动[93]。

2.4　家庭资产选择行为的相关研究

随着金融市场的不断发展和完善，人们的理财观念逐渐转变。家庭对不同类型金融产品的需求日益增加，这一现状不仅促进了金融市场的发展，也吸引了中外学者对家庭金融决策这一问题的关注。

一些学者聚焦于家庭金融资产的选择及金融市场参与议题，发现该领域存在理论与实证结果之间的不一致性。根据标准的资产组合选择理论（Samuelson，1969[94]；Merton，1969[95]；Merton，1971[96]），追求利润最大化或风险最小化的个体应该尽可能将投资分散于不同的项目。Cocco（2005）通过模拟校准生命周期模型发现，个人拒绝参与股票市场会导致消费福利损失 1.5%~2%[97]。而调查数据却揭示了另一番景象：大多数家庭倾向于仅投资于单一类型的金融产品。具体而言，2002 年，仅有 30.1%的美国家庭涉足股票市场；而 2013 年，中国股票市场参与率更是低至 6.5%（甘犁等，2014）[98]。金融市场的有限参与分配，不仅关系到宏观层面的社会财富分配（Guvenen，2007）[99]、金融市场发展、股权溢价之谜等（Mankiw & Zeldes，1991[100]；Attanasio et al.，2002[101]），还在微观层面影响个体在生命周期中的平滑消费（Cocco，2005[102]）、养老规划和遗产动机（Bernheim & Garrett，2003[103]）等。McCarthy（2004）[104]发现家庭投资者的资产组合选择存在两个显著的特征：一是不同家庭之间资产选择是明显不同的；二是家庭资产组合的构成随着家庭特征的不同而变化，这些家庭特征包括成员年龄（Guiso et al.，2004）[105]、受教育程度（Calvet et al.，2007）[106]、对收益的预期（Dominitz & Manski，2011）[107]、家庭收入风险（Guiso et al.，1996[108]；Angerer & Lam，2009[109]；Cardak & Wilkins，2009[110]）、健康风险（Ayyagari & He，2017[111]）、家庭借贷限制和信用限制（Attanasio et al.，2002[112]；Guiso et al.，1996[108]）以及成员金融知识水平（Van Rooij et al.，2011[113]）。不仅当前的特征变量会对家庭金融决策产生影响，个人在青少年时期的特征或经历同样会对其成年后的金融决策造成深远影响。Luik 等（2021）通过观测亲生兄妹的数据，发现成年后的金融资产选择行为与幼年时的健康状况相关。在排除了相关人口学特征以及父母社会经济状况的影响后，研究结果显示，儿童时期的健康水平不佳会导致他们成年后参与风险资产市场的概率下降约 11 个百分点，同时，他还发现早期专项劳动技能的差距可能是这一影响的主要产生渠道[114]。Barnea

等(2010)使用双胞胎数据分析他们跨期投资行为的变化，研究发现，基因因素约能解释1/3的股票市场参与行为及资产配置比例变化；家庭环境虽对年轻人的资产选择行为产生影响，但这种影响会随着个人经验的积累而逐渐减弱[115]。此外，宏观经济环境也会影响家庭金融市场参与行为。Hochguertel 等(1997)发现金融市场发展水平和边际税率是决定家庭持有风险资产比例的关键因素[116]。Poterba 和 Samwick(2003)发现美国联邦收入税的边际税率对家庭资产组合选择有重要影响[117]。

国内学术界对影响家庭金融资产选择的因素进行了广泛研究，涵盖了家庭基本特征如户主年龄、教育水平(吴卫星和沈涛，2015[118]；肖作平和张欣哲，2012[119])、家庭财富(吴卫星等，2010[120])等，以及风险因素，包括收入风险(何兴强等，2009[121])、健康风险(吴卫星等，2011[122]；雷晓燕和周月刚，2010[123])、主观风险态度(何兴强等，2009[121]；李涛和郭杰，2009[124])等。这些研究揭示了家庭财富管理的现状和影响因素：一方面，家庭财富管理存在不够健康的情况，如房产占比过多、流动性资产不足；另一方面，家庭收入、教育水平、年龄和家庭规模等个人和家庭因素，对金融资产选择有显著影响。此外，李涛(2007)[125]发现参与惯性会使家庭倾向于维持过去的选择，不会轻易尝试新的金融资产或改变资产组合；吴卫星和齐天翔(2007)[126]发现家庭的房地产投资会严重挤出股票投资；郭士祺和梁平汉(2014)[127]发现社会互动和网络信息这两种传递股市信息的渠道不仅可以促进家庭参与股市，同时这种促进作用具有相互替代性，且社会互动对低学历者参与股市的正面影响更为显著(李涛，2006)[128]。这些都直接或间接地解释了家庭有限参与股市的原因。在家庭金融资产中，民间借贷作为典型的非正规金融资产值得特别关注，然而，这方面的相关研究还十分匮乏，有待进一步深入。民间借贷不仅具有高风险、高收益等风险资产特点，而且是农村金融市场的重要组成部分。关于民间借贷的研究较为关注家庭的借入行为(金烨和李宏彬，2009[129]；李锐和李宁辉，2004[130]；何广文，1999[131])，农村地区的金融发展水平较低，超过六成的农户在借贷行为上选择与民间放贷主体进行交易，其借贷利率大约为36.6%，显著高于正规金融机构所提供的贷款利率。在关于家庭借出行为的研究中，雷晓燕和周月刚(2010)使用2008年中国健康与养老追踪调查的预调查数据发现，12%的城乡家庭有民间借出款，是持有股票或基金家庭的四倍[123]。王晓青(2017)观察中国家庭金融调查2011年数据研究发现，社会网络有助于降低民间借贷过程中的信息不对称程度，进而减少风险，促进农村家庭参与民间借贷[132]。杨汝岱等(2011)基于2009年"中国农村金融调查"的专项入户调研数据分析得到了相似的结论，即社会网络越发达，民间借贷行为越活跃[133]。关于家庭非金融资产投资行为的研究主要集中在房地产投资上，不管在我国(李实等，2005)[134]，还是在美国(Kullmann & Siegel，2003)[135]，居民最重要的投资均为房产投资。Flavin 和 Nakagawa(2008)通过建立家庭消费和资产配置模型研究发现，家庭房屋消费水平对家庭其他消费及资产组合具有决定性影响[136]；肖作平等(2011)实证研究发现，人力资本低的家庭相对人力资本高的家庭更倾向于对房产进行投资[137]。此外，研究发现，老年人房产持有率随年龄增长而变化，70岁以后显著下降。Engelhardt 和 Greenhalgh-Stanley(2008)研究了家庭医疗服务供给与老年人住房拥有率的关系[138]。除此之外，还有关于家庭创业行为和自营工商业投资的研究。自营工商业活动和购买自有住房行为可能会减少家庭在风险资产上的投资(尹志超等，2014[139])；同时，自营工商业投资的初始资金和后续发展所需的资金很大部分来自借款，马光荣和杨恩艳(2011)研究表明，拥有更广泛社会网络的农民能够获得更多的民间借贷渠道，因此更有可能创办自营工商业[140]。此外，部分学者还关注我国家庭的高储蓄率和高现金持有现象。其中，Guariglia 等(2015)探究了健康状况与我国家庭现金持有的关联，结果揭示出健康程度与现金持有量呈负相关关系：未来面临的健康风险越大，家庭持有现金的倾向便越高，而健康状况主要通过影响金融财富水平来作用于现金持有决策[141]。

2.5 简要评述

代际流动性问题不仅关乎个体的发展机遇与命运，更与整个社会的公平性、稳定性以及长远的发展活力息息相关。代际流动是否通畅受诸多因素影响，如家庭财富、父母遗传、家庭传统、社会文化、税收政策等。鉴于代际流动性研究的复杂性与广泛性，需要跨学科的整合与协作。

我国居民的家庭决策与个体决策行为存在显著差异，中华儿女在“百善孝为先”等传统文化理念的熏陶下，承担着赡养老人的社会责任。同样，父辈在“子不教，父之过”文化的规范下，在子女的人力资本投资阶段倾注大量精力和财力。这些行为均属于基于利他主义动机的主动赠与。此外，我国居民还普遍存在遗赠情结，即向子女馈赠的资产越多，父辈获得的满足感越强。忽略代际财富转移的利他动机，会导致理论分析与我国家庭的实际情况相背离，从而得出错误结论。基于现有研究，本书将就以下几个方面的问题进一步探讨：

第一，理论上，如何更有效地将财富转移与人力资本投资相结合是一个重要议题。Becker 和 Tomes（1986）通过在人力资本模型中引入借贷约束，阐释了家庭收入水平和财富对下一代人力资本投资的深远影响。然而，该理论尚未充分探讨财富转移的影响，而财富转移无疑是导致代际不平等持续存在的途径之一。实际上，家庭财富转移不仅直接影响借贷约束，还深刻影响着人力资本投资的方向与结构，例如家族企业的传承及继承人的培养问题。因此，从人力资本传导路径和直接传导路径分析财富转移对子代经济地位的影响，无疑是对现有理论的必要补充与完善。

第二，探讨如何将职业纳入代际收入的一般分析框架。经济学家对教育与收入代际传递的关注度较高，社会学家则更倾向于研究职业与社会阶层流动性的关系。职业与收入、职业与教育之间存在显著的关联性，因此将职业研究纳入经济学分析框架显得尤为必要，不仅有助于更深入地阐释收入与教育代际流动的机制，而且对于推动跨学科领域的交流与进步具有重要意义。

第三，对代际流动内在机理进行更深入的分析。代际弹性的测算是研究代际流动问题的第一步，真正的核心是探讨代际流动背后的影响因素和作用机理，不论是对先天禀赋、后天环境，还是家庭特征、社会资本等影响因素的作用，抑或是教育政策对代际流动的影响，都需要进行更深入的挖掘，这也是政策制定的前提。

第3章
理论基础研究

本章通过梳理 OLG 跨期迭代理论、Atkinson 代际收入分配理论、父母效用函数与选择行为、家庭财富与子代收入模型等，构建了本书的理论框架。OLG 跨期迭代理论为理解代际资源分配和消费行为提供了基础，该理论强调个人在不同生命周期阶段如何平衡消费与储蓄。Atkinson 代际收入分配理论则深入探讨了代际收入不平等的根源及其对社会经济的影响。父母效用函数与选择行为，主要分析了父母如何在有限的资源下做出最优选择，以实现家庭福利最大化。家庭财富与子代收入模型则进一步探讨了家庭财富积累与子代收入水平之间的关系，尤其是在不同市场条件下的表现。这些理论共同构成了本书研究代际收入传递机制的基础。

3.1 OLG 跨期迭代理论

世代交叠模型(Overlapping Generation Model)，亦称代际交叠模型，是构建宏观经济模型的微观基础的关键模型之一。该模型扩展了拉姆齐模型的假设，将经济个体的异质性纳入分析框架，从而增强了其解释力。与拉姆齐模型假定经济中的个体是同质且具有无限生命不同，世代交叠模型假设生命期是有限的，同一时间上两代人共存，且能相互影响，在这种假设下，行为人的消费、储蓄和投资等决策发生了变化。该模型广泛应用于帕累托效率、通货膨胀、养老保险、公共财政以及收入分配等研究领域。

该模型假设每一代人只存活两期，即“青年期”和“老年期”，人口增长率为常数 n，如第 t 期共有 L_t 人口出生，那么第 $t-1$ 期人口增长为 $L_{t-1}=\frac{L_t}{1+n}$。青年时期提供劳动，收入一部分用于消费，另一部分用于储蓄，老年时期消费青年时期的储蓄及利息。C_{1t} 和 C_{2t} 分别代表在 t 期，年轻个体和年老个体的消费水平，此时个体的效用函数为 U_i，假设 U_i 为风险相对厌恶系数不变的效用函数：

$$U_i=\frac{C_{1t}^{1-\theta}}{1-\theta}+\frac{1}{1+\rho}\cdot\frac{C_{2,t+1}^{1-\theta}}{1-\theta},\ \theta>0,\ \rho>0 \tag{3.1}$$

其中，ρ 为时间贴现率，θ 为相对风险厌恶系数。该个体面临的跨期消费预算约束(Intertemporal Budget Constraint)函数为

$$C_{1t}+\frac{C_{2,t+1}}{1+r_{t+1}}=w_t \tag{3.2}$$

此处假定资本的利率为 r_t，工资率为 w_t，劳动供给为 1，构建拉格朗日函数如下：

$$\max_{\{C_{1t},C_{2,t+1}\}}L=\frac{C_{1t}^{1-\theta}}{1-\theta}+\frac{1}{1+\rho}\cdot\frac{C_{2,t+1}^{1-\theta}}{1-\theta}+\lambda\left[w_t-C_{1t}-\frac{C_{2,t+1}}{1+r_{t+1}}\right] \tag{3.3}$$

其中，λ 为拉格朗日乘数。效用最大化的一阶条件为

$$\frac{\partial L}{\partial C_{1t}}=C_{1t}^{-\theta}-\lambda=0 \tag{3.4}$$

$$\frac{\partial L}{\partial C_{2,t+1}}=\frac{1}{1+\rho}C_{2,t+1}^{-\theta}-\frac{\lambda}{1+r_{t+1}}=0 \tag{3.5}$$

联立(3.4)和(3.5)得

$$\frac{C_{2,t+1}}{C_{1t}}=(\frac{1+r_{t+1}}{1+\rho})^{1/\theta} \tag{3.6}$$

如果 $r_{t+1}>\rho$，那么第二期消费将高于第一期。求解第一期消费函数 C_{1t}：

$$C_{1t}=\frac{1+\rho^{1/\theta}}{(1+\rho)^{1/\theta}+(1+r_{t+1})^{\frac{1-\theta}{\theta}}}\cdot w_t \tag{3.7}$$

储蓄关于利率的函数如下：

$$S(r_{t+1})=1-\frac{C_{1t}}{w_t}=\frac{(1+r_{t+1})^{\frac{1-\theta}{\theta}}}{(1+\rho)^{1/\theta}+(1+r_{t+1})^{\frac{1-\theta}{\theta}}} \tag{3.8}$$

当 $\theta=1$ 时，效用函数为对数效用函数，此时储蓄不依赖利率，利率上升的替代效应恰好等于收入效应，第一期消费函数可以简化为

$$C_{1t}=[1-S(r_{t+1})]\cdot w_t \tag{3.9}$$

经典的OLG模型隐含一个前提假设，个体效用函数只取决于自身福利水平，而在家庭行为决策中，父代效用函数不仅取决于自身福利水平，还包括子代的福利水平。在这种情况下，父代在生命周期内通常不会花完全部储蓄，从而为子女提供经济帮助或财富馈赠，基于财富跨代转移的世代交叠模型如下：

$$U_t=\frac{C_{1t}^{1-\theta}}{1-\theta}+\frac{1}{1+\rho}\cdot\frac{C_{2,t+1}^{1-\theta}}{1-\theta}+\left(\frac{1+n}{(1+\varphi)(1+\rho)}\right)\cdot U_{i+1} \tag{3.10}$$

其中，φ 为父代对子代的偏爱因子，$\theta>0$，$\rho>0$，等式右边前两项为父代从自身消费中获得的效用，第三项为子女效用的贴现，$1+\varphi$ 为父母对子女的偏爱程度。

从家庭决策角度来说，第 t 代的效用通过迭代可以整理为

$$U_t=\sum_{i=0}^{\infty}\left(\frac{1+n}{(1+\rho)(1+\varphi)}\right)^{i}\cdot\left(\frac{C_{1,\ t+i}^{1-\theta}}{1-\theta}+\frac{1}{1+\rho}\frac{C_{2,\ t+i+1}^{1-\theta}}{1-\theta}\right) \tag{3.11}$$

此时第 t 代人在第一期的预算约束方程为

$$C_{1t}+S_t=w_t+b_t \tag{3.12}$$

其中，b_t 为第 t 代人在生命周期接受父辈的财富转移，同时在年老时面临另一条约束方程为

$$C_{2,t+1}+(1+n)b_{t+1}=(1+r_{t+1})\cdot S_t \tag{3.13}$$

$(1+n)b_{t+1}$为父代给子代所有子女的家庭财富代际转移量。联立以上三个方程，构建父代效用最大化函数：

$$\max\{S_t,\ b_{t+1}\}U_t=\frac{(w_t+b_t-S_t)^{1-\theta}}{1-\theta}+\frac{1}{1+\rho}\cdot\frac{[(1+r_{t+1})S_t-(1-n)b_{t+1}]^{1-\theta}}{1-\theta}+$$
$$\left[\frac{1+n}{(1+\rho)(1+\varphi)}\right]\cdot\frac{(w_{t+1}+b_{t+1}-S_{t+1})^{1-\theta}}{1-\theta}+\cdots\cdots \tag{3.14}$$

分别对 S_t，b_{t+1}求偏导得

$$\frac{\partial U_t}{\partial S_t}=-C_{1t}^{1-\theta}+\frac{1+r_{t+1}}{1+\rho}C_{2,t+1}^{-\theta}=0 \tag{3.15}$$

即

$$\frac{C_{2,t+1}}{C_{1t}}=\left(\frac{1+r_{t+1}}{1+\rho}\right)^{\frac{1}{\theta}} \tag{3.16}$$

$$\frac{\partial U_t}{\partial b_{t+1}}=-\frac{1+n}{1+\rho}C_{2,t+1}^{-\theta}+\frac{1+n}{(1+\rho)(1+\varphi)}\cdot C_{1,t+1}^{-\theta}=0 \qquad (3.17)$$

整理得

$$\frac{C_{2,t+1}}{C_{1,t+1}}=(1+\varphi)^{\frac{1}{\theta}}$$

更一般地，在任何时期，实现效用最大化的条件，社会上两代人的消费比为$(1+\varphi)^{\frac{1}{\theta}}$，在 t 期，相邻两代的消费存在如下关系：

$$C_t \equiv C_{1t}+\frac{C_{2t}}{1+n}$$

该扩展模型将父代的利他动机纳入理论模型，以父代(通常是家庭财富代际转移者)的效用最大化为研究目标，既考虑了自身消费的需求，又考虑了子代的效用函数，为后续的研究假设和实证分析提供充足的理论支持。

3.2 Atkinson 代际收入分配理论

Atkinson(1980)的代际收入分配理论①将财富的代际转移看作影响父代与子代收入的关键变量。Atkinson 假定要素价格不变，个体收入主要与个体禀赋、偏好和运气相关。其中，个体禀赋即能力，来自父辈的“人力资本”禀赋和财富馈赠等，各种因素综合构成了个体的机会集合；偏好反映为个体在工作和闲暇之间、储蓄和消费之间的跨期选择，以及对待闲暇、风险和投资问题等的态度，取决于父母对子女的基因传递和社会环境；即便个体面对相同的机会集合、具有相同的偏好并作出相同的决策，由于运气的差异，个体之间依然会存在收入上的差距。

考虑财富转移动机，并假定代际财产转移(包括遗产和生前馈赠)与父代财富成比例，但不考虑子代效应水平时，父代的财富函数为

① [英]安东尼·B. 阿特金森，[美]约瑟夫·E. 斯蒂格里茨. 公共经济学[M]. 蔡江南，许斌，邹华明，译. 上海：上海三联出版社，1992.

$$B_t^i = S_1(r)(I_t^i + w \cdot N_t^i) \tag{3.18}$$

其中，i 代表家庭第 i 个成员，B_t^i 代表第 t 代第 i 个人的最大转移财富量，假定连续两代人之间不发生重叠，$S_1(r)$ 代表父代广义收益函数①，I_t^i 代表第 t 代第 i 个人的资本收入，N_t^i 代表第 t 代第 i 个人的收益能力，r 为当期利率，w 为固定工资率②。

在模型(3.18)的基础上，做进一步扩展，现将子代的福利水平纳入其效用函数之中，并考虑子代的预期收入状况，此时，父代财富函数为

$$B_t^i = s_1(r)(I_t^i + w \cdot N_t^i) + s_2(r) \cdot w(\overline{N}_{t+1} - N_{t+1}^i) + s_3(r)\beta_t^i s_2(r) \tag{3.19}$$

等式右边第二项代表子代的随机因素给父代造成的财富波动，$s_2(r)$ 代表生命周期中与子代收益波动有关的收益函数，$s_3(r)$ 代表与父代其他因素 β_t^i 有关的收益函数，但与其他自变量(资本收入和收益能力等)不相关，并在代际分配。假设父代财富在子代继承人之间平均分配，子代接受财富转移量为

$$I_{t+1}^i = \frac{1}{1+n} \cdot B_t^i \tag{3.20}$$

子代收益能力(N_{t+1}^i)取决于父代能力因素、财富转移因素及子代自身随机因素，那么该函数可以写为

$$N_{t+1}^i = \partial_1 \cdot N_t^i + \partial_2 \cdot (B_t^i - \overline{B}_t) + V_{t+1}^i \tag{3.21}$$

其中，$\partial_1 \cdot N_t^i$ 是遗传给子代带来的能力，∂_1是父代对子代能力影响系数，$\partial_2 \cdot (B_t^i - \overline{B}_t)$ 是父代的财富为第 i 个子代提供的相对优势③，∂_2是父代财富转移带来的相对优势转化系数；V_{t+1}^i独立于 N_t^i 和 B_t^i，可以是年龄、受教育程度、职业差别和性别差异等因素的函数。那么，子代收入将由变量 N_{t+1}^i、B_{t+1}^i和 V_{t+1}^i共同决定。

Atkinson 的代际收入分配理论将父代财富禀赋和子代收入的影响因素

---

① 本书定义“广义收益函数”为资本收益和劳动收益的回报率。

② 假设工资率在整个生命周期中固定不变。

③ 若父代对子代的财富转移量超过社会中财富跨代转移量的均值，那么可以认为该家庭具有相对优势。

纳入了理论模型，将财富跨代转移量作为一个解释变量，该变量除了直接影响子代收入外，还通过影响子代人力资本水平间接影响子代收入水平。该理论为本书的研究提供了重要的理论支持。

3.3 父母效用函数与选择行为

本节主要分析当工资率对于消费和劳动供给都是外生变量时，工资率变化对劳动供给时间和劳动收入的动态影响。首先，我们假设父代的效用函数取决于其自身的消费、闲暇和子代的财富水平，则父代效用函数为

$$U_t = U(C_t, L_t, Y_{t+1})$$
$$Y_{t+1} = I_{t+1} + T_t \tag{3.22}$$

其中，C_t 为父代的消费水平，L_t 为父代的闲暇时间，Y_{t+1} 为子代的总财富水平，包括子女依靠人力资本获得的收入 I_{t+1} 和父代对子代的直接财富转移量 T_t，与父母对子女的人力资本投资数量 X_t 有关，X_t 可看作家庭的教育支出，直接财富转移 T_t 也可以作为家庭支出的一部分，因此，父母效用函数可转化为

$$U_t = U(FC_t,\ L_t)$$
$$FC_t = a \cdot \varphi(C_t) + b \cdot \zeta(X_t) + d \cdot \zeta(T_t) \tag{3.23}$$

其中，FC_t 表示家庭总支出。C_t 的权重(a)、X_t 的权重(b)、T_t 的权重(d)均大于0，且 $a+b+d=1$。$b+d$ 表示利他主义倾向，如果父代利他主义倾向大于利己倾向，则 $b+d>a$，反之则 $b+d<a$。另外，父母在人力资本投资 X_t 和直接财富转移 T 之间的选择参考 Becker 和 Tomes(1986)的标准，即假设财富的收益率(r)对所有个体来说都是相同的(甚至可假定 r 为常数)，而人力资本收益率(hr)一开始远大于 r，但是其会随着人力资本存量的积累而降低，当 hr 下降到与 r 相等时，父母便不再对子女进行人力资本投资。由于贝克尔没有在模型中考虑家庭财富的代际转移，所以当 $hr=r$ 时，父代会将剩余财富全部用于自身的消费。考虑到我国居民，尤其是父代对子代的利他动机较强，本书假设在子代人力资本投资(上学)阶段，父

代在自身消费和人力资本投资之间分配家庭资源，在子代人力资本收益(工作)阶段，父代在自身消费和财富跨代转移之间分配家庭资源，基于此研究前提，父代财富的约束条件为

$$P_t \cdot \alpha \cdot \varphi(C_t)+\Pi_t \cdot b \cdot \zeta(X_t)+d \cdot \zeta(T_t)=Y_t=w_t h_t+T_{t-1} \quad (3.24)$$

其中，P_t 为消费品的价格，Π_t 为每单位 X_t 所耗用的价值。Y_t 为家庭(父代)总财富，其包括父代工资性收入 $I_t=w_t h_t$ 和非劳动性收入 T_{t-1}，可看作 $t-1$ 代给 t 代的直接财富转移，其中 w_t 为 t 代的工资率，h_t 为 t 代的劳动时间。为简化分析，假设 P_t 和 Π_t 均为 1，式(3.24)可简化为

$$FC_t+w_t L_t=w_t(h_t+L_t)+T_{t-1}=w_t L_0+T_{t-1}=R_t^0 \quad (3.25)$$

其中，L_t 为闲暇时间，L_0 为父代可支配的总时间，$h_t+L_t=L_0$；R_t^0 为 t 代可获得的潜在收入。

根据效用最大化原则，t 代(父代)的家庭决策可表示如下：

$$\begin{aligned} &\mathrm{Max} U_t=U(FC_t, L_t) \\ &\text{s. t. } FC_t+w_t L_t=R_t^0 \end{aligned} \quad (3.26)$$

在此，我们只考察模型的内点解，即只考虑 $0<L_t<L_0$ 且 $FC_t>0$ 的情况，不考虑父代无劳动供给的情况。

构建拉格朗日方程可得

$$\Gamma(FC_t, L_t, \mu)=U(FC_t, L_t)+\mu(R_t^0-FC_t-w_t L_t) \quad (3.27)$$

对方程求一阶偏导后可得

$$\begin{aligned} &\frac{U_{L_t}(FC_t^*,\ L_t^*)}{U_{FC_t}(FC_t^*,\ L_t^*)}=w_t \\ &FC_t^*+w_t L_t^*=R_t^0 \end{aligned} \quad (3.28)$$

进一步整理可得

$$w_t U_{FC_t}(R_t^0-w_t L_t^*,\ L_t^*)-U_{L_t}(R_t^0-w_t L_t^*,\ L_t^*)=0 \quad (3.29)$$

方便起见，闲暇 L_t^* 的隐函数可以写作 $L_t^*=\Lambda(w_t,\ R_t^0)$，相应的劳动供给为 $h_t^*=L_0-L_t^*$，即“马歇尔”劳动力供给。对闲暇函数求关于 w_t 的导数可得

$$\frac{dL_t^*}{dw_t}=\Lambda_1+\Lambda_2 \frac{\partial R_t^0}{\partial w_t} \quad (3.30)$$

其中，Λ_1 表示函数 Λ 关于 w_t 的偏导数，Λ_2 表示函数 Λ 对 R_t^0 的偏导数。通过对式(3.29)求导可求解 Λ_1 和 Λ_2：

$$\mathrm{d}w_t[U_{FC_t}-L(w_tU_{FC_tFC_t}-U_{FC_tL_t})]+\mathrm{d}L_t^*(-w_t^2U_{FC_tFC_t}+2w_tU_{FC_tFC_t}-U_{L_tL_t})+\mathrm{d}R_t^0(W_tU_{FC_tFC_t}-U_{FC_tL_t})=0 \tag{3.31}$$

将等式 $w_t=U_{L_t}/U_{FC_t}$ 代入式(3.31)可得

$$\Lambda_1=\frac{\partial L_t^*}{\partial w_t}=\frac{-L\left(\frac{U_{FC_tL_t}U_{FC_t}-U_{FC_tFC_t}U_{L_t}}{U_{L_t}}\right)-U_{FC_t}\left(\frac{U_{FC_t}}{U_{L_t}}\right)}{\left[2U_{FC_tL_t}-U_{L_tL_t}\left(\frac{U_{FC_t}}{U_{L_t}}\right)-U_{FC_tFC_t}\left(\frac{U_{L_t}}{U_{FC_t}}\right)\right]} \tag{3.32}$$

$$\Lambda_2=\frac{\partial L_t^*}{\partial R_t^0}=\frac{\frac{U_{FC_tL_t}U_{FC_t}-U_{FC_tFC_t}U_{L_t}}{U_{L_t}}}{\left[2U_{FC_t}-U_{L_tL_t}\left(\frac{U_{FC_t}}{U_{L_t}}\right)-U_{FC_tFC_t}\left(\frac{U_{L_t}}{U_{FC_t}}\right)\right]} \tag{3.33}$$

根据效用函数拟凹的性质，式(3.32)和式(3.33)等号右边的分母大于0。所以，Λ_2 的符号与($U_{FC_tL_t}U_{FC_t}-U_{FC_tFC_t}U_{L_t}$)的符号相同。当闲暇时间是正常商品时 $\Lambda_2>0$，即闲暇时间随着其潜在收入的增长而增加；反之，如果闲暇时间是一种低档商品，则 $\Lambda_2<0$，即闲暇时间随着其潜在收入的增长而减少。同样，当闲暇时间是正常商品时，式(3.32)分子的第一项和第二项都为负，所以 $\Lambda_1<0$，即闲暇时间随着工资率的上升而减少；当闲暇时间是一种低档商品时，Λ_1 的符号可能为正也可能为负，即闲暇时间随着工资率的上升可能增加也可能减少。

为了更直观地考察工资率变化对劳动供给的影响，使用希克斯劳动供给(记为 $\hat{h}_t$)函数，在既定的效用水平 $\overline{U}$ 上，最小化成本可得

$$\begin{gathered}\mathrm{Min}C_t+w_tL_t\\ \mathrm{s.\,t.}\ U(C_t,L_t)\geqslant\overline{U}\end{gathered} \tag{3.34}$$

马歇尔劳动供给取决于工资和非工资收入，而希克斯劳动供给则取决于工资和效用水平。通过 Slutsky 方程将马歇尔劳动供给弹性和希克斯劳动供给弹性整合如下：

$$\eta_{w_t}^{h_t^*}=\eta_{w_t}^{\hat{h}_t}+\frac{w_t h_t^*}{R_t^0}\eta_{R_t^0}^{h_t^*} \tag{3.35}$$

其中，$\eta_{w_t}^{h_t^*}$为马歇尔劳动供给弹性，$\eta_{w_t}^{\hat{h}_t}$为希克斯劳动供给弹性，$\eta_{w_t}^{\hat{h}_t}=(w_t/\hat{h}_t)(\mathrm{d}\hat{h}_t/\mathrm{d}w_t)$。斯勒茨基(Slutsky)方程表明，马歇尔劳动供给弹性是两种效应的总和，一是希克斯弹性表示的替代效应，为负值；另一种是马歇尔函数的收入效应，为正值。当闲暇时间是正常商品时，总效应为正值。

因此，当闲暇时间是一种正常商品时，存在一个均衡工资 w^* 使得$\frac{\mathrm{d}L_t^*}{\mathrm{d}w_t^*}=0$，当工资率 $w_t<w^*$ 时，劳动供给随着工资的上升而上升；当工资率增加到$\bar{\bar{w}}_t(\bar{\bar{w}}_t>w^*)$后，随着工资的上升，劳动供给会下降直至到达最低水平$\bar{\bar{h}}_t^*$，即使工资继续提高，劳动供给也将保持不变。

进一步地，工资率变化对个体收入有何影响？对个体收入函数 $I=w_t h_t$ 求偏导可得

$$\begin{aligned}\frac{\partial I_t}{\partial w_t}&=h_t+w_t\frac{\partial h_t}{\partial w_t}\\&=L_0-L_t-w_t\frac{\partial L_t}{\partial w_t}\\&=L_0-\Lambda(w_t,\ R_t^0)-w_t\Lambda_1\end{aligned} \tag{3.36}$$

其中，$w_t\Lambda_1<0$，$\Lambda(w_t,\ R_t^0)>0$。工资率提高对劳动收入的影响略微复杂，与是否存在一个使 $L_0-\Lambda(w_t,\ R_t^0)-w_t\Lambda_1<0$ 的工资率区间有关：

当 $L_0-w_t\Lambda_1<\Lambda(w_t,\ R_t^0)$时，意味着存在一个 $w_t\in(w'_t,\ w''_t)$，使得$\frac{\partial I_t}{\partial w_t}<0$，其中 $w'_t\geqslant w_t^*$，$w''\leqslant\bar{\bar{w}}_t$①，且$\frac{\partial I_t}{\partial w'_t}=0$，$\frac{\partial I_t}{\partial w''_t}=0$，此时，随着工资的上升

① 结合上文对均衡工资 w^* 分析，可以清楚地得知 $w_t^1\geqslant w_t^*$。因为随着 w_t 的提高，劳动供给时间先上升后下降，只有当劳动供给时间下降到一定幅度后，才会使得工资率上升对收入的作用不及劳动供给时间下降对收入的作用。所以 w_t 会先到 w^* 水平，再进一步到 w'_t 水平。另外，$w''_t\leqslant\bar{\bar{w}}_t$ 也是较明显的，因为 $\bar{\bar{w}}_t$ 是最低劳动供给对应的工资率，当工资率超过这一水平后，劳动供给时间不会再减少，所以劳动收入必然会随着工资率的升高而增加。

反而会使家庭劳动收入下降。其内在的含义是工资率上升对收入的正向作用不及劳动供给时间下降对收入的负向作用。

当 $L_0-w_t\Lambda_1>\Lambda(w_t, R_t^0)$ 时，不存在 $w_t\in(w_t', w_t'')$，即 $\frac{\partial I_t}{\partial w_t}>0$，此时，劳动收入随着工资率的上升而增加。

另外，随着工资 w_t 上升，整个家庭消费 FC_t 也会上升，即 $\frac{\mathrm{d}FC_t}{\mathrm{d}w_t}>0$。再根据式(3.23)，可得

$$\frac{\mathrm{d}C_t}{\mathrm{d}w_t}>0,\ \frac{\mathrm{d}X_t}{\mathrm{d}w_t}>0,\ \frac{\mathrm{d}T_t}{\mathrm{d}w_t}>0 \tag{3.37}$$

即随着父代工资率的提升，父代自身的消费、对子代的人力资本投资、对子代的家庭财富代际转移都会有不同程度的提高，提高的比例取决于父代的利他程度。随着 w_t 上升，先增加的是 C_t 和 X_t，如果父代利他程度高，则对子代的教育投资高于自身消费，直至 X_t 达到最高程度。随着 w_t 的进一步提高，新增加的收入将在 C_t 和 T_t 之间分配，家庭财富代际转移量同样取决于父代对子代的利他程度。此外，如果非劳动性收入 T_{t-1} 增加，其对工资率 w_t 不会产生影响，但是会减少劳动供给时间，同时增加消费支出。

3.4 家庭财富与子代收入的关系

为了进一步探究代际流动的内在机理，本节主要分析当工资率取决于父代人力资本投资的水平时，家庭财富与子代劳动收入之间的动态关系。在本节人力资本是一个广泛的概念，包含技能水平、能力、个性、声望等多个维度。对子女劳动收入的描述，在 Becker 和 Tomes(1986)理论基础上①，假设工资率是人力资本存量的函数，且人力资本是同质的，只是在

① Becker 和 Tomes(1986)假设个体收入是人力资本存量的函数，其隐含的假设是个体的劳动时间都是相同的。而本书考虑家庭财富代际转移会改变子代工作动机，因此在劳动供给和闲暇时间上的行为决策会发生变化，假设工资率是人力资本存量的函数更符合实际情况。

数量上有所不同，那么子代工资率函数可以为

$$w_{t+1}=\gamma_{t+1}H_{t+1}+I_{t+1},\ w_j>0,\ j=\gamma,\ H \tag{3.38}$$

其中，H_{t+1}为人力资本存量，γ_{t+1}为人力资本收益率，I_{t+1}为市场运气。不考虑家庭人力资本对宏观层面人力资本与非人力资本占比的影响，只讨论家庭人力资本投资水平时，为了简化分析，可令$\gamma=1$。

进一步地，人力资本存量受父代对子代的人力资本投资、政府财政性教育支出和子女遗传禀赋的影响，即

$$H_{t+1}=\psi(X_t,\ z_t,\ e_{t+1}),\ \psi(j)>0,\ j=X,\ z,\ e \tag{3.39}$$

其中，z_t为政府财政性教育支出，e_{t+1}为子女的遗传禀赋。按照Becker和Tomes(1979)的描述，“禀赋”除了表示个体的能力、智力、基因结构等生理特征外，还包括一个家庭的社会阶层、宗教种族、文化、家庭的声望、社会网络以及通过特殊家庭文化而获得的知识、技能、目标和其他“家庭物品”等。这些“禀赋”可以提高家庭和政府支出对人力资本投资的边际效用，即

$$\frac{\partial^2 H_{t+1}}{\partial j_t \partial e_{t+1}}=\psi_{je}>0$$

联合式(3.38)和式(3.39)，对其进行一阶求导，得到人力资本投资的边际收益率(hr)：

$$\frac{\partial w_{t+1}}{\partial X_t}=\frac{\partial H_{t+1}}{\partial X_t}=\psi_X=1+hr(X_t,\ z_t,\ e_{t+1}) \tag{3.40}$$

考虑到父代对子代的人力资本投资受信贷市场发展程度影响，接下来将按照信贷市场条件是否完善，分别讨论家庭财富、人力资本投资与代际收入之间的关系。

3.4.1 完善信贷市场下的代际收入关系

在完善信贷市场下，家庭财富较少的家庭也可以通过信贷市场借贷实现对子代的人力资本投资。父代通过对子代人力资本投资和财富代际转移来提高子女的效用水平，现假设人力资本投资的收益率递减，而财富的回报率基本保持稳定。父代将根据子女的禀赋特征进行投资，当人力资本回

报率等于财富回报率，即 $hr=r_t$ 达到均衡条件。如果子女禀赋高，则父母对人力资本的投资高；如果财富回报率高，则父母对子女人力资本的投资会降低。人力资本投资的均衡数量为

$$\hat{X}_t=g(e_{t+1},z_t,r_t) \tag{3.41}$$

其中，$g_e>0$，$g_r<0$，$g_z<0$。即子代禀赋越高，父代对子代的人力资本投资越高；家庭财富的资本收益率越高，父代对子代的人力资本投资越低。而政府公共财政支出对子代的影响效应存在不确定性。如果政府教育支出能与家庭教育支出完全相互替代，那么人力资本存量 H_{t+1} 相当于是(X_t+z_t)和 e_{t+1} 的函数，其不随政府支出的变动而变化。如果政府对子代进行大规模且有效的人力资本投资，又由于家庭人力资本支出不可能为负，那么子代整体的人力资本水平会显著提高。

假设子代的禀赋依赖于父代的禀赋以及整个社会的平均禀赋，子代禀赋的函数可以写为

$$e_{t+1}=a_{t+1}+me_t+v_{t+1} \tag{3.42}$$

其中，e_t 为父母的禀赋；m 为父母禀赋被孩子继承的份额；a_{t+1} 为 $t+1$ 代的社会平均禀赋，v_{t+1} 为影响孩子禀赋的外生随机因素。

将式(3.42)代入式(3.41)，可得

$$\hat{x}_t=g(e_t,\ m,\ a_{t+1},\ v_{t+1},\ z_t,\ r_t) \tag{3.43}$$

将式(3.43)式代入式(3.39)，进一步可得

$$H_{t+1}=\psi(g(e_t,\ m,\ a_{t+1},\ v_{t+1},\ z_t,r_t),\ z_t,e_{t+1})=X(e_t,m,\ a_{t+1},\ v_{t+1},\ z_t,\ r_t) \tag{3.44}$$

其中，$H_e>0$，$H_r<0$。

再将式(3.44)代入式(3.38)，可得

$$\begin{aligned} w_{t+1}&=\gamma_{t+1}X(e_t,\ m,\ a_{t+1},\ v_{t+1},\ z_t,\gamma_t)+I_{t+1} \\ &=\varphi(e_t,\ m,\ a_{t+1},\ v_{t+1},\ z_t,\ r_t,\ I_{t+1},\ \gamma_{t+1}) \end{aligned} \tag{3.45}$$

其中，$w_e>0$，$w_r<0$，$w_\gamma>0$。

在信贷市场完善的条件下，子代的工资率与父代的收入或者家庭总财富没有关系，这是由于相对贫穷的家庭可以在信贷市场借到任何数量的贷

款并对子代进行充分的人力资本投资。假如在 t 时期，政府财政性教育支出(Z_t)与家庭人力资本投资(X_t)是可以完全替代的，那么政府教育投资并不会影响子代人力资本水平。如果政府教育投资促使父代的人力资本投资上升，那么 t 时期政府教育投资会增加 $t+1$ 时期个体(子代)的工资率水平，即 $w_z>0$。虽然家庭的财富不影响子代的人力资本水平和工资率，但仍旧会影响下一代的收入水平，如父代的家庭财富馈赠，导致子代劳动供给减少，从而影响子代的劳动收入水平。

从家庭内部角度而言，子代的工资率主要受两方面的影响：一是父代的禀赋 e_t，一般情况下，e_t 越高，父母对子女的人力资本投资水平越高，工资率也越高；相反，工资率越低。二是禀赋继承份额 m，m 越大，表明父代优良的基因和家庭文化等特征较好地遗传给了子代，从而子代人力资本越高，工资率越高。另外，禀赋遗传运气 v_{t+1} 和市场运气 I_{t+1}，会随机地影响子代工资率。

除此之外，全社会的宏观变量也对子代工资率产生影响，如 $t+1$ 代的社会平均禀赋 a_{t+1}、利率 r_t、人力资本回报率 γ_{t+1}、政府公共支出等因素。所以，在信贷市场完善的情况下，子代的劳动性收入与父代总财富之间的关系如下：

$$\begin{aligned} I_{t+1} &= w_{t+1}h_{t+1} \\ &= w_{t+1}(L_0-\Lambda(W_{t+1},\ R_{t+1}^0)) \\ &= f(w_{t+1,} Y_t) \\ &= f(\varphi(e_t,\ m,\ a_{t+1},\ v_{t+1},\ z_t,\ r_{t,} l_{t+1},\ \gamma_{t+1}),\ Y_t) \\ &= F(e_t,\ m,\ a_{t+1},\ v_{t+1},\ z_{t,} r_{t,} l_{t+1},\ \gamma_{t+1},\ Y_t) \end{aligned} \tag{3.46}$$

因此，即使信贷市场是完善的，子代的劳动性收入仍旧和家庭总财富有着较明显的联系。此时，$\frac{\partial I_{t+1}}{\partial e_t}>0$，$\frac{\partial I_{t+1}}{\partial m}>0$，$\frac{\partial I_{t+1}}{\partial a_{t+1}}>0$，$\frac{\partial I_{t+1}}{\partial r_t}<0$，$\frac{\partial I_{t+1}}{\partial Y_t}<0$。

根据式(3.46)，子代劳动性收入与父代收入的关系如下：

$$I_{t+1}^i = F(e_t^i,\ Y_t^i,\ m,\ a_{t+1},\ v_{t+1},\ z_t,\ r_t,\ l_{t+1},\ \gamma_{t+1}) \tag{3.47}$$

子代的劳动收入受到的家庭影响主要有：父代的禀赋 e_t^i，以及父代的

总财富 Y_t^i。在探讨家庭因素对子代劳动收入的影响时，其他的宏观因素可以暂时忽略。

根据式(3.42)，假设 $0<m<1$，且社会平均禀赋不会随时间而变化，即 $a_{t+1}=a$，则

$$\lim e_{t+1}=a/[1-m] \tag{3.48}$$

在现实中，社会平均禀赋 a_{t+1} 一般不是一个固定常数，比如政府教育投资会提高整个社会的平均禀赋。但在 $0<m<1$ 且 m 在各个家庭间相同的假设前提下，经过代际传递，家庭之间的禀赋将趋于一致。在信贷市场完善的情况下，对子代的人力资本投资 $\hat{x}_{t+1}$ 将趋于一致，子代工资率 $\hat{w}_{t+1}$ 也会趋于一致，此时，子代的收入差异源于家庭财富 Y_t^i 差异所导致的工作时间 h_{t+1}^i 的不同。

现假设父代对子代的利他程度是相同的，那么，家庭财富与子女劳动收入的关系如下：

(1)如果 $Y_t^j-C_t^j=X_{t+1}^j$，则 $T_t^j=0$，表示父代的财富除了自身消费外，恰好全部拿来对子女进行人力资本投资，没有遗产或财富馈赠，此时，子代将选择一个较合适的劳动供给时间，我们可记为 h_{t+1}^0，对应获得劳动性收入 I_{t+1}^0。

(2)如果 $Y_t^j-C_t^j>X_{t+1}^j$，则 $T_t^j>0$，表示父代还有剩余的财富可以用于直接转移，此时，子代将会减少劳动供给时间，相应的劳动收入也会少于 I_{t+1}^0，虽然子代的总财富(劳动收入+财富转移)可能变得更多。

(3)如果 $Y_t^j-C_t^j<X_{t+1}^j$，则 $T_t^j<0$，表明父代的收入不足以覆盖家庭支出和人力资本投资，需要到信贷市场借贷才能实现子代的人力资本投资，而子代需偿还"父债"。这就使得子代的收入预算约束曲线明显下移，导致子代的劳动供给时间大于 h_{t+1}^0，相应的劳动性收入也会大于 I_{t+1}^0。

综上所述，在信贷市场完善的条件下，假设家庭禀赋不受家庭财富的影响，继承份额在家庭间和代际是相同的，且在(0，1)范围之内，随着时间的推移，家庭间的禀赋将会趋同，家庭成员的工资率也会趋同，家庭间的差异只受随机因素的影响；假设家庭禀赋受到家庭财富的影响，比如富

裕家庭的家庭文化、社会资本等更好，家庭禀赋随着家庭财富的增长而提高，此时家庭财富会影响子代的工资率，但家庭财富增加对家庭禀赋的促进作用存在递减规律，相对贫困家庭同样可以通过借贷来提升家庭禀赋，再提高子女的工资率，最终使工资率趋向一致。

3.4.2 非完善信贷市场下的代际收入关系

信息不对称的情况，容易引发道德风险和逆向选择，这使得相对贫困家庭不能在金融市场上自由借贷。此时，父代对子女的人力资本投资水平不仅取决于子代的禀赋和政府财政性教育支出，还依赖于父代的财富水平、父母对子代的利他程度(或偏爱程度)以及不确定性因素 ε_t，即

$$X_t = g^*(e_{t+1},\ z_t,\ Y_t,\ \lambda_t^j,\ \varepsilon_t)X \tag{3.49}$$

将式(3.49)代入式(3.45)，可得

$$\begin{aligned} w_{t+1} &= \gamma_{t+1}\psi(g^*(e_{t+1},\ z_t,\ Y_t,\ \varepsilon_t,\ \lambda_t),\ z_t,\ e_{t+1}) + l_{t+1} \\ &= \gamma_{t+1}\varphi^*(e_{t+1},\ Y_t,\ \varepsilon_t,\ \lambda_t,\ z_t) + l_{t+1} \\ &= \gamma_{t+1}\varphi^*(e_{t+1},\ Y_t,\ k_t) + l_{t+1} \end{aligned} \tag{3.50}$$

其中，k_t 包含三个变量 ε_t、λ_t、z_t，如果假设每个家庭对子女的偏爱都是一致的，那么这三者可以看成和家庭特征无关的宏观变量。此时，下一代的工资率就和家庭财富、下一代禀赋有直接的关系：

$$w_{t+1} = \gamma_{t+1}\varphi^*(e_t,\ Y_t,\ k_t,\ a_{t+1},\ m,\ v_{t+1}) + l_{t+1} \tag{3.51}$$

将公式(3.50)用于表示 e_t：

$$e_t = \frac{1}{\gamma_t}\varphi^{-1}(w_t,\ Y_{t-1},\ k_{t-1}) + l_t \tag{3.52}$$

将式(3.52)代入式(3.51)，进一步整理得到：

$$\begin{aligned} w_{t+1} &= \gamma_{t+1}\varphi^*\left(\frac{1}{\gamma_1}\varphi^{-1}(w_t, Y_{t-1},\ k_{t-1}),\ l_t,\ Y_t,\ k_t,\ a_{t+1},\ m,\ v_{t+1}\right) + l_{t+1} \\ &= \frac{\gamma_{t+1}}{\gamma_1}\zeta(Y_t,\ Y_{t-1},\ l_t, k_t,\ k_{t-1},\ a_{t+1},\ m,\ v_{t+1}) + l_{t+1} \end{aligned} \tag{3.53}$$

此时，子代收入为

$$
\begin{aligned}
I_{t+1} &= w_{t+1}h_{t+1} \\
&= w_{t+1}(L_0-\Lambda(w_{t+1},\ R_{t+1}^0)) \\
&= f(w_{t+1},\ Y_t) \\
&= F(Y_t,\ Y_{t-1},\ k_t,\ k_{t-1},\ a_{t+1},\ m,\ v_{t+1},\ l_t,\ l_{t+1},\ \gamma_{t+1},\ \gamma_t)
\end{aligned} \tag{3.54}
$$

其中，家庭财富 Y_t 对下一代劳动收入的影响既体现在工资率上，也体现在劳动供给时间上。

$$
\frac{\partial I_{t+1}}{\partial Y_t}=\frac{\partial I_{t+1}}{\partial w_{t+1}}\varphi_{Y_t}^*+\frac{\partial I_{t+1}}{\partial h_{t+1}}\cdot\frac{\mathrm{d}h_{t+1}}{\mathrm{d}Y_t} \tag{3.55}
$$

其中，$\frac{\partial I_{t+1}}{\partial w_{t+1}}\varphi_{Y_t}^*>0$，$\frac{\mathrm{d}h_{t+1}}{\mathrm{d}Y_t}<0$，所以家庭财富 Y_t 对下一代劳动收入的影响不是单调的。

在市场不完全的情况下，家庭财富与子女劳动收入的关系如下：

(1)人力资本与工资率存在正相关关系，随着家庭财富的增加，人力资本投资及人力资本水平随之增加，工资率也会不断提高，工资率达到 $\widetilde{w}$ 时，对应的劳动时间 $\widetilde{h}$ 是最大劳动供给时间，对应的子代劳动收入和家庭财富分别记为 $\widetilde{I}$ 和 $\widetilde{Y}$(此时人力资本投资达到充分水平)。这个阶段，家庭财富与子代劳动收入之间是单调递增的关系。

(2)随着家庭财富的增加，人力资本水平增加，工资率也继续上升，但劳动供给时间开始下降。假设存在 $\widetilde{w}\in(w',\ w'')$ 转折区，使得劳动收入 I' 达到极值点，对应的劳动供给时间和家庭财富分别为 h' 和 Y'。这个阶段，家庭财富与子代劳动收入之间仍然是单调递增的关系。

(3)当人力资本投资达到充分水平，假设人力资本水平对应的工资率最高值为 w^m，当工资率达到 $w^m(w^m\in(w',\ w''))$ 时，劳动收入、劳动供给时间和家庭财富分别为 I^m、h^m 和 Y^m。在这个阶段，即当家庭财富介于 $(Y',\ Y^m)$ 时，家庭财富与子代劳动收入呈递减关系。

(4)若家庭财富在投资完子代人力资本后还有剩余，家庭财富开始在父代自身消费和财富代际转移之间进行分配。财富代际转移导致下一代劳动供给时间继续下降，直至达到最低劳动供给时间 $\bar{\bar{h}}$ 为止，此时劳动收入和家庭财富分别为 $\bar{\bar{I}}$ 和 $\bar{\bar{Y}}$。当家庭财富介于(Y^m，$\bar{\bar{Y}}$)时，家庭财富与子代劳动收入之间也是递减关系。

(5)如果家庭财富继续增加，父代对子代的财富转移将不再影响子代的劳动供给和劳动收入，而只增加子代的总财富。

3.5 小结

本章构建了代际收入传递机制的理论框架，整合了四大核心理论模型：OLG 跨期迭代理论、Atkinson 代际收入分配理论、父母效用函数与选择行为，以及家庭财富与子代收入的关系。各理论相互补充，共同阐释了代际资源分配、收入不平等形成及家庭决策的动态机制，为后续实证研究奠定基础。

OLG 模型以代际共存和有限生命周期为假设，分析个体在青年期与老年期的消费储蓄行为。模型引入父代利他动机，将子代效用纳入父代决策函数，揭示了财富跨代转移的微观机制。关键结论包括：①个体通过储蓄平衡跨期消费，利率和工资率影响储蓄决策。②父代通过遗产或生前转移优化家庭总效用，其利他倾向(偏好因子)决定转移规模。③两代人消费比由贴现率与利率共同决定，代际转移加剧了财富积累的持续性。

Atkinson 理论聚焦财富转移对代际收入不平等的传导路径，强调个人禀赋(遗传、人力资本)、偏好(消费与储蓄选择)和随机运气的综合作用：①父代财富通过直接转移与人力资本投资提升子代收入机会。②子代收入函数包含父代禀赋传递系数、财富转移效应及外生随机因素，解释了代际收入差异的根源。③财富转移不仅直接影响子代收入，还通过人力资本积累间接强化代际优势。

父母效用函数与选择行为模型基于效用最大化原则，父母的决策权衡自身消费、休闲与子代财富：①效用函数权重反映利他倾向(如对子代教育的偏好)。②工资率变化通过替代效应与收入效应影响劳动供给：低工资时替代效应为主导(劳动供给随工资上升增加)，高工资时收入效应为主导(劳动供给减少)。③家庭总财富分配顺序是：首先满足子女人力资本投资的需求，剩余部分则用于父母自身消费或直接进行财富转移。

在完善市场条件下，家庭财富与子代收入的关系：①家庭可通过借贷优化子女人力资本投资，代际收入差异主要由禀赋趋同和劳动供给差异驱动。②富裕家庭因财富转移减少子代劳动供给，贫困家庭因借贷偿还压力增加子代劳动供给，出现“寒门出贵子”与“富不过三代”现象。

非完善市场条件下，家庭财富与子代收入的关系：①家庭财富直接约束人力资本投资能力，禀赋与财富交互作用加剧代际收入分化。②政府公共支出对人力资本的补充效应显著，但无法完全替代家庭投资。

本章理论模型揭示：代际收入传递是家庭决策(利他动机、资源分配)、市场条件(信贷约束、利率)与社会制度(政府投资)共同作用的结果。完善市场可部分缓解代际不平等，但非完善市场中财富与禀赋的累积效应仍可能导致收入固化。这些理论为后续分析代际流动性、政策干预效应提供了关键逻辑支撑。

第 4 章

家庭财富现状

4.1 引言

家庭财富是一个复杂且多维的话题，它不仅反映出家庭的经济实力，还深刻揭示社会经济的结构与变迁。随着经济的蓬勃发展和社会的持续进步，家庭财富日益成为衡量家庭生活水平及社会地位的重要指标。近年来，随着收入水平的提升和金融市场的繁荣，家庭财富的构成和分布也发生了显著变化。本书旨在通过深入分析家庭财富的现状，揭示其背后的经济逻辑和社会因素影响，为相关政策制定和家庭财富管理提供参考。

4.2 数据来源

本书使用的数据来自《中国家庭追踪调查》(*China Family Panel Studies*, CFPS)。CFPS 调查自 2010 年启动，并在 2012 年、2014 年、2016 年、2018 年和 2020 年进行了五轮追踪调查。2010 年，CFPS 以中国 25 个省(自治区、直辖市)的家庭作为目标样本，至 2020 年已扩大至 31 个省(自治区、直辖市)，包括家庭成员问卷、家庭问卷、成人问卷及少儿问卷等，涵盖了居民的个人特征、工作和收入等信息，以及住户家庭的基本特征、收支、资产和负债等信息，适合用于研究代际收入流动的相关问题。由于 CFPS 数据具有样本量大、数据质量高、可供利用信息多等特点，故本书选取 CFPS 数据分析家庭财富与代际流动的传导机制。

本书以家庭净资产作为衡量家庭财富水平的指标，将其定义为家庭总资产与家庭总负债的差额。家庭资产包括土地资产、住宅资产、生产性固定资产、金融资产以及耐用消费品，而家庭负债则包括住房贷款和非住房贷款。金融资产主要包括股票、基金、国债、信托产品、外汇产品以及其他金融衍生产品(如期货、期权等)。

表 4-1 主要变量及统计性分析 单位:万元

变量名称	含义	Obs	Mean	Std. dev.	Min	Max
finance_asset	家庭总金融资产	63652	6.5120	23.9937	0	1050
houseasset_gross	家庭房产总价值	63652	46.5339	128.8212	0	8000
land_asset	土地价值	63652	2.3837	9.8617	0	941.5625
agrimachine	农用器械价值	63652	0.1891	1.3974	0	80
durables_asset	耐用消费品价值	63652	3.4871	10.1123	0	1000
fixed_asset	生产性固定资产	63652	2.5769	44.7020	0	5500
house_debts	总房贷	63652	3.3036	35.2901	0	8000
nonhousing_debts	非房贷金融负债	63652	1.3870	8.7532	0	800
total_asset	净资产	63652	56.8030	151.5004	-7991.637	8013

注:根据 CFPS2012-2020 整理所得。

鉴于家庭财富统计变量有所调整,表 4-1 汇总了 2012 年至 2020 年的家庭财富状况。从以上指标可以发现:

(1)资产分布不均:家庭资产(包括房产、金融资产、土地等)的分布极不均衡。具体来说,只有少数家庭拥有极高的资产价值,这些家庭可能拥有价值连城的房产、大量的金融资产或者广阔的土地资源。与此同时,大部分家庭的资产价值则相对较低,他们可能只拥有一处普通的住宅、有限的金融资产或者仅够维持生计的土地。

(2)负债水平差异大:房贷和非住房贷款的分布也呈现出较为分散的状态。部分家庭可能因为购买房产或其他原因承担了较高的负债,这些负债可能包括高额的房贷、信用卡债务或其他形式的贷款。而另一些家庭则可能没有或仅有很少的负债,这使得他们在财务上相对轻松,但同时也可能意味着他们缺乏利用债务进行投资或消费的能力。

(3)净资产呈现两极分化现象:净资产的分布情况进一步显示了这种不平等,表现出明显的两极分化。一方面,我们看到部分家庭的净资产为负,这可能是因为他们背负着沉重的债务负担,而资产价值却不足以覆盖这些债务。另一方面，我们看到部分家庭的净资产极高，他们不仅拥有高额的资产，而且负债相对较少，这使得他们的财务状况非常稳健，可以为未来的投资和消费提供充足的资本。

4.3 家庭总资产情况

4.3.1 不同家庭收入背景下家庭总资产情况

图4-1展示了不同家庭收入水平下家庭总资产分布情况。从金融资产来看，贫困家庭均值是1.46万元，中低收入家庭均值是2.91万元，中高收入家庭均值是5.32万元，富裕家庭均值是16.21万元。金融资产随着收入水平的提高显著增加，富裕家庭的金融资产是贫困家庭的11倍，表明金融资产的分布极不均衡。

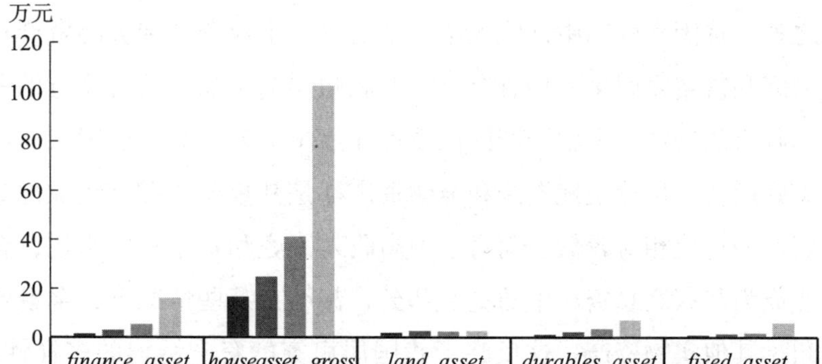

	finance_asset	*houseasset_gross*	*land_asset*	*durables_asset*	*fixed_asset*
■贫困家庭	1.460691	16.5987	1.861468	1.163063	0.8940107
■中低收入家庭	2.911513	24.86893	2.575292	2.186099	1.396187
■中高收入家庭	5.31657	41.067	2.410328	3.483567	1.732925
■富裕家庭	16.2062	102.6915	2.654092	7.068522	5.906186

注：根据CFPS 2012-2020整理所得。

图4-1 不同家庭收入背景下家庭资产分布情况

从房产总价值来看，贫困家庭均值是16.60万元，中低收入家庭均值是24.87万元，中高收入家庭均值是41.07万元，富裕家庭均值是102.69万元。富裕家庭的房产价值是贫困家庭的6倍，表明房产价值的分布存在较大差距。

从土地价值来看，贫困家庭均值是1.86万元，中低收入家庭均值是2.58万元，中高收入家庭均值是2.41万元，富裕家庭均值是2.65万元。土地价值的分布相对均衡，不同收入水平家庭的差距较小，富裕家庭的土地价值略高于其他家庭。

从耐用消费品价值来看，贫困家庭均值是1.16万元，中低收入家庭均值是2.19万元，中高收入家庭均值是3.48万元，富裕家庭均值是7.07万元。富裕家庭的耐用消费品价值是贫困家庭的6倍，这显示出耐用消费品在不同家庭间的分布存在显著的差异。

从生产性固定资产来看，贫困家庭均值是0.89万元，中低收入家庭均值是1.40万元，中高收入家庭均值是1.73万元，富裕家庭均值是5.91万元。富裕家庭的生产性固定资产是贫困家庭的6.6倍，这反映了生产性固定资产在各类家庭中的分布同样存在明显的差距。

按照家庭持有资产均值来看，我国居民持有住房资产比重较高，除此之外，贫困家庭和中低收入家庭主要持有土地资产和金融资产；中高收入家庭和富裕家庭主要持有金融资产和耐用消费品。需要注意的是，随着家庭收入的增加，金融资产的比重也在逐步上升。对于贫困家庭和中低收入家庭而言，虽然土地资产和金融资产都是其重要的财富组成部分，但金融资产的价值相对较低。而对于中高收入家庭和富裕家庭来说，金融资产已经成为其家庭总资产中的重要部分，甚至在某些情况下，金融资产的价值超过其他实物资产。这反映了我国居民家庭资产结构的多样性和复杂性，也体现了不同收入水平家庭在资产配置上的差异和趋势。

4.3.2 不同区域背景下家庭总资产情况

(1)地区间资产规模差异显著(见图4-2)。

房产是各地区占比最大的资产类别，但区域差异明显：

东部地区家庭房产均值是86.04万元，东部地区房产价值受经济发展水平和高房价的双重驱动。第一，地区发展的经济优势：东部地区集中了北京、上海、广州、深圳等一线城市，这些城市不仅是全国经济中心，还

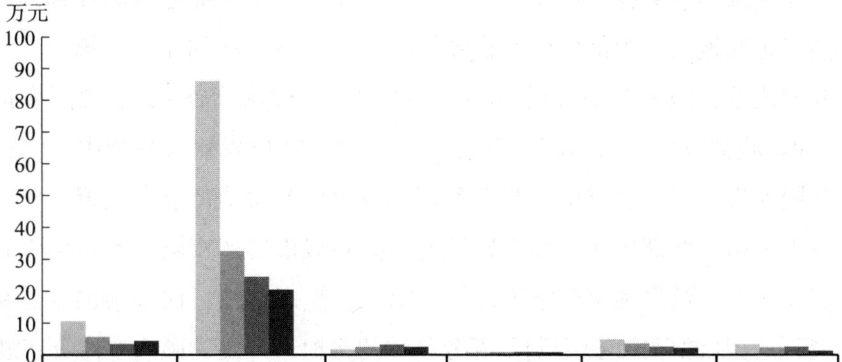

	finance_asset	houseasset_gross	land_asset	agrimachine	durables_asset	fixed_asset
东部地区	10.63572	86.04353	1.662809	0.1183882	4.828575	3.35785
中部地区	5.619945	32.52669	2.410605	0.1862351	3.519373	2.321247
西部地区	3.40227	24.51879	3.201477	0.2840776	2.538397	2.566785
东北地区	4.37678	20.49559	2.462337	0.178748	2.173117	1.258086

注：根据 CFPS 2012-2020 整理所得。

图 4-2　不同区域背景下家庭资产分布情况

拥有高度发达的金融、科技和服务业，吸引了大量人才和资本流入。2023 年，东部地区 GDP 占全国总量的 52.1%，显著高于其他地区。第二，地区房价：高经济发展水平推升了住房需求，叠加土地资源稀缺性，导致房价高于中西部等地区。第三，地区的政策效应：东部城市群（如长三角、珠三角）通过一体化政策进一步强化了资源集聚效应，带动周边城市房产价值提升。

中部地区家庭房产均值是 32.53 万元，介于东部地区与西部地区之间，处于中等发展水平。中部地区的房产价值主要受以下因素影响：第一，产业转型：中部地区依托“中部崛起”战略，逐步从传统农业向制造业和服务业转型。例如，武汉的光电子产业、郑州的物流枢纽建设，推动了区域经济增长。第二，地区房价：中部地区省会城市如武汉、长沙的房价虽低于东部地区，但高于本区域其他城市，形成梯度分布形态。第三，人口流动：作为劳动力输出大省（如河南、安徽），中部地区面临“乡→城”人口外流压力，但近年通过产业回流政策（如富士康郑州基地）部分缓解了这一问题。

西部地区家庭房产均值是24.52万元，低于东部地区和中部地区，但高于东北地区。中部地区面临政策红利与区域分化的矛盾：第一，西部大开发成效：国家对基础设施的大力投入(如成渝高铁)、能源开发的深入(如新疆油气田)，以及数字经济的蓬勃发展(以贵州大数据中心为代表)，共同促进了成都、重庆、西安等核心城市房产价值的显著提升。第二，区域不平衡：西部地区内部差异显著，核心城市房产市场活跃，但偏远地区仍面临人口流失和房产空置问题。第三，生态约束：西部地区生态保护政策(如三江源保护区)限制了部分区域的房地产开发，影响整体资产规模。

东北地区家庭房产均值是20.50万元，东北地区面临人口外流与结构性衰退的双重压力。根据第七次人口普查数据，东北三省在十年间人口减少超过1000万，具体而言，2022年东北三省常住人口减少超过83万人，其中辽宁、黑龙江和吉林三省分别减少近30万、26万和27.68万人。年轻劳动力的外流导致住房需求萎缩。哈尔滨、长春等城市房屋空置率超过20%。另外，产业转型步伐滞后，具体表现为传统重工业，如辽宁的钢铁、黑龙江的煤炭等行业逐渐衰退，而新兴产业如吉林的新能源汽车等尚处于起步阶段，尚未形成足够规模，经济活力不足直接拖累房地产市场。尽管推出“振兴东北”政策(如沈阳自贸区)，但受限于营商环境与气候条件，资本流入有限，房产价值持续低位。

金融资产呈现东部地区(10.64万元)>中部地区(5.62万元)>东北地区(4.38万元)>西部地区(3.40万元)的梯度分布，东部地区金融资产规模是西部地区的3倍以上；东西部鸿沟突出，东部地区与西部地区差距达7.24万元，远超其他区域间差距，体现我国经济地理的“胡焕庸线”效应；中部地区金融资产比东北地区高28.6%，反映了东北地区产业结构调整滞后对金融资源配置的影响。这可能是由以下原因造成的：第一，经济集聚效应：东部沿海地区，特别是北京和上海，集中了全国大部分的金融机构总部，如上海拥有102家银行总部，北京则有156家，这些城市因此成为资本流动性极强的金融中心。第二，政策与开放度差异：东部地区优先享受改革开放红利，自贸区、国际金融中心等政策推动资本积累。第三，产业与收入结构：东部地区第三产业占比超过55%，高附加值产业的发展极大地促进了居民财富的增长；相比之下，中西部地区仍较大程度上依赖于传统工业和农业。第四，基础设施差距：东部地区的数字金融渗透率（如移动支付、理财平台）显著高于其他区域，这一点在最新的数字普惠金融指数中得到了体现，该指数显示尽管整体数字金融发展差距正在缩小，但东部地区在数字金融覆盖广度和使用深度方面依然领先。

（2）农业相关资产分布特点。

就土地资产而言，西部地区（3.20万元）>东北地区（2.46万元）>中部地区（2.41万元）>东部地区（1.66万元）。农业用地价值在西部地区最高，这可能与西部地区的土地资源相对丰富且开发程度较低有关，土地增值潜力较大。中部地区和东北地区土地资产价值相近，但略低于西部地区，这可能反映了这些地区农业发展的历史背景和地理条件。东部地区虽然经济发达，但由于城市化进程较快，农业用地相对稀缺，因此土地资产价值相对较低。此外，土地政策、农业产业结构的差异以及土地市场的活跃度等因素，均可能对土地资产的分布格局产生重要影响。

西部地区土地资源丰富，可能农业占比更高。

就农业机械价值而言，西部地区（0.28万元）>中部地区（0.19万元）>东北地区（0.18万元）>东部地区（0.12万元）。

西部地区农业机械价值独占鳌头，得益于其辽阔的耕地及规模化农业生产模式。西部地区农业机械化程度相对较高，有助于提高农业生产效率和产出，从而增加了农业机械的价值。中部地区紧随其后，可能源于其悠久的农业发展史及有力的政策扶持。东北地区农业用地价值不菲，然农业机械价值略逊于中部地区，反映出其农业产业结构差异及机械化普及度方面的不足。东部地区农业机械价值垫底，因其城市化步伐迅猛，农业退居次席，加之劳动力成本高昂，限制了农业机械的广泛应用。此外，不同地区农业机械化的发展策略、技术水平和市场需求等因素也可能对农业机械价值的分布产生影响。

（3）耐用消费品与固定资产。

就耐用消费品价值而言，东部地区（4.83万元）>中部地区（3.52万元）>西部地区（2.54万元）>东北地区（2.17万元）。这主要是由于东部地区经济发展水平高，居民收入较高，消费能力较强，能够负担得起更多的耐用消费品，如汽车、家电等。同时，东部地区的产业结构较为先进，就业机会多，居民对未来收入持乐观态度，因此更倾向于进行耐用消费品的消费。中部地区经济处于发展阶段，尽管近年来经济有所增长，但与东部地区相比，仍存在不小的差距，居民收入水平相对较低，消费能力有限，对耐用消费品的购买需求和购买能力相对不足。西部地区经济发展相对滞后，基础设施建设尚待完善，居民收入水平偏低，消费市场亦不够发达。此外，西部地区中部分区域的自然条件较为恶劣，经济发展受到一定限制，居民对耐用消费品的购买意愿和购买能力也相对较低。东北地区近年来经济发展面临一些挑战，传统产业占比较大，经济转型压力较大，居民收入增长缓慢。同时，东北地区人口外流现象较为严重，导致消费市场需求不足，耐用消费品的持有量也相对较低。

就生产性固定资产而言，东部地区(3.36 万元)>西部地区(2.57 万元)>中部地区(2.32 万元)>东北地区(1.26 万元)。东部地区经济发达，工业化和市场化程度高，家庭参与生产经营活动的机会更多，且投资环境良好，有利于生产性固定资产的积累。西部地区的生产性固定资产低于东部地区但高于中部地区和东北地区。西部地区近年来在基础设施建设和产业转移方面取得了显著进展，部分区域凭借资源开发和特色产业的蓬勃发展，有效促进了生产性固定资产的稳步增长。中部地区以农业和传统制造业为主，部分家庭从事农业生产或小型加工制造业，生产性固定资产规模相对有限。东北地区传统产业占比较大，经济转型面临挑战，部分企业经营困难，家庭参与生产经营的积极性和能力相对不足。

4.3.3 不同城乡背景下家庭总资产情况

(1)房产是核心资产(见图 4-3)。

城镇的房产价值是 71.85 万元，占总资产比重最大(约 80%)。农村的房产价值是 20.73 万元，占比也较高(约 60%)。房产在两组中均为核心资产，但城镇的房产价值显然更高，可能与城市房价较高有关。房产作为家庭的核心资产，在城乡之间表现出显著的差异。城镇家庭的房产价值远高于农村家庭，这主要得益于城镇地区较高的经济发展水平和房地产市场活跃度。城镇家庭的房产不仅用于居住，还往往具有较大的增值潜力和投资价值，成为家庭财富积累和传承的重要途径。

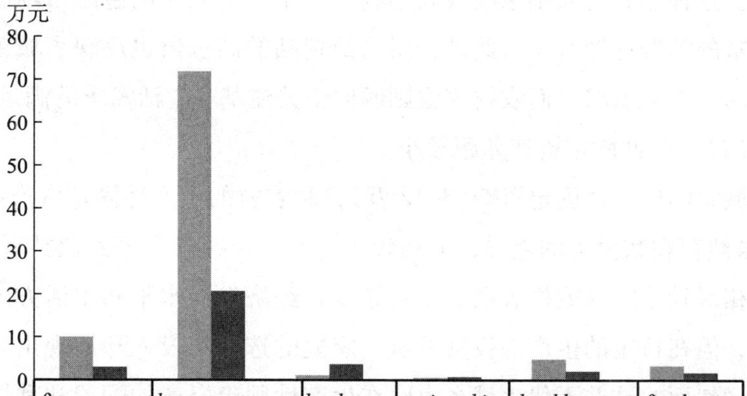

	finance_asset	*houseasset_gross*	*land_asset*	*agrimachine*	*durables_asset*	*fixed_asset*
■城镇	9.965083	71.84784	1.132036	0.0923856	4.822345	3.320145
■农村	2.964564	20.72565	3.6646	0.2890387	2.066617	1.75645

注：根据 CFPS 2012-2020 整理所得。

图 4-3 城乡背景下家庭资产分布情况

相比之下，农村家庭的房产虽然价值较低，但在家庭总资产中仍占据重要地位。这体现了农村地区家庭对房产的高度依赖，房产不仅是农村家庭赖以生存的基础，更是其财富积累的重要支柱。然而，由于农村地区的经济发展和土地政策的制约，农村家庭的房产增值空间受到一定限制，其投资潜力也相对有限。

(2)农村家庭土地资产更突出。

农村的土地价值(3.66 万元)远高于城镇(1.13 万元)，农用器械价值(0.29 万元)也略高，显示出农村家庭在土地资产上的优势。这一特点与农村家庭的农业生产活动密切相关，土地作为农业生产的基础，其价值在农村家庭中占据重要地位。此外，农用器械作为农业生产的辅助工具，其价值也相对较高，反映了农村家庭在农业生产方面的投入和对其的依赖。相比之下，城镇家庭由于主要从事非农业生产活动，对土地和农用器械的依赖程度较低，因此其土地和农用器械的价值也相对较低。

(3)金融资产与耐用消费品差异显著。

城镇的金融资产(9.97万元)和耐用消费品(4.82万元)均高于农村(2.96万元和2.07万元),显示出城镇家庭在投资和消费方面相对较高的能力。这种差异与城镇家庭较高的收入水平、更完善的金融市场服务以及更丰富的消费选择有关。此外,耐用消费品的高价值也反映了城镇家庭在生活品质上的追求,而农村家庭则倾向于关注基本生活需求的满足。

(4)生产性固定资产差距较小。

城镇的生产性固定资产(3.32万元)和农村的生产性固定资产(1.76万元)虽然存在数值上的差异,但相较于房产、金融资产等其他类型的资产,差距相对较小。这或许表明,尽管城乡在经济发展水平和生活方式上存在差异,但在特定的生产性投资领域,家庭的选择与投入却展现出一定的共通性。然而,这并不代表城乡家庭在生产性固定资产的配置和利用上没有差异,具体的情况还需进一步深入分析和研究。

4.4 家庭金融资产情况

4.4.1 2010年家庭持有金融产品的情况

CFPS 2010年的调查问卷中包含了对家庭金融产品持有情况的调查,询问家庭是否持有股票、基金、债券等金融产品,并要求填写相应金融产品的市值。2010年持有金融产品情况如表4-2所示。

表4-2 2010年持有金融产品情况

金融产品	股票	基金	债券	未持有金融产品	总计
Freq.	668	235	43	13837	14783
Percent	4.52%	1.59%	0.29%	93.6%	100%

资料来源:CFPS 2010。

从CFPS 2010年家庭金融产品持有数据能看出以下特点:

(1)金融产品持有率较低。

股票、基金、债券的持有者占比均处于较低水平。具体而言,股票持有者仅占总人口的4.52%，基金持有者占1.59%，债券持有者更是仅占0.29%。这反映出在2010年，大部分居民对风险持保守态度，中国家庭普遍偏好低风险资产（如银行存款、房产），对股票、基金等高风险产品接受度低；金融教育普及不足，家庭对复杂金融产品认知有限。

另外，家庭金融投资渠道受限，农村地区金融机构覆盖率低，城市家庭可能更依赖传统银行渠道，产品种类不够丰富，无法充分满足居民多样化的投资需求；中国资本市场尚不完善，公募基金、债券市场发展滞后，产品选择有限。

（2）未持有者占比极高。

未持有上述任何金融产品的家庭比例高达93.6%，说明绝大多数居民的家庭资产配置中缺乏金融产品，可能资产更多集中在传统的储蓄、房产等领域。这种情况一方面可能是居民出于风险规避心理，更倾向于选择自认为安全的资产形式；另一方面也可能与当时的社会经济环境、居民收入水平等因素有关，居民可用于投资金融产品的闲置资金较少。

进一步地，结合家庭资产的结构发现，家庭资产配置高度依赖房产（如城镇家庭房产价值占总资产的80%），叠加低金融产品持有率，可能导致流动性不足和抗风险能力弱。这种资产配置的单一性，使得家庭在面对经济环境变化或突发事件时，缺乏足够的灵活性和应变能力。例如，当房地产市场出现波动、房价下跌时，家庭的资产价值将大幅缩减，这一变化将不可避免地波及他们的财富积累和偿债能力。此外，低金融产品持有率也意味着家庭错失了通过多元化投资来分散风险的机会，进一步加剧了家庭财务的不稳定性。因此，优化家庭资产配置，提高金融产品的持有率，对于增强家庭的资产流动性和抗风险能力具有重要意义。

农村家庭土地资产占比更高，但缺乏金融工具对冲农业风险（如价格波动、自然灾害）。农村家庭对金融市场的了解相对有限，这也限制了他们利用金融工具进行风险管理的可能性。由于缺乏有效的信息渠道和金融知识，农村家庭在面对农业风险时往往缺乏有效的应对策略，只能被动承受损失。因此，加强农村地区的金融教育和信息普及，提高农村家庭对金融市场的认知和理解，对于帮助他们更好地利用金融工具对冲农业风险具有重要意义。这不仅有助于提升农村家庭抵抗风险能力，还能促进农村经济的稳定和发展。

由于农村家庭普遍存在的低风险偏好，他们更倾向于将资金投入相对安全的领域，如储蓄和房产，而忽视了资本市场可能带来的更高收益。这种投资行为限制了他们通过资本市场分享经济增长红利的机会，导致财富增长主要依赖于工资性收入和房产增值。然而，随着近年来房价的波动和调控政策的出台，房产增值的潜力逐渐减弱，这加剧了家庭财富增长的难度。因此，引导家庭逐步树立合理的投资观念，合理配置资产，对于实现家庭财富的稳健增长具有重要意义。

对于金融机构而言，这意味着巨大的市场潜力有待挖掘。需要加大金融知识的普及力度，通过举办讲座、线上宣传等方式，提升居民对各类金融产品的认知和理解，增强居民的投资意识。同时，要不断创新金融产品，开发更多风险收益特征多样、适合不同风险偏好和收入水平居民的产品，满足居民多元化的投资需求，以促进金融市场的进一步发展和完善。

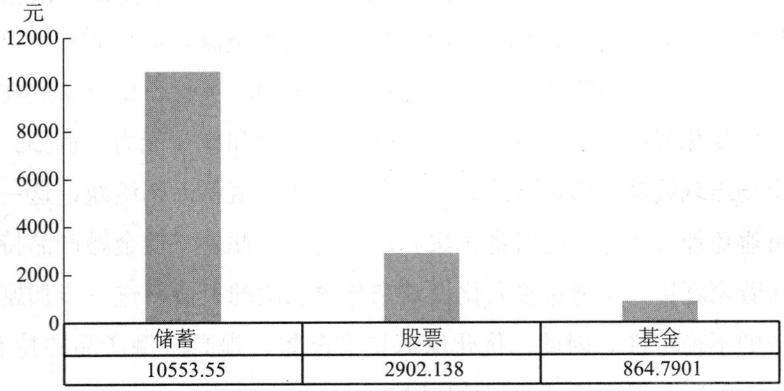

储蓄	股票	基金
10553.55	2902.138	864.7901

资料来源：CFPS 2010。

图 4-4 2010 年家庭持有金融资产价值

通过观察图 4-4 和参照表 4-2，可以发现：

(1)储蓄占据绝对主导地位。

家庭储蓄均值(10554 元)远高于股票(2902 元)和基金(865 元)，储蓄的高均值包含定期存款、活期存款等低风险资产，反映出家庭对资产流动性和安全性的重视。从投资金额来看，家庭资产配置高度依赖储蓄，与之前分析的“风险偏好保守”一致。这种高度依赖储蓄的资产配置方式，虽然在一定程度上保障了家庭财富的安全性，但也限制了家庭财富的增值潜力。

(2)股票与基金投资金额极低。

如果考虑全体家庭均值，家庭持有股票的金额是 2902 元，显著低于储蓄；若仅计算持有者(4.52%的家庭)，实际持有股票金额均值约为 64220(2902÷4.52%)元。类似计算显示，基金持有者(1.59%)持有基金金额均值约为 54390(864.79÷1.59%)元。这表明，尽管股票和基金的持有率极低，但在持有这些金融产品的家庭中，其投资金额相对较高。这反映出，一旦家庭决定涉足股市或基金市场，他们通常会投入相对较多的资金。然而，这种投资行为并未在广大家庭中普及，导致整体投资金额仍然较低，金融市场参与呈现“小众高投入”特征。

(3)存在资产配置失衡风险。

储蓄占比过高可能导致财富增值效率低下，高度依赖储蓄的资产配置方式还意味着家庭在面对风险时缺乏足够的资产多样性来分散风险。一旦经济风云突变，诸如通胀飙升或利率波动等情况出现，家庭财富或将面临严峻的缩水挑战。这种资产配置方式限制了家庭通过多元化投资来平衡风险与收益的能力，使得家庭财富更容易受到外部冲击的影响。因此，资产配置失衡不仅影响财富增值效率，还可能给家庭的整体财务状况带来潜在风险。

此外，股票和基金市场的复杂性也使得许多家庭望而却步。家庭投资者常因缺乏专业知识和市场经验，而难以精准地把握市场动向，捕捉投资机会。这导致他们更倾向于选择保守的投资方式，如储蓄，而避免涉足风险较高的股市和基金市场。高门槛不仅体现在资金上，还体现在知识、技能和经验上，这些因素共同影响了家庭参与股票和基金市场的广度和深度。因此，股票、基金市场的低参与率不仅体现了家庭在资产配置上的保守态度，也揭示了家庭在提升资产流动性和抗通胀能力方面所面临的挑战。

4.4.2 2012年家庭持有金融产品的情况

CFPS 2012年调查问卷调查了家庭“有无政府债券、股票、基金、金融衍生品及其他金融资产等”“您家持有的金融资产当前价值是多少”。其中，金融衍生品包括认购权证、指数期货、商品期货、银行间理财产品等（见表4-3）。

表4-3 2012年持有金融产品情况

金融产品	政府债券	股票	基金	金融衍生品	其他金融资产
Freq.	71	530	371	55	50
Percent	0.533553769	3.984063745	2.788006312	0.413254189	0.375911586

资料来源：CFPS 2010。

（1）总体参与率极低。

在2012年的调查问卷中，未包括未持有政府债券、股票、基金、金融衍生品及其他金融资产的数据，通过计算可知，所有金融产品的总持有率仅8.09%，意味着至少91.91%的家庭未持有任何表中列出的金融产品。对比2010年数据（未持有任何金融产品比例93.6%），参与率可能略有提升，但仍处于极低水平。

（2）股票与基金主导，但比例仍低。

股票（3.98%）和基金（2.79%）是持有率最高的两类产品，但合计不足7%，远低于同期储蓄类资产。对比2010年，股票持有率下降，这可能与2010—2012年股市波动（如A股长期低迷）导致的投资信心不足有关。基金持有率的上升则反映出基金产品的普及程度有所提高（例如货币基金的广泛推广），同时也可能意味着家庭对专业化投资方式的认可度正在提升。

政府债券（0.53%）和金融衍生品（0.41%）参与率极低，显示家庭对低收益或高风险产品的排斥。对比2010年，债券持有率上升，这可能得益于政府债券相对稳健的投资回报及政策激励。然而，尽管金融衍生品的持有率较低，但部分家庭开始尝试高风险投资，这反映了他们对高收益的追求以及对风险认知的不足。

总体来看，家庭在选择金融产品时仍倾向于保守策略，更偏爱低风险且收益稳定的产品，而对于那些潜在收益虽高但风险也大的产品，则表现出谨慎态度。

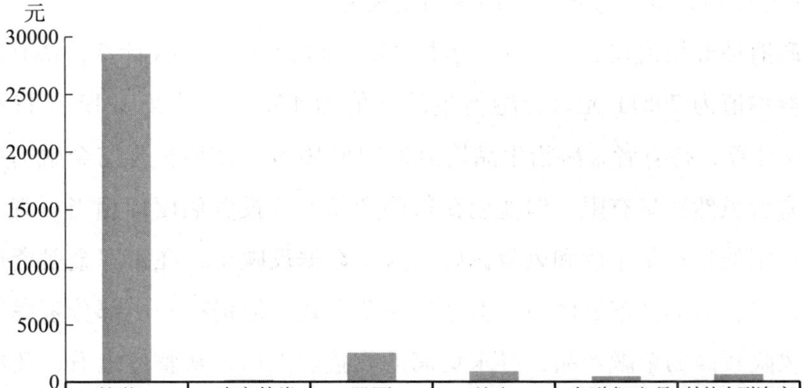

储蓄	政府债券	股票	基金	金融衍生品	其他金融资产
28522.21	158.0064	2559.494	941.8373	473.5438	648.4304

资料来源：CFPS 2012。

图 4-5　2012 年家庭持有金融资产的价值

通过观察图 4-5 和参照表 4-3，可以发现：

(1)储蓄占据绝对主导地位。

储蓄均值(28522 元)远超其他金融产品，占总资产比重超过 90%，家庭资产配置高度依赖低风险、高流动性的储蓄。对比 2010 年储蓄均值(10553 元)，当前储蓄金额显著增长，可能与收入提升或样本差异有关。

(2)股票与基金：小众高投入。

家庭股票均值为 2559 元，若按 2012 年持有率 3. 98%计算，持有者投资均值约为 64326(2559÷3. 98%)元。家庭基金均值为 942 元，持有者(2. 79%)投资均值约为 33760(942÷2. 79%)元。股票和基金的持有者投入金额较高，但覆盖家庭极少，金融市场呈现“精英化”特征。股票与基金的持有者主要集中在高收入家庭，这些家庭拥有较为充裕的资金，愿意并能够承担较高的投资风险以追求更高的收益。然而，对于大多数普通家庭而言，由于收入水平有限，风险承受能力较低，股票和基金并非其首选的金融资产。此外，股票和基金市场的波动性较大，投资收益存在不确定性，这也使得部分家庭对这类资产持谨慎态度。然而，随着金融市场的持续发展和家庭收入的提高，未来股票和基金的持有者数量有望稳步上升，金融市场亦将趋于多元化和更具包容性。

(3)政府债券与金融衍生品参与度极低。

政府债券均值仅为 158 元，若按 2012 年持有率 0.53%计算，持有者政府债券均值为 29811 元。金融衍生品均值为 474 元，若按 2012 年持有率 0.41%计算，持有者金融衍生品均值为 115610 元。政府债券与金融衍生品的持有者虽然数量有限，但他们在这些产品上的投资额度却相当可观，显示出一定的投资集中度和风险偏好。这一数据反映出，在家庭金融资产配置中，尽管大部分家庭倾向于保守的储蓄方式，但仍有一小部分家庭愿意尝试风险较高的金融产品，寻求更高的收益。然而，从整体上看，政府债券与金融衍生品的低参与度也意味着大多数家庭对于这类金融产品的了解和接受程度仍有待提高。

4.5 小结

本章基于中国家庭追踪调查(CFPS)2010—2020 年的数据，深入分析了中国家庭财富的现状及其分布特征。研究发现，家庭财富的构成和分布呈现出显著的不均衡性，这种不均衡性不仅体现在资产和负债的分布上，还体现为不同收入水平、区域、城乡背景下的家庭财富差异。具体表现为：

(1)财富分布两极分化：家庭财富的分布极不均衡，资产集中在少数富裕家庭手中，而大部分家庭的资产相对较少。净资产的分布呈现两极分化，部分家庭净资产为负，而另一些家庭则拥有高额净资产。例如，富裕家庭的金融资产均值是贫困家庭的 11 倍，而房产价值的差距则达到了 6 倍。

房产是家庭资产的核心组成部分，尤其是城镇家庭，房产价值占总资产的比重较高。

(2)区域与城乡差异显著：东部地区家庭的房产与金融资产规模显著

超过中西部及东北地区，以东部地区房产均值为 86 万元为例，东北地区仅为 20.5 万元。城镇家庭金融资产均值(9.97 万元)是农村家庭(2.96 万元)的 3 倍以上。

(3)资产配置单一化：家庭财富高度依赖房产(城镇占比 80%，农村占比 60%)，金融资产配置率极低。2010 年仅有 4.52%的家庭持有股票，93.6%的家庭未持有任何金融产品，储蓄占比高达 90%以上。

(4)金融工具利用不足：农村家庭依赖土地资产但缺乏金融风险对冲工具，低收入家庭难以通过资本市场分享增长红利，财富增值主要依赖工资和房产。

基于现状分析，本章提出以下政策建议：

(1)推动金融普惠与教育。

普及金融知识：在城乡社区定期举办金融知识讲座，并充分利用新媒体平台推广低门槛、易操作的投资工具(如货币基金、国债逆回购等)，以此提升家庭的风险认知能力和投资技巧。

优化农村金融服务体系：进一步增设农村金融网点，并创新开发农业保险、农产品价格期货等金融产品，以有效帮助农民抵御自然灾害和市场波动带来的风险。

(2)促进区域经济均衡发展。

促进中西部地区产业升级：通过税收优惠吸引东部地区产业转移，支持中西部地区核心城市(如成都、武汉)发展数字经济、高端制造等新兴产业，缩小区域资产差距。

完善东北振兴政策：结合气候与资源优势，发展新能源、冰雪经济等特色产业，改善营商环境以吸引资本回流。

(3)优化家庭资产结构。

引导多元化投资：鼓励金融机构开发风险收益梯度分明的产品(如目标日期基金、不动产投资信托基金等)，降低股票、基金投资门槛，增强家庭资产流动性。

调控房地产市场：借助房产税试点项目及增加保障性住房供给等手段，有效遏制房产过度集中现象，引导家庭进行多元化资产配置。

(4)加强数据监测与政策精准性。

动态跟踪财富分布：建议建立一个全面的家庭财富数据库，包括实物资产、金融资产、债务和负债、收入和支出、投资和收益以及财产保险等关键信息。此外，应定期发布区域和收入分层的资产配置报告，基于多样化投资组合原则，考虑个人风险承受能力和投资目标，以及定期调整资产配置以适应市场变化。这些报告将为政策调整提供重要依据。

差异化政策设计：向低收入家庭提供定向理财补贴或税收减免，对高净值家庭加强资本利得税监管，缓解财富两极分化。

通过上述措施，可逐步改善家庭财富分布失衡问题，提升金融资源配置效率，助力实现共同富裕目标。

第5章

代际收入流动性测算

5.1 引言

代际收入流动性反映了收入差距形成的深层次原因，是劳动经济学领域的前沿主题和热点问题，受到了国内外专家学者的重视。从社会层面来看，代际收入流动性较小意味着社会的不同收入阶层的群体之间的流动性较差，其中一部分人长期处于高收入阶层，形成了一种垄断，而低收入阶层的群体很难进入高收入阶层。这种情况会降低社会发展活力，长此以往可能会阻碍经济发展，不利于社会和谐稳定。代际收入流动性是代际收入差距固化的重要原因。代际收入流动性越小意味着代际收入差距固化越严重，而代际收入差距固化事关社会公平（薛宝贵，2019①）、社会活力、经济发展（Barro，2000②；蔡昉，2000③；Galor & Moav，2004④；陆铭等，2005⑤；沈凌和田国强，2009⑥）和人们的幸福感（Alesina et al.，2004⑦），

① 薛宝贵．收入差距的三种类型：一个价值判断的视角[J]．宁夏社会科学，2019(2)：78-83.

② BARRO R J. Inequality and growth in a panel of countries[J]. Journal of Economic Growth, 2000(5): 5-32.

③ 蔡昉．中国二元经济与劳动力配置的跨世纪调整——制度、结构与政治经济学的考察[J]．浙江社会科学，2000(5)：19-23.

④ GALOR O, MOAV O. From physical to human capital accumulation: Inequality and the process of development[J]. The Review of Economic Studies, 2004, 71(4): 1001-1026.

⑤ 陆铭，陈钊，万广华．因患寡，而患不均——中国的收入差距、投资、教育和增长的相互影响[J]．经济研究，2005(12)：4-14，101.

⑥ 沈凌，田国强．贫富差别、城市化与经济增长——一个基于需求因素的经济学分析[J]．经济研究，2009，44(1)：17-29.

⑦ ALESINA A, DI TELLA R, MACCULLOCH R. Inequality and happiness: Are Europeans and Americans different? [J]. Journal of Public Economics, 2004, 88(9-10): 2009-2042.

进而影响到社会稳定(甄小鹏和凌晨，2017①)和政治稳定(蔡昉，2000②)。

从个人层面来看，代际收入流动性越小，代际收入弹性越大，表明社会机会不平等程度越高。这种情况使得来自低收入阶层家庭的子女很难通过自己的努力来提升其经济水平，容易使其产生消极心理，进而影响社会和谐稳定。Alesina 等(2004)③指出，社会流动性对收入不平等的影响主要体现在两个方面。首先，社会流动性高的地区，人们更容易通过自己的努力实现阶层跃迁，从而缓解收入不平等。其次，社会流动性低的地区，人们更容易感到“被困”，从而加剧收入不平等。对比美国和欧洲，尽管欧洲的某些国家如北欧国家社会流动性较高，但整体而言，欧洲的社会流动性相对较低，导致欧洲的收入不平等程度相对较高。

5.2 研究综述

国内外学者对代际收入流动性的评估进行了深入且系统的研究。其中，代际收入相关性作为衡量代际流动性的一种方法，被广泛采用。代际收入相关性越低，则代际收入流动性越强，新一代获得经济机会的可能性越大(Pekkarinen et al.，2009)[142]。代际收入流动性是代际收入差距固化的重要影响因素。代际收入相关性可以用代际收入弹性来表示。代际收入弹性越高，代际收入流动性越低。log-log 规格化方法是一种衡量代际收入流动性的方法。它基于对数-对数转换，将收入分布转换为对数尺度，然后计算子女收入相对于父母收入的弹性。

Zimmerman(1992)发现美国收入的代际相关性大约为 0.4[143]。Solon(1992)认为美国长期收入的代际相关性至少为 0.4[144]。Dearden 等(1997)

① 甄小鹏，凌晨．农村劳动力流动对农村收入及收入差距的影响——基于劳动异质性的视角[J]．经济学(季刊)，2017，16(3)：1073-1096.

② 蔡昉．中国二元经济与劳动力配置的跨世纪调整——制度、结构与政治经济学的考察[J]．浙江社会科学，2000(5)：19-23.

③ ALESINA A，DI TELLA R，MACCULLOCH R．Inequality and happiness：Are Europeans and Americans different？[J]．Journal of Public Economics，2004，88(9-10)：2009-2042.

评估了英国的代际流动程度，发现英国的代际流动程度有限，认为父亲与儿子和女儿在劳动力市场收入和受教育年限方面存在明显的代际相关性，并且揭示了代际收入流动性的一个重要的不对称性，即收入分配从底层向上层流动要比从上层向底层流动容易[145]。Maoz 和 Moav(1999)认为流动性会在发展的过程中增强[146]。Mazumder (2005)认为美国的代际收入弹性约为 0.6[147]。Mayer 和 Lopoo(2008)评估了美国政府支出与代际经济流动之间的关系，发现高消费州的代际流动性比低消费州的代际流动性高，政府支出增强了代际流动性[148]。

Pekkarinen 等(2009)估计了芬兰重大教育改革对代际收入流动性的影响，发现 1972—1976 年的综合学校改革将代际收入弹性从改革前的 0.30 降到改革后的 0.23，使代际收入弹性下降了 23%[142]。Bhattacharya 和 Mazumder(2011)开发非参数方法来估计协变量对黑人的代际流动性和白人的代际流动性测量的影响，认为黑人经历的跨代的向上流动比白人少很多，并发现大部分的这种差距可以用青春期认知技能的差异来解释[149]。Lucas 和 Kerr(2012)分析了芬兰的代际收入流动性，认为从父母收入到子女收入的任何传递都非常弱，而从家庭收入到儿子和女儿的收入的传递都显著且非常大[150]。这种方法的优点是可以消除收入分布的形状对代际流动性的影响，从而更准确地衡量代际流动性。然而，log-log 规格化方法也存在一些局限性，例如，它不能捕捉到收入分布的尾部变化，也不能区分不同收入阶层之间的流动性差异。

Chetty 等(2014a)采用 rank-rank 规格化方法测量代际流动性。这种方法比传统对数 log-log 规格化方法得出的结论更稳健，美国某些地区的代际流动性持续低于大多数其他发达国家。大部分收入不平等的加剧是由高等收入群体的收入增长驱动的，而不是由于中低等收入群体的收入差距造成的。因此，尽管不平等加剧，但代际流动性并未显著恶化[151]。Chetty 等(2014b)的研究表明，尽管社会经济地位的排名变化不大，但代际流动性并未出现显著下降，这意味着当前进入劳动力市场的人群与 20 世纪 70 年代出生的人相比，仍然拥有提升社会经济地位的机会。低收入家庭的孩子达到特定高收入阈值的概率显著增加，即使他们在收入排名中的相对位置没有改变。然而，这种现象伴随着父母收入对子女收入影响的增强，意味着现在孩子的收入更依赖于其父母的社会经济地位[152]。

国内一些学者对中国的收入流动性进行了测量。魏颖和张春艳(2009)经分析发现，在未加入子代受教育年限变量之前，我国农村居民的代际收入弹性值随子代收入的增加，先上升后下降，呈现出典型的“倒 U”形趋势[153]。陈琳和袁志刚(2012)认为，中国的代际收入弹性经历了从大幅下降到逐步稳定的过程。我国城镇的代际收入弹性在 1988 年至 2005 年经历了显著的下降，从较高的水平降低至 0. 447、0. 360、0. 207、0. 045，显示出逐渐降低的趋势。而农村地区的代际收入弹性从 0. 338 降至 0. 258，但在 2005 年出现了小幅回升，达到 0. 274，后又升至 0. 330[67]。邹薇和马占利(2018)发现，中国的代际收入弹性在 2000 年达到最高，约为 0. 65，然后在 2009 年下降至最低的 0. 30，2011 年回升至 0. 45。低收入阶层的代际收入弹性较高，意味着子代的收入在很大程度上受到父代收入阶层的影响，从而导致贫困的代际传递，形成贫困固化现象[154]。阳义南和连玉君(2015)认为，中国的社会流动性呈上升趋势[155]。徐晓红(2015)认为，中国农村居民收入的代际传递程度比城市居民收入的代际传递程度低[156]。方鸣和应瑞瑶(2010)指出，中国农村居民的代际收入流动性较差，亦即存在较为明显的收入代际传递现象。另外，代际收入传递还存在地区差异和收入组群间差异，不同收入组群间代际收入弹性流动趋势不同[157]。徐晓红和曹宁(2018)指出，2007 年到 2013 年，我国低收入群体代际固化的比例由 14. 29%上升至 60%，而高收入群体代际固化现象有所改善，比例由 75%下降到 39. 77%，但我国社会阶层固化问题仍旧严峻[158]。

5. 3 理论基础及研究假设

(1)父代收入对子代收入的影响。

根据代际收入传递理论，父代收入通过多种渠道影响子代收入，包括：

一是人力资本的投资渠道：在探讨人力资本投资时，我们不难发现，家庭的经济状况对子代的成长和未来的发展具有深远影响。高收入家庭通常具备更多的资源和能力，他们能够为自己的子女提供更加优质的教育资源，包括但不限于优秀的学校、丰富的课外辅导和各种提升技能的培训课程。除此之外，这些家庭不仅能够确保子代获得更好的健康保障，如高质量的医疗服务、营养均衡的饮食，还能为他们创造一个促进身心健康的环境。通过这些投资，高收入家庭有效地提升了子代的人力资本，为他们将来在社会中取得成功打下了坚实的基础。

二是社会资本的传递渠道：在社会结构中，高收入家庭往往拥有更加广泛和强大的社会网络。这些家庭能够利用其社会地位和资源，为子女提供更多的机会和优势。例如，他们可以通过自己的人脉关系，为子代提供更优质的就业机会，帮助他们获得更好的职场起点。此外，高收入家庭还为子女提供丰富的教育资源、文化活动及多样的社会经验，进一步拓宽其视野。这些资源的获取，有助于子代在社会竞争中占据有利位置，从而在一定程度上延续和加强家庭的社会经济地位。

三是财富积累渠道：高收入家庭通过积累财富(例如购置房产、投资金融资产等)能够为子代提供坚实的经济支持，从而有效减轻子代在经济方面的压力。

基于以上现象，本书提出以下研究假设：

H5-1：父代收入与子代收入呈正相关关系，即父代收入越高，子代收入越高。

(2)家庭财富转移对代际收入弹性的影响。

家庭财富转移(如现金、房产等)可能通过以下机制影响子代收入和代际收入弹性：

一是替代效应：财富代际转移或引发替代效应，导致子代工作动机减弱，努力程度下降。因为已经具有一定的财富基础，他们可能感觉到不需要像以前那样努力工作，这可能会导致他们的收入水平下降。

二是消费倾向：财富转移给子代后，他们可能会倾向于将这些资金用于即时消费，而不是投资于长期增值的资产或教育。这种消费行为可能会阻碍子代在人力资本或生产力方面的提升，因为他们没有将资源投入能够提高未来收入的领域。

三是代际依赖性：财富转移可能会增加子代对父代的经济依赖，这种依赖性可能会削弱子代的独立性和经济自主性。随着子代在经济上更加依赖于父代，他们可能会减少自我发展的努力，从而导致代际收入弹性增加。代际收入弹性衡量的是父代经济收入对子代经济收入或经济地位的影响程度，反映了社会代际流动性与公平性。

基于这些观察，我们可以提出以下研究假设：

H5-2：家庭财富转移对子代收入有显著的负向影响，即与无财富跨期转移相比，财富转移会降低子代收入。

H5-3：家庭财富转移会增加代际收入弹性，即家庭财富转移与父代收入的交叉项为负，家庭财富转移会增加子代收入对父代收入的依赖性。

（3）家庭财富转移对代际收入弹性影响的异质性分析。

就家庭收入背景而言：

对于那些生活在经济条件较为困难的家庭中的子女，即所谓的低收入家庭，财富转移可能会带来积极的效应，因为这些转移的财富对于他们来说边际效用更高。从经济学的角度来看，边际效用是指消费者从消费额外一单位商品或服务中所获得的满足程度或效用的增加量。在低收入家庭，由于基本需求尚未得到充分满足，因此额外的财富能够更有效地满足这些需求，从而产生更大的边际效用。

在高收入家庭，财富的转移可能会对下一代的收入产生负面影响。这种现象发生的原因在于，当财富从父母转移到子女时，由于边际效用递减的原理，这些财富对于子女来说可能并不像对父母那样有价值。也就是说，随着财富的增加，每增加一单位财富所带来的满足感或效用是递减的。因此，子女可能不会像父母那样珍惜和有效地利用这些资源。此外，这些转移的财富有可能被用于非生产性的用途，比如奢侈消费或短期享乐，而不是投资于教育、创业或其他能够长期增值的活动。这样的消费行为可能会削弱子女通过自身努力获取收入的动力，从而对其未来的收入水平产生不利影响。

就父代生育子女数量而言：

在只有一个子女的家庭中，财富的转移往往更加集中，因为父母的资源和关注都集中在唯一的子女身上。这种集中的财富转移可能会对子女的收入产生更加显著的影响，因为子女在成长过程中能够获得更多的经济支持和教育投资。这种支持可能导致社会经济地位的代际传递更加明显，使得子女在成年后可能会因为早期获得的资源而在职场上拥有更高的起点和更强的竞争力。

在多孩家庭中，父母进行财富转移时可能会面临资源分散的问题，导致每个孩子所能继承的财富份额相对减少，从而使得每个孩子所能获得的经济支持和资源难以显著改善其经济状况。

基于以上分析，提出以下研究假设：

H5-4：家庭收入背景对财富转移的效应具有异质性，低收入家庭中财富转移对子代收入的正向影响更强，促进代际流动；而高收入家庭中负向影响更强。

H5-5：父代生育子女数量对财富转移的效应具有异质性。具体而言，一孩家庭中财富转移对子代收入的影响更为显著；而在多孩家庭中，这种影响相对较弱。此外，家庭财富转移对代际收入弹性的影响并不显著。

5.4 模型构建及统计性分析

5.4.1 模型构建

(1)线性回归模型构建。

我们初步构建了一个线性回归模型，旨在探讨父辈收入及子代后天努力如何共同作用于子代的收入水平。评估代际收入流动性的方法主要包括相关系数法、百分位转换矩阵法和回归法。在回归法中，我们采用了工具变量法和收入均值法。

对数线性回归模型是学者们估计代际收入流动的主要方法。基本的回归模型为

$$y_i^c = \alpha_0 + \rho y_i^f + \varepsilon_i \tag{5.1}$$

其中，y_i^c 表示子女的持久收入对数，y_i^f 表示父母的持久收入对数，ε_i 是与 y_i^f 自变量无关的随机扰动项，模型主要目的是测算代际收入弹性 ρ 的大小，以衡量机会不均等的程度。若两代的持久收入可得，利用普通的 OLS 就可以测算出代际收入弹性 ρ 的大小。Solon（1992）①、Björklund 和 Jäntti（1997）②以及 Lefranc、Pistolesi 和 Trannoy（2006）③等指出使用当期收入数据测算的弹性值偏小。于是，Solon（1992）使用工具变量法和收入均值法来提高估计值的准确度。

①工具变量法。

根据式（5.1）进行最小二乘法估计需要获得父母与子女的持久性收入，但是，现实中缺乏这种数据，在此情况下，采用式（5.2）使用当期实际收入数据会导致代际收入弹性 ρ 偏小。

$$Y_{it}^c = \alpha + \rho Y_{it}^f + \chi_1 Age_i^c + \chi_2 \left(Age_i^c\right)^2 e_{it}^c + e_{it}^1 \tag{5.2}$$

其中，Y_{it}^c是个体 i 在 t 年时的实际收入。其中，Y_{it}^c是子代在 t 年时的实际收入，Y_{it}^f是父代在 t 年时的实际收入，Age_i^c 是子代年龄。Solon（1992）、Dearden 等（1997）④经济学家提出，使用工具变量法代替父辈持久性收入可以降低代际收入弹性 ρ 估计偏误的问题，于是他们选取父母的教育、职业等变量作为父母持久收入的工具变量。由于经济地位、教育和职业等变量相对稳定，所以方程能够真实地估算出父母的持久性收入。父母持久收入的估计方程可以写为

$$Y_{it}^f = \gamma_1 Edu_i^f + \gamma_2 Occu_i^f + \eta_1 Age_i^f + \eta_2 \left(Age_i^f\right)^2 e_{it}^f + \mu_{it} \tag{5.3}$$

其中，Edu_i^f 是父代学历水平，$Occu_i^f$ 是父代职业类型。

将式（5.3）估计的父母的持久收入代入式（5.2），就可以测算出子代的

---

① SOLON G. Intergenerational income mobility in the United States[J]. The American Economic Review, 1992: 82(3): 393-408.

② BJÖRKLUND A, JÄNTTI M. Intergenerational income mobility in Sweden compared to the United States[J]. The American Economic Review, 1997, 87(5): 1009-1018.

③ LEFRANC A, PISTOLESI N, TRANNOY A. Equality of opportunity: Definitions and testable conditions, with an application to income in france (1979-2000)[R]. ECINEQ Society, Working Paper, 2006: 53.

④ DEARDEN L, MACHIN S, REED H. Intergenerational mobility in Britain[J]. The Economic Journal, 1997, 107(440): 47-66.

代际收入流动的大小。估计方程为

$$Y_{it}^{c}=\alpha+\rho(\hat{\gamma}_1 Edu_i^f+\hat{\gamma}_2 Occu_i^f)+\chi_1 Age_i^c+\chi_2(Age_i^c)^2 e_{it}^c+e_{it}^1 \tag{5.4}$$

利用工具变量取代当期收入而测算的代际收入弹性 ρ 在一定程度上减少了估算误差，然而，正如 Solon(1992)、Björklund 和 Jäntti(1997)所说，当作为父母持久收入的工具变量与子女的收入存在直接相关性时，会导致代际收入弹性的估计值偏大。

②收入均值法。

通过使用数年的平均收入作为持久性收入的代理变量，可以在某种程度上改善代际收入弹性 $\hat{\rho}$ 偏小的情况。Solon(1992)将子代单年收入扩展为

$$Y_{it}^{c}=\alpha_1+Y_i^c+\beta_1 Age_{it}^c+\beta_2(Age_{it}^c)^2+e_{it} \tag{5.5}$$

其中，Y_{it}^c 表示子代在 t 年的当期实际收入，Y_i^c 表示子代的持久收入，Age_{it}^c 表示在 t 年第 i 个家庭子代的年龄。父代在 s 年实际收入与持久收入的关系可以写为

$$Y_{is}^{f}=\alpha_1+Y_i^f+\gamma_1 Age_{is}^f+\gamma_2(Age_{is}^f)^2+\mu_{is} \tag{5.6}$$

其中，Y_i^f 表示父代持久收入，Age_{is}^f 表示父代在 s 年的年龄。

式(5.6)又可以写为

$$Y_i^f=Y_{is}^f-\alpha_1-\gamma_1 Age_{is}^f-\gamma_2(Age_{is}^f)^2-\mu_{is} \tag{5.7}$$

将式(5.7)代入式(5.1)，可以得到：

$$Y_i^c=\alpha_0+\rho[Y_{is}^f-\alpha_1-\gamma_1 Age_{is}^f-\gamma_2(Age_{is}^f)^2-\mu_{is}]+\varepsilon_i \tag{5.8}$$

将式(5.8)代入式(5.5)，可以得到：

$$\begin{aligned}Y_{it}^c=&(\alpha_0+\alpha_1-\rho\alpha_0+Y_i^c)+\rho Y_{is}^f+\beta_1 Age_{it}^c+\beta_2(Age_{it}^c)^2-\\&\rho\gamma_1 Age_{is}^f-\rho\gamma_2(Age_{is}^f)^2+\varepsilon_{it}+e_{it}-\rho\mu_{is}\end{aligned} \tag{5.9}$$

式(5.9)使得代际收入弹性的估计值 $\hat{\rho}$ 更加接近真实值，但由于 Y_{is}^f 与 $\varepsilon_{it}+e_{it}-\rho\mu_{is}$ 仍然相关，代际收入弹性的估计值 $\hat{\rho}$ 依然小于真实值。因此，对父代收入以及子代收入取均值来降低 $\hat{\rho}$ 的偏误后，式(5.9)可以写为

$$\begin{aligned}\bar{Y}_i^c=&(\alpha_0+\alpha_1-\rho\alpha_0+Y_i^c)+\rho Y_i^f+\beta_1\overline{Age}_i^c+\beta_2(\overline{Age}_i^c)^2-\\&\rho\gamma_1\overline{Age}_i^f-\rho\gamma_2(\overline{Age}_i^f)^2+\varepsilon_i+e_{it}-\rho\bar{\mu}_i\end{aligned} \tag{5.10}$$

(2)分位数回归。

构建代际收入弹性的分位回归模型(Quantile Regression Model for Intergenerational Income Elasticity）旨在研究父代收入对子代收入的影响在不同收入分位点上的异质性。分位回归模型能够捕捉到因变量（子代收入）在不同分位点上的条件分布特征，从而更全面地分析代际收入传递的机制。分位回归模型的核心在于估算因变量——子代收入，在不同分位点（诸如10%、25%、50%、75%、90%等）的条件分布情况。代际收入弹性的分位回归模型可以表示为

$$Q_T(\ln Y_i^{child} \mid \ln Y_i^{parent},\ X_i) = a_\tau + \beta_\tau \ln Y_i^{parent} + \gamma_\tau X_i + \in_i \qquad (5.11)$$

其中，$Q_T(\ln Y_i^{child} \mid \ln Y_i^{parent},\ X_i)$表示在分位点$\tau$上，子代收入对数（$\ln Y_i^{child}$）的条件分位数。$\ln Y_i^{parent}$表示父代收入的对数。$X_i$表示控制变量（如子代受教育水平、家庭特征、地区特征等）。α_τ是分位点τ上的截距项。β_τ是分位点τ上的代际收入弹性系数，表示父代收入对子代收入的影响。γ_τ是控制变量的系数。$\in_i$是误差项。

（3）面板回归。

构建代际收入弹性的面板回归模型（Panel Regression Model for Intergenerational Income Elasticity）旨在研究父代收入对子代收入的影响，同时考虑个体或家庭的时间维度特征。面板数据模型能够控制个体或家庭的固定效应（如家庭文化、遗传因素等），从而提供更准确的估计结果。鉴于样本数据在历年间的样本量存在差异，包含追踪调查样本及新增样本，且年份数目少于截面数目，故采用非对称短面板模型（Asymmetric Short Panel Model），亦称非平衡面板（Unbalanced Panel）模型，以探究代际收入弹性，并纳入个体时间效应进行考量。为了保证估计效率和样本的随机性，本书不进行平衡面板数据的提取。面板模型如下：

$$\ln Y_{it}^{child} = \alpha + \beta \ln Y_{it}^{parent} + \gamma X_{it} + \mu_i + \lambda_t + \in_{it} \qquad (5.12)$$

其中，$\ln Y_{it}^{child}$表示第i个家庭在时间t的子代收入对数。$\ln Y_{it}^{parent}$表示第i个家庭在时间t的父代收入对数。X_{it}表示控制变量（如子代受教育水平、家庭特征、地区特征）。μ_i表示个体或家庭的固定效应（或随机效应），用于控制不随时间变化的个体异质性。λ_t表示时间固定效应，用于控制时间趋势或宏观经济冲击。$\in_{it}$是随机误差项。

5.4.2 数据说明及统计性分析

本部分根据CFPS成人数据库中的个人编码(pid)匹配家庭中父代的核心变量，整理出所有父代和子代的配对数据，并根据成人数据库中的家庭编码(fid)与家庭经济数据库合并，获得家庭财富情况、家庭每人每年的平均收入及分组情况的统计数据，同时根据消费者价格指数(CPI)对家庭净资产和家庭每人每年的平均收入进行调整。为了更好地衡量子代收入，删除了收入为缺失值且小于0的样本数据，鉴于父代与子代收入的极端值可能对分析结果产生影响，本研究采取了缩尾替代法进行处理。具体而言，将父代与子代收入低于1%分位数和高于99%分位数的数据分别替换为1%和99%分位数的相应数值，以使样本总量保持不变。剔除个体年龄小于16岁、大于60岁，以及父代与子代年龄差小于16岁的样本。

CFPS数据库中2010年关于家庭财富转移的指标是“去年，您是否从家人和亲友处得到经济帮助?”经济帮助主要指通过多种方式赠与的价值200元或以上的钱物。2012年和2014年调查问题是“过去一年，您家从不同住的亲戚(包括不同住的子女、父母、公婆和其他亲戚)那里获得了多少经济支持或赠与?”经济支持或赠与主要包含遗产(如房子、汽车等)、钱、物品方面的帮助。2016年和2018年调查问卷的问题进一步细化为“父亲/母亲是否为您提供经济帮助?”经济帮助主要包含财产(如房子、汽车等)、钱、物品方面的帮助。本部分结合调查问卷问题，得到“是否存在家庭财富直接转移”变量。

表5-1　主要变量说明及统计性分析

变量	变量说明	Obs	Mean	Std. dev.	Min	Max
income	子代收入	15996	28058.47	24242.77	304.8781	132246.4
fincome	父代收入	11891	26126.6	21989.12	1500	120000
edu	最高学历水平	15996	3.87633	1.325429	1	8
eduy	受教育年限	15523	11.2415	3.622447	0	22
age	子代年龄	15996	25.5520	4.654784	16	44
gender	子代性别	15996	0.6585	0.4742143	0	1

续表

变量	变量说明	Obs	Mean	Std. dev.	Min	Max
urban	城乡分类	15473	0. 5149	0. 4997942	0	1
marriage	婚姻状况	15995	0. 4480	0. 4972992	0	1
bmi	健康状况	13408	21. 8361	3. 372619	8. 2183	48. 3056
party	是否是中共党员	14642	0. 0690	0. 2535443	0	1
within	是否是体制内	15996	0. 1909	0. 3929914	0	1
region	出生地区	15996	1. 7160	1. 224496	0	3
*fn*3	是否存在家庭财富直接转移	15421	0. 2690	0. 4434459	0	1
*fn*301	得到多少经济帮助	14071	1310. 132	8218. 758	0	400, 000

由表 5-1 可知，对收入异常值进行缩尾处理后，子代收入平均值为 28058. 47 元，父代收入平均值为 26126. 6 元；最高学历水平从 1 至 8 依次为文盲/半文盲、小学、初中、高中/中专/技校/职高、大专、大学本科、硕士及博士，最高学历水平平均值为 3. 8763；受教育年限最低为文盲/半文盲，最高为 22 年；子代年龄最小为 16 岁，最大为 44 岁，平均年龄为 25. 5520 岁；性别分布上，子代男性比例略高于女性；根据国家统计局数据城乡分类平均值为 0. 51490，城镇与乡村比例大致相等；婚姻状况方面，已婚人口比例略高于未婚人口；健康状况评估中，BMI 指数低于 18. 5 表示体重过轻，18. 5~23. 9 表示体重正常，24~27. 9 表示体重过重，大于 28 表示体重肥胖，BMI 指数平均值为 21. 83611，显示体重处于正常水平；在中共党员身份方面，子代中的党员占比相对较低；关于工作单位性质，子代进入政府部门、党政机关、人民团体、事业单位及国有企业的机会为 19. 08%；地区分类中，数值 0~3 分别代表东北地区、西部地区、中部地区和东部地区，地区分类平均值为 1. 7160；家庭财富直接转移方面，存在转移的比例为 26. 90%，跨代财富转移平均值为 1310. 132 元，最高值为 400000 元。

表 5-2 和表 5-3 分别通过相关系数和方差膨胀因子（VIF）两个指标，检验了主要变量是否存在多重共线性问题。通过相关系数表可以看出，子

代收入与解释变量间呈现正相关关系。在各变量相关系数矩阵中，仅婚姻状况与年龄之间的相关系数为 0. 5967，其余变量间相关系数均低于 0. 4，表明变量间不存在多重共线性。进一步地，通过 *VIF* 值验证，13 个主要变量中，*age*、*region*、*marriage* 的 *VIF* 值分别为 1. 82、1. 71、1. 7，均值为 1. 38，均未超过 2，进一步支持了不存在多重共线性的结论。

表 5-2　主要变量相关系数矩阵

	lnincome	*lnfincome*	*eduy*	*age*	*gender*	*urban*	*marriage*	*bmi*	*party*	*within*	*region*
lnincome	1										
lnfincome	0. 2985	1									
eduy	0. 2977	0. 3195	1								
age	0. 3738	0. 0689	0. 1745	1							
gender	0. 1257	-0. 0586	-0. 169	0. 1518	1						
urban	0. 1716	0. 2477	0. 3125	0. 1282	-0. 0721	1					
marriage	0. 1947	-0. 0269	-0. 0727	0. 5967	0. 1267	0. 0207	1				
bmi	0. 1578	0. 0339	0. 0126	0. 2921	0. 2647	0. 0451	0. 2641	1			
party	0. 0783	0. 0457	0. 2203	0. 1096	-0. 0251	0. 0745	0. 0297	0. 0186	1		
within	0. 1664	0. 1581	0. 3367	0. 1501	-0. 0592	0. 1656	0. 0356	0. 039	0. 1794	1	
region	0. 1745	0. 1907	0. 1509	0. 0512	-0. 0278	0. 203	0. 0327	0. 0367	0. 0024	-0. 0088	1

表 5-3　主要变量 VIF 值

	lnfincome	*eduy*	*age*	*gender*	*urban*	*marriage*	*bmi*	*party*	*within*	*region*	*Mean VIF*
VIF	1. 17	1. 5	1. 82	1. 12	1. 19	1. 7	1. 18	1. 06	1. 17	1. 71	1. 38
1/VIF	0. 852142	0. 667866	0. 548075	0. 891982	0. 837063	0. 588839	0. 848514	0. 945437	0. 856255	0. 583139	

5. 5　代际收入弹性测算

5. 5. 1　不同模型下代际收入弹性测算

(1)线性回归结果分析。

表 5-4 分别刻画了 OLS 模型估计、2SLS 模型估计、对抽样调查数据

SVY 加权处理 OLS 模型估计，工具变量法采用了两步最优 GMM 模型估计和迭代 GMM 模型估计。

表 5-4　不同类型线性回归结果

变量	模型(1)	模型(2)	模型(3)	模型(4)	模型(5)
	OLS	2SLS	SVY	GMM	IGMM
ln*fincome*	0. 244*** (0. 0141)	0. 166** (0. 0752)	0. 223*** (0. 0213)	0. 157** (0. 0752)	0. 157** (0. 0752)
eduy	0. 0376*** (0. 00454)	0. 0449*** (0. 00760)	0. 0291*** (0. 00760)	0. 0464*** (0. 00759)	0. 0463*** (0. 00759)
age	0. 584*** (0. 0292)	0. 585*** (0. 0296)	0. 608*** (0. 0460)	0. 580*** (0. 0296)	0. 580*** (0. 0296)
age^2	−0. 00956*** (0. 000543)	−0. 00958*** (0. 000550)	−0. 0101*** (0. 000869)	−0. 00952*** (0. 000550)	−0. 00952*** (0. 000550)
gender	0. 274*** (0. 0287)	0. 273*** (0. 0288)	0. 255*** (0. 0476)	0. 270*** (0. 0288)	0. 270*** (0. 0288)
urban	0. 0485* (0. 0283)	0. 0709** (0. 0353)	−0. 00922 (0. 0455)	0. 0829** (0. 0352)	0. 0829** (0. 0352)
marriage	0. 0159 (0. 0309)	0. 0164 (0. 0311)	0. 0756 (0. 0526)	0. 0178 (0. 0311)	0. 0177 (0. 0311)
bmi	0. 0135*** (0. 00392)	0. 0147*** (0. 00405)	0. 0131* (0. 00733)	0. 0156*** (0. 00405)	0. 0156*** (0. 00405)
party	0. 00324 (0. 0532)	−0. 0128 (0. 0541)	−0. 0106 (0. 0843)	−0. 0237 (0. 0541)	−0. 0236 (0. 0541)
within	0. 188*** (0. 0296)	0. 193*** (0. 0317)	0. 238*** (0. 0512)	0. 184*** (0. 0317)	0. 183*** (0. 0317)
西部地区	0. 0672 (0. 0488)	0. 0688 (0. 0511)	0. 0900 (0. 0848)	0. 0715 (0. 0511)	0. 0713 (0. 0511)
中部地区	0. 0901** (0. 0374)	0. 0985** (0. 0404)	0. 157** (0. 0622)	0. 107*** (0. 0404)	0. 107*** (0. 0404)
东部地区	0. 332*** (0. 0351)	0. 353*** (0. 0427)	0. 331*** (0. 0599)	0. 362*** (0. 0426)	0. 361*** (0. 0426)
Constant	−2. 321*** (0. 389)	−1. 683** (0. 751)	−2. 458*** (0. 605)	−1. 565** (0. 751)	−1. 571** (0. 751)
Observations	6424	6364	6299	6364	6364
R-squared	0. 353	0. 350	0. 312	0. 349	0. 349

注：括号内为稳健标准误，***代表 p<0. 01，**代表 p<0. 05，*代表 p<0. 1。

从线性回归结果来说，各模型的回归结果不尽相同。模型(1)和模型(2)显示出较高的代际收入弹性系数，而模型(4)和模型(5)则相对较低。然而，所有模型均表明代际收入弹性系数显著且为正，这意味着父代的高收入水平与子代的高收入水平之间存在正相关关系。以模型(1)为例，父代收入每增加1个百分点，子代收入将增加0.244个百分点。我国存在显著的代际收入传递现象，即父母的收入状况对子女的未来收入水平有着重要影响。进一步观察各模型的R平方值，我们可以发现模型对数据的拟合程度较好，尽管存在一定的解释空间，但已能较好地捕捉到代际收入传递的主要特征。此外，稳健标准误的引入使得回归结果更为可靠，不同显著性水平下的p值也为我们提供了关于各变量统计显著性的重要信息。综上所述，线性回归结果为我们揭示了代际收入流动性的存在及其在不同模型中的表现差异。

在模型(1)至模型(5)中，受教育年限的系数均显著为正，这表明受教育年限的增加对提升子代收入水平具有积极作用。随着受教育年限的延长，子代的收入水平有显著提升的趋势，教育在促进代际收入流动中发挥着重要作用。进一步地，受教育年限对收入的正向影响说明可以通过扩大教育资源、促进教育优质均衡发展等途径来促进教育公平，进而改善代际收入流动性。

年龄对子代收入呈倒“U”形影响。具体而言，在年轻时，随着年龄的增长，个体逐渐积累工作经验、技能和社会资本，这些因素共同推动了其收入水平的提升。然而，当年龄达到一定程度后，由于体力、精力的下降以及学习新技术新知识的能力减弱，个体的收入增长开始放缓甚至可能出现下降，从而形成了年龄对子代收入的倒“U”形影响模式。

子代收入水平存在性别差异，男性子代相较于女性子代表现出一定的优势。这可能是社会结构、职业分工以及传统观念等多种因素共同作用的结果。在某些行业和职位中，男性可能更容易获得高薪机会，或者面临较少的职业壁垒。然而，需要注意的是，性别优势不应被视为理所当然，而应通过政策调整和社会文化变革来逐步缩小性别收入差距，促进性别平等。此外，对女性子代，应提供更多的职业发展机会和平等的薪酬待遇，以充分发挥其潜力和价值。

除了模型(3)中城镇户口的回归系数显示为负且不显著之外，其余模型均显示城镇户口对子代收入具有显著的正向效应，这一结果表明，拥有城镇户口的子代相较于拥有农村户口的子代在收入水平上具有明显优势。这可能与城镇地区相对较好的教育资源、就业机会以及社会保障体系有关。拥有城镇户口的子代通常能够享受到更为完善的公共服务，包括教育、医疗、就业等方面的政策支持，这些都有助于提升其收入水平。因此，在促进代际收入流动的过程中，应关注户籍制度对子代收入的影响，逐步消除城乡户籍壁垒，促进城乡融合发展，为农村子代提供更多公平的发展机会。

在探讨婚姻状况对子代收入的影响时，我们发现其并未呈现出显著的作用。这一结果可能与当前社会婚姻观念的多元化以及经济独立性的提升有关。在现代社会，越来越多的个体选择晚婚或不婚，他们更加注重个人职业发展和经济独立。因此，婚姻状况不再是决定子代收入水平的关键因素。然而，这并不意味着婚姻对个体的经济生活没有影响，而是这种影响可能更加复杂和多样化，需要更深入的研究来揭示其内在机制。在未来的研究中，可以进一步探讨不同婚姻状况下子代的职业发展路径、经济行为以及社会支持网络等方面的差异，以期更深入、全面地揭示婚姻状况对子代收入的影响机制。

在回归模型中，身体健康状况的系数显著为正，表明身体健康的子代往往能够获得更高的收入水平。这一结果提示我们，在促进代际收入流动的过程中，应重视健康投资的作用，通过改善医疗卫生条件、提高健康教育水平等措施，为子代创造更加健康的生活环境，以提升他们的经济地位。同时，政策制定者也应关注健康不平等问题，努力缩小城乡、不同社会群体之间的健康差距，以实现更加公平的社会经济发展。

是否具有中共党员身份对子代收入没有显著影响，这可能表明，在当前社会环境下，尽管党员身份可能为个人带来某些社会或政治上的优势，但这些优势并未直接转化为经济收入上的显著差异。然而，这并不意味着党员身份对个人发展没有影响，其可能通过其他途径，如职业选择、社会地位等方面间接影响个体的经济生活。因此，在后续研究中，有必要进一步探讨党员身份对个人发展路径的潜在影响，以更全面地理解其在代际收入流动中的作用。同时，这也提示我们在分析代际收入流动时，需要综合考虑多种因素，以避免过于简单或片面的理解。

与其他类型的工作单位相比，子代工作单位性质是政府部门/党政机关/人民团体/军队、国有/集体事业单位/院校/科研院所、国有企业/国有控股企业对子代收入有正向影响。这表明，在当前的就业市场中，这些类型的单位往往能提供更为稳定且相对较高的收入。这类工作单位往往能够为员工提供完善的薪酬福利体系、较高的职业稳定性和一定的社会地位，这些因素共同作用吸引了大量优秀人才。同时，这些单位也往往拥有完善的管理体系和培训体系，能够为员工的个人成长和职业发展提供更多的机会和空间。因此，对于那些能够进入这些单位工作的子代来说，他们的收入水平往往能够得到有效的保障和提升。然而，这也并不意味着体制外工作就没有发展机会或经济收益，随着市场经济的不断发展和多元化就业趋势的兴起，体制外工作同样提供了广阔的舞台和多样的职业发展路径。这提示我们，在探讨代际收入流动性时，需要充分考虑到不同工作单位性质对子代经济收入的影响机制，以及如何在保障体制内工作优势的同时，促进体制外工作的健康发展，以实现更加公平合理的收入分配格局，以更全面地理解代际收入流动的复杂性和多样性。

与东北地区相比，西部地区出生的子代无显著优势/劣势，中部地区和东部地区出生的子代有显著优势，其中，东部地区的优势尤为明显，这可能与该地区的经济发展速度、产业结构以及政策支持等因素密切相关。东部地区由于经济发达、就业机会多、教育资源丰富，为子代的职业发展提供了有利条件。而东北地区虽然在一些传统行业上具有较强的实力，但近年来面临着经济转型的压力，可能对子代的职业发展和收入水平产生一定影响。这些地区差异的存在，进一步丰富了我们对代际收入流动的理解，也提示我们在制定相关政策和规划时，需要充分考虑地区间的差异性，以实现更加公平和可持续的发展。

(2)分位数回归结果分析。

表 5-5 刻画了在不同分位水平下，代际收入弹性的变化情况。通过分

位回归方法，我们能够捕捉到不同收入水平下，子代收入与父母收入之间关系的变化特征。

表 5-5　不同分位数下回归结果

变量	q25	q50	q75
ln*fincome*	0. 325 * * * (0. 0200)	0. 283 * * * (0. 0142)	0. 207 * * * (0. 0143)
eduy	0. 0414 * * * (0. 00621)	0. 0411 * * * (0. 00535)	0. 0467 * * * (0. 00459)
age	0. 793 * * * (0. 0461)	0. 564 * * * (0. 0463)	0. 310 * * * (0. 0299)
age^2	−0. 0131 * * * (0. 000873)	−0. 00935 * * * (0. 000849)	−0. 00489 * * * (0. 000543)
gender	0. 311 * * * (0. 0462)	0. 279 * * * (0. 0278)	0. 255 * * * (0. 0319)
urban	0. 0308 (0. 0409)	0. 0108 (0. 0271)	0. 0394 (0. 0272)
marriage	0. 0354 (0. 0427)	−0. 0128 (0. 0335)	−0. 0395 (0. 0364)
bmi	0. 0111 * * (0. 00510)	0. 00893 * * (0. 00353)	0. 00895 * * (0. 00361)
party	−0. 0954 (0. 0725)	0. 0492 (0. 0460)	0. 0268 (0. 0664)
within	0. 215 * * * (0. 0435)	0. 0886 * * * (0. 0329)	0. 0571 * * (0. 0286)
西部地区	0. 0783 (0. 0786)	0. 0855 * (0. 0472)	−0. 00906 (0. 0505)
中部地区	0. 135 * * (0. 0592)	0. 0815 * (0. 0422)	−0. 00369 (0. 0336)
东部地区	0. 426 * * * (0. 0573)	0. 311 * * * (0. 0344)	0. 195 * * * (0. 0321)
Constant	−6. 619 * * * (0. 565)	−2. 065 * * * (0. 642)	2. 707 * * * (0. 414)
Observations	6424	6424	6424

注：Standard errors in parentheses，* * * 代表 $p<0.01$，* * 代表 $p<0.05$，* 代表 $p<0.1$。

在低分位水平下，代际收入弹性相对较高，父代收入每增加 1 个百分点，子代收入将增加 0. 325 个百分点，意味着低收入家庭的子代在提升自身收入方面面临更大的挑战，其经济收入较大程度上依赖于父母的收入状况，子代很难通过自身努力实现收入的显著提升。在 50%分位水平上，父代收入每增加 1 个百分点，子代收入将增加 0.283 个百分点，在 75%分位水平上，父代收入每增加 1 个百分点，子代收入将增加 0.207 个百分点。随着分位水平的提高，代际收入弹性逐渐降低，父代收入增加对子代收入的影响减弱，子代拥有更多的机会和途径实现收入的跨越。在不同分位水平，代际收入弹性系数存在显著差异，这一结果揭示了代际收入流动存在非对称性，即在不同分位水平下，父代收入对子代收入的影响程度存在异质性。这种差异可能源于社会经济结构、教育资源分配、就业机会不均等多方面因素，进一步加剧了社会收入不平等的现象。故而，对于相对贫困家庭的子代发展应给予更多关注，通过增强教育支持和拓宽就业机会，进一步推动代际收入流动性的增强，从而缩小社会收入差距。

其他解释变量对子代收入的影响，与线性回归模型一致，这里不再详细说明。

(3)面板回归结果分析。

表 5-6 分别刻画了随机效应、固定效应、组间回归和双重固定效应(或称时间加权)模型的回归结果。

表 5-6　面板回归结果

变量	RE	FE	BE	FE_TW
ln*fincome*	0.235*** (0.0161)	0.102*** (0.0367)	0.242*** (0.0124)	0.0698** (0.0326)
eduy	0.0416*** (0.00579)	0.115*** (0.0274)	0.0381*** (0.00395)	0.162*** (0.0254)
age	0.603*** (0.0367)	0.736*** (0.0651)	0.558*** (0.0251)	0.617*** (0.0933)
age^2	−0.00977*** (0.000685)	−0.0111*** (0.00118)	−0.00928*** (0.000470)	−0.0106*** (0.00100)
gender	0.252*** (0.0248)	0.230 (0.301)	0.263*** (0.0238)	0.0150 (0.171)
urban	0.0600 (0.0394)	0.122 (0.102)	0.0424* (0.0244)	0.114 (0.0786)

续表

变量	RE	FE	BE	FE_TW
marriage	0.0166 (0.0410)	−0.0713 (0.0764)	0.0560* (0.0296)	−0.123* (0.0644)
bmi	0.0153*** (0.00453)	0.0119 (0.0136)	0.0133*** (0.00319)	0.0105 (0.0117)
party	0.0485 (0.0737)	0.346* (0.199)	0.00734 (0.0431)	0.279* (0.154)
within	0.193*** (0.0434)	0.164* (0.0848)	0.229*** (0.0270)	0.144** (0.0716)
西部地区	0.0432 (0.0466)	−0.286 (0.552)	0.0809* (0.0423)	−0.275 (0.374)
中部地区	0.112*** (0.0402)	−0.218 (0.339)	0.167*** (0.0313)	−0.205 (0.249)
东部地区	0.348*** (0.0373)	0.0629 (0.273)	0.403*** (0.0318)	0.0718 (0.209)
2012年				0.541*** (0.148)
2014年				0.631** (0.279)
2016年				0.818* (0.463)
2018年				0.899 (0.573)
2020年				1.027 (0.715)
Constant	−2.666*** (0.479)	−4.305*** (0.904)	−1.912*** (0.330)	−2.227 (1.658)
Observations	6424	6424	6424	6424
R-squared		0.441	0.351	0.458
Number of pid	4555	4555	4555	4555

注：RE模型、FE模型以及FE_TW模型括号中是稳健标准误，BE模型括号中是标准误，***代表 $p<0.01$，**代表 $p<0.05$，*代表 $p<0.1$。

在以上四个模型中，代际收入弹性系数均为正且显著，但数值有所不同。在随机效应(RE)模型中，代际收入弹性系数为0.235，且在1%的显著性水平下显著，说明父代收入每增加1个百分点，子代收入将增加0.235个百分点。固定效应(FE)模型的结果显示，代际收入弹性系数为0.102，同样在1%的显著性水平下显著，表明在控制了个体不随时间变化的特征后，父代收入对子代收入的影响依然显著。组间回归(BE)模型的结果则显示，代际收入弹性系数为0.242，说明在不考虑个体内部差异的情况下，父代收入对子代收入的平均影响程度较大。最后，双重固定效应(FE_TW)模型的回归结果将时间和个体效应同时固定，得到的代际收入弹性系数为0.0698，也在1%的显著性水平下显著，进一步证实了父代收入对子代收入的显著影响。对比以上四个模型的代际收入弹性系数我们发现：RE(0.235)≈BE(0.242)>FE(0.102)>FE_TW(0.0698)，这说明在控制了个体固定效应(FE)后，父代收入弹性下降了56.6%(从RE的0.235降至FE的0.102)，表明代际传递中约一半的效应是由家庭固有特征(如社会资本、基因等)驱动的，而非单纯收入本身。在时间加权固定效应(FE_TW)模型下，系数进一步下降，表明代际传递的短期动态效应更弱。这进一步地验证了，富裕家庭的代际传递优势不仅来自当期收入，更依赖长期积累的不可观测资本(如社会资本、教育投资能力、职业网络等)。固定效应模型剥离这些因素后，父代收入的“纯”经济效应显著降低。

对比受教育年限系数发现：FE_TW(0.162)>FE(0.115)>>RE(0.0416)≈BE(0.0381)，教育回报率在固定效应模型中显著提升，在FE_TW模型下达到0.162(即教育年限每增加1年，子代收入增长16.2%)，是RE模型的3.9倍。组间回归(BE)模型下的极低系数(0.0381)暗示教育对收入的个体间差异解释力有限，而个体教育提升的作用更关键。

对比代际收入弹性系数和受教育年限系数发现，在FE模型中，父代收入系数下降而教育系数上升，反映二者存在替代性解释力：未控制家庭固定效应时(RE/BE)，父代收入“吸收”了部分本属于教育的效应(如高收入家庭更易投资教育)，剥离固定效应后，教育的独立回报充分显现。在FE_TW模型中教育回报最高(0.162)，可能因教育对收入的边际效应随时间递增(如学历的贡献率在职业生涯后期的放大)，高教育回报的动态特征(FE_TW)呼应人力资本理论的“干中学”机制(Arrow，1962)①。

5.5.2 代际收入弹性的异质性分析

(1)基于家庭收入背景的异质性分析。

本部分按照人均家庭收入水平将样本分为4组，分别是低于25%的低收入家庭、25%至50%的中低收入家庭、50%至75%的中高收入家庭以及高于75%的高收入家庭，具体回归结果见表5-7。

表5-7 基于家庭收入背景的异质性分析

变量	低收入家庭	中低收入家庭	中高收入家庭	高收入家庭
ln*fincome*	0.224*** (0.0435)	0.157*** (0.0291)	0.151*** (0.0271)	0.0974*** (0.0239)
eduy	0.0488*** (0.0141)	0.0142 (0.00961)	0.00288 (0.00758)	0.0254*** (0.00705)
age	0.360*** (0.0906)	0.505*** (0.0535)	0.493*** (0.0511)	0.647*** (0.0561)
age^2	-0.00580*** (0.00176)	-0.00797*** (0.000986)	-0.00811*** (0.000941)	-0.0106*** (0.00103)
gender	0.214** (0.105)	0.239*** (0.0627)	0.222*** (0.0497)	0.249*** (0.0430)
urban	0.275*** (0.106)	0.0274 (0.0578)	-0.0423 (0.0446)	0.0289 (0.0453)
marriage	0.153 (0.123)	0.1000 (0.0735)	0.132** (0.0528)	-0.0239 (0.0418)
bmi	0.0336** (0.0164)	0.00657 (0.00824)	0.0230*** (0.00660)	0.00138 (0.00574)
party	0.190 (0.285)	-0.255* (0.149)	-0.0734 (0.0954)	0.0583 (0.0641)
within	0.107 (0.193)	0.137* (0.0769)	0.250*** (0.0503)	0.113*** (0.0378)

① ARROW K J. The economic implications of learning by doing[J]. The Review of Economic Studies, 1962, 29(3): 155-173.

续表

变量	低收入家庭	中低收入家庭	中高收入家庭	高收入家庭
西部地区	-0.468** (0.208)	-0.0848 (0.102)	-0.0411 (0.0808)	0.0379 (0.0738)
中部地区	0.0821 (0.117)	0.0345 (0.0716)	0.110* (0.0594)	-0.0247 (0.0677)
东部地区	0.238* (0.122)	0.181** (0.0734)	0.190*** (0.0596)	0.229*** (0.0575)
Constant	-0.238 (1.166)	-0.272 (0.745)	0.258 (0.725)	-0.952 (0.782)
Observations	566	1386	1967	2458
R-squared	0.299	0.294	0.249	0.266

注：括号内为稳健标准误，***代表 $p<0.01$，**代表 $p<0.05$，*代表 $p<0.1$。

通过对比各组内部的代际收入弹性系数，我们发现低收入组的代际收入弹性系数相对较高，表明在这些家庭中，父代收入对子代收入的影响更为显著，这可能与低收入家庭资源有限、教育投资不足等因素有关。随着家庭收入水平的提高，代际收入弹性系数逐渐降低，收入较高的家庭，其子代收入受父代收入的影响相对较小，代际流动性相对较强。这可能意味着高收入家庭的子女在获得收入方面拥有更多的自主性和多样性，并不完全依赖于父代的收入水平。

与前文模型回归结果不同的是，在中低收入家庭和中高收入家庭中，子代受教育年限对收入的影响并不显著。在低收入家庭和高收入家庭中，教育对收入的影响显著为正，这进一步证实了教育在改善代际收入流动性方面的重要作用。对于低收入家庭而言，增加教育投入可能是一条打破贫困循环的有效途径，通过提升子代的人力资本水平，以帮助其获得更好的就业机会和更高的收入水平。而在高收入家庭中，教育同样发挥着关键作用，尽管这些家庭已经拥有较好的经济基础，但教育仍然被视为进一步提升子代竞争力和社会地位的重要手段。鉴于低收入家庭在教育上的支出占家庭收入的比例远高于高收入家庭，政府和社会各界应继续加大对教育的投入，特别是针对低收入家庭的教育支持。通过减轻教育负担、提供必要的资源和政策优惠，可以提高低收入家庭的教育水平和就业机会，这对于打破贫困代际传递、促进社会公平具有重要意义，以促进更公平的代际收入流动。

（2）基于出生组的异质性分析。

按照子代出生年份，将子代分为 1970 年至 1979 年出生的子代、1980 年至 1989 年出生的子代以及 1990 年及以后出生的子代三个群体进行分析，具体结果见表 5-8。

表 5-8　基于出生组的异质性分析

变量	70 后	80 后	90 后
ln*fincome*	0. 207 * * * (0. 0631)	0. 199 * * * (0. 0197)	0. 179 * * * (0. 0219)
eduy	0. 0589 * * * (0. 0218)	0. 0459 * * * (0. 00586)	0. 000850 (0. 00773)
age	0. 126 (0. 418)	0. 472 * * * (0. 0615)	0. 857 * * * (0. 0702)
age^2	−0. 00136 (0. 00594)	−0. 00695 * * * (0. 00109)	−0. 0145 * * * (0. 00150)
gender	0. 203 (0. 125)	0. 307 * * * (0. 0385)	0. 308 * * * (0. 0427)
urban	0. 203 (0. 123)	−0. 000690 (0. 0364)	0. 0668 (0. 0436)
marriage	0. 306 (0. 195)	0. 0361 (0. 0397)	0. 0337 (0. 0496)
bmi	0. 0269 * (0. 0161)	0. 00771 (0. 00491)	0. 0123 * (0. 00640)
party	−0. 287 (0. 258)	0. 0340 (0. 0640)	0. 00269 (0. 0977)
within	0. 376 * * * (0. 117)	0. 141 * * * (0. 0376)	0. 253 * * * (0. 0487)
西部地区	−0. 160 (0. 252)	−0. 00544 (0. 0618)	0. 270 * * * (0. 0757)
中部地区	0. 405 * * * (0. 156)	0. 101 * * (0. 0495)	0. 102 * (0. 0567)

续表

变量	70后	80后	90后
东部地区	0.570*** (0.154)	0.382*** (0.0462)	0.322*** (0.0536)
Constant	2.861 (7.322)	-0.844 (0.861)	-4.745*** (0.786)
Observations	272	3127	3025
R-squared	0.362	0.317	0.400

注：括号内为稳健标准误，***代表 $p<0.01$，**代表 $p<0.05$，*代表 $p<0.1$。

回归结果显示，不同出生年份的子代在代际收入流动性方面存在显著差异。具体而言，80后的子代相较于70后，其代际收入弹性系数有所下降，显示出更高的代际收入流动性。这可能与70后的子代，受计划经济体制影响较大，70后所处的劳动市场环境尚不完善，存在着庇护式的用人制度，这进而导致他们在就业与晋升的历程中，相较于个人能力和市场表现，可能更多地依赖于家庭背景和社会关系。80后成长于改革开放的初期阶段，他们更多地享受到了市场经济体制下机会平等的益处。而90后的子代则进一步延续了这一趋势，他们的代际收入流动性更高，反映出市场经济体制的不断成熟和完善对于促进代际收入流动的积极作用。

此外，不同出生年份的子代受教育程度的作用也存在差异。具体而言，70后与80后受教育年限的增加促进了他们收入水平的提升，这或许归因于他们父辈收入差距相对较小，从而使得子代在教育机会上相对平等。教育年限的延长不仅增强了他们的个人能力和专业技能，也为他们进入高收入行业提供了更多机会。70后和80后的子代在受教育年限上的优势可能是其代际收入流动性高的一个重要原因。在1999年教育部出台的《面向21世纪教育振兴行动计划》中，提出了高等教育(包括大学本科、研究生)不断扩大招生人数的教育改革政策，导致高等教育的收益率呈现下降趋势，学历贬值现象日益显著，另外90后的父代受改革开放和市场化经济等制度变迁的影响，存在收入差距拉大现象，这导致对子代的教育投资与教育收益率方面出现了巨大差异，以上因素的综合作用致使90后的受教育年限对子代收入流动性的作用不再显著。这一结果进一步强调了教育在不同历史阶段对代际收入流动性的不同影响。为了更加准确地测算教育对子代收入的影响，学历水平跨期可比，第7章将构建相对教育指标。因此，在分析代际收入流动性时，我们不能忽视经济体制改革、教育制度变迁、劳动市场制度变迁以及生育政策变迁对其产生的深远影响。

(3)基于父母生育子女数量的异质性分析。

父代生育孩子的数量不同，家庭资源配置也会有所差异，进而影响子代的受教育程度和未来的收入水平，具体回归结果见表5-9。

表5-9　基于父母生育子女数量的异质性分析

变量	一孩	二孩	三孩及以上
ln*fincome*	0.211*** (0.0275)	0.243*** (0.0207)	0.265*** (0.0304)
eduy	0.0424*** (0.00774)	0.0345*** (0.00716)	0.0442*** (0.0113)
age	0.680*** (0.0610)	0.569*** (0.0411)	0.568*** (0.0744)
age^2	-0.0111*** (0.00111)	-0.00927*** (0.000770)	-0.00943*** (0.00141)
gender	0.245*** (0.0508)	0.356*** (0.0434)	0.210*** (0.0692)
urban	0.0283 (0.0566)	0.0614 (0.0403)	0.111 (0.0689)
marriage	0.0250 (0.0515)	0.0214 (0.0455)	-0.0690 (0.0820)
bmi	0.0126* (0.00654)	0.00918 (0.00587)	0.0281*** (0.00973)
party	0.0403 (0.0848)	-0.0738 (0.0822)	0.0431 (0.132)
within	0.207*** (0.0460)	0.176*** (0.0458)	0.218** (0.0860)
西部地区	0.120 (0.0780)	0.0694 (0.0802)	-0.173 (0.264)
中部地区	0.0154 (0.0812)	0.149*** (0.0527)	0.00416 (0.0826)

续表

变量	一孩	二孩	三孩及以上
东部地区	0.343*** (0.0700)	0.305*** (0.0503)	0.375*** (0.0830)
Constant	-3.429*** (0.830)	-2.047*** (0.548)	-2.499** (0.976)
Observations	2015	2952	1110
R-squared	0.348	0.340	0.338

注：括号内为稳健标准误，***代表 $p<0.01$，**代表 $p<0.05$，*代表 $p<0.1$。

当父代生育一个孩子时，代际收入弹性系数是0.211；当父代生育两个孩子时，代际收入弹性系数是0.243；当父代生育三个孩子时，代际收入弹性系数是0.265。代际收入弹性代表随着父代生育子女的数量的上升而上升。当父代生育的孩子数量较多时，家庭资源往往需要在多个子女间进行分配，这可能导致每个孩子所能获得的教育资源相对有限，从而限制了他们的教育成就和未来的职业发展。相反，如果父代生育的孩子数量较少，家庭资源则可以更为集中地投入到单个或少数几个子女身上，为他们提供更好的教育条件和更多的发展机会。

此外，不同数量的兄弟姐妹之间存在的竞争关系也可能对子代的受教育程度产生影响。在兄弟姐妹较多的家庭中，孩子们可能为了争夺有限的教育资源而展开竞争，这种竞争可能加剧家庭内部的紧张关系，甚至影响到孩子们的心理健康和学习动力。而在兄弟姐妹较少的家庭中，孩子们可能更容易获得父母的关注和支持，从而更有利于他们的成长和发展。

通过以上实证结果分析发现：不管是线性回归、分位回归、面板回归还是异质性分析，均验证了代际收入弹性显著为正，这表明子代收入与父代收入之间存在显著的正相关关系。这一发现与我国代际收入流动性的研究结论一致，证明了H5-1。

5.6 家庭财富转移对子代收入弹性的影响

我们还分析了家庭财富转移情况下的代际收入弹性变化，发现家庭财富转移对代际收入弹性具有显著的影响。表 5-10 刻画了 OLS 回归和分位数回归的实证结果，表 5-11 刻画了面板回归结果，表 5-13～表 5-15 分别基于家庭收入背景、出生组以及父代生育子女数量的不同，分析家庭财富转移对代际收入弹性的影响，这些异质性分析结果为深入探究代际收入流动的复杂性提供了重要的线索。

5.6.1 不同模型下家庭财富转移对子代收入弹性的影响

(1) OLS 回归和分位数回归结果分析。

表 5-10 OLS 回归和分位数回归结果

变量	OLS	q25	q50	q75
ln*fincome*	0.237*** (0.0165)	0.306*** (0.0238)	0.277*** (0.0170)	0.206*** (0.0160)
*fn*3	-0.851*** (0.287)	-0.575 (0.375)	-1.058*** (0.345)	-1.028*** (0.260)
*fn*3×ln*fincome*	0.0648** (0.0289)	0.0251 (0.0376)	0.0873** (0.0341)	0.0859*** (0.0256)
eduy	0.0396*** (0.00457)	0.0468*** (0.00787)	0.0422*** (0.00499)	0.0446*** (0.00516)
age	0.574*** (0.0293)	0.799*** (0.0333)	0.521*** (0.0414)	0.312*** (0.0304)
age^2	-0.00940*** (0.000546)	-0.0133*** (0.000639)	-0.00858*** (0.000753)	-0.00493*** (0.000549)
gender	0.286*** (0.0287)	0.283*** (0.0409)	0.273*** (0.0292)	0.256*** (0.0280)
urban	0.0496* (0.0283)	0.00757 (0.0497)	0.00988 (0.0269)	0.0489** (0.0248)
marriage	0.0184 (0.0308)	0.0453 (0.0408)	-0.0232 (0.0329)	-0.0325 (0.0301)

续表

变量	OLS	q25	q50	q75
bmi	0.0129*** (0.00393)	0.0139** (0.00551)	0.00943** (0.00440)	0.00530 (0.00378)
party	0.000111 (0.0533)	-0.129* (0.0717)	0.0363 (0.0474)	0.0495 (0.0794)
within	0.183*** (0.0296)	0.225*** (0.0375)	0.0906*** (0.0323)	0.0533 (0.0325)
西部地区	0.0801 (0.0490)	0.158** (0.0792)	0.0914 (0.0579)	-0.00317 (0.0436)
中部地区	0.0854** (0.0376)	0.152** (0.0598)	0.0580 (0.0445)	0.000999 (0.0354)
东部地区	0.316*** (0.0354)	0.440*** (0.0603)	0.284*** (0.0376)	0.184*** (0.0322)
Constant	-2.049*** (0.397)	-6.489*** (0.454)	-1.374** (0.606)	2.828*** (0.432)
Observations	6333	6333	6333	6333

注：括号内为稳健标准误，***代表 $p<0.01$，**代表 $p<0.05$，*代表 $p<0.1$。

OLS 回归展示了各变量对子代收入的平均效应，分位数回归主要揭示了不同收入群体间的异质性。代际收入弹性系数在所有分位中均显著为正，且在 q25（低收入群体）分位上系数最大（0.306），随着分位数上升系数递减（q50：0.277，q75：0.206）。该特征趋势与表 5-5 一致，在此不再赘述。

家庭财富转移对代际收入的影响在 OLS 和 q50、q75 分位上显著为负，但在 q25 分位上不显著。这意味着家庭财富转移本身对代际收入有抑制作用，尤其是在中、高分位水平上，表明财富转移本身可能通过分散资源或产生依赖性抑制子代收入。然而，在低分位水平上，这种抑制作用不显著。以 OLS 回归为例，家庭财富转移会使子代收入下降 0.851 个单位。$fn3\times\ln fincome$的交互项系数在 OLS、q50、q75 分位上显著为正，尤其是在中等及以上收入分位。例如，在 q75 分位上，交互项系数为 0.0859，意味着高收入家庭的财富转移能更有效地提升子代收入。家庭财富的转移会导致代际收入弹性增加，意味着家庭财富越多，父代收入对子代收入的影响力度就越大。这在一定程度上反映了“富者愈富”的社会现象，家庭财富的转移加剧了代际不平等。然而，在 q25 分位上，该交互项系数不显著，意味着在低收入群体中，家庭财富的转移并未显著增强代际收入弹性，这可能与其家庭的财富积累有限，难以对子代收入产生显著影响有关。

（2）面板回归结果分析。

表 5-11　面板回归结果

变量	RE	FE	BE	FE_TW
ln*fincome*	0.228*** (0.0180)	0.110** (0.0465)	0.233*** (0.0149)	0.0884** (0.0355)
*fn*3	-0.801** (0.342)	0.0123 (0.624)	-0.946*** (0.279)	0.242 (0.480)
*fn*3×ln*fincome*	0.0609* (0.0347)	-0.0196 (0.0625)	0.0701** (0.0283)	-0.0358 (0.0483)
eduy	0.0440*** (0.00588)	0.119*** (0.0274)	0.0410*** (0.00395)	0.159*** (0.0258)
age	0.590*** (0.0352)	0.716*** (0.0664)	0.549*** (0.0258)	0.679*** (0.121)
age^2	-0.00955*** (0.000649)	-0.0108*** (0.00119)	-0.00916*** (0.000487)	-0.0104*** (0.00101)
gender	0.266*** (0.0261)	0.205 (0.278)	0.280*** (0.0256)	0.0189 (0.161)
urban	0.0617 (0.0380)	0.133 (0.107)	0.0426* (0.0249)	0.119 (0.0784)
marriage	0.0206 (0.0414)	-0.0646 (0.0767)	0.0625** (0.0277)	-0.106 (0.0653)
bmi	0.0144*** (0.00506)	0.0106 (0.0153)	0.0128*** (0.00372)	0.0106 (0.0117)
party	0.0470 (0.0703)	0.364* (0.188)	-2.30*e*-06 (0.0493)	0.295* (0.156)
within	0.187*** (0.0444)	0.157* (0.0886)	0.224*** (0.0250)	0.141* (0.0723)
西部地区	0.0543 (0.0449)	-0.335 (0.515)	0.0936** (0.0414)	-0.313 (0.373)

续表

变量	RE	FE	BE	FE_TW
中部地区	0. 106*** (0. 0395)	−0. 229 (0. 326)	0. 160*** (0. 0306)	−0. 216 (0. 250)
东部地区	0. 331*** (0. 0357)	0. 0102 (0. 272)	0. 383*** (0. 0286)	0. 0301 (0. 213)
2012 年				0. 366* (0. 218)
2014 年				0. 309 (0. 430)
2016 年				0. 367 (0. 686)
2018 年				0. 309 (0. 858)
2020 年				0. 294 (1. 073)
Constant	−2. 359*** (0. 459)	−4. 070*** (0. 893)	−1. 625*** (0. 352)	−3. 705 (2. 345)
Observations	6333	6333	6333	6333
R−squared		0. 446	0. 361	0. 459
Number of pid	4503	4503	4503	4503

注：RE、FE、FE_TW 模型括号中是稳健标准误，BE 模型括号中是标准误，*** 代表 p<0. 01，** 代表 p<0. 05，* 代表 p<0. 1。

从家庭财富转移系数来看，RE 模型(−0. 801)与 BE 模型(−0. 946)显著为负，说明家庭财富转移会降低代际收入；而 FE 模型(0. 0123)与 FE_TW 模型(0. 242)不显著，说明家庭财富转移的财富效应仅在忽略个体固定效应时显著，这说明家庭财富转移行为可能与非时变家庭特征(如阶层文化、风险偏好)相关。从 *fn*3×ln*fincome* 交互项系数来看，RE 模型(0. 0609)与 BE 模型(0. 0701)正向显著，而 FE 模型(−0. 0196)与 FE_TW 模型(−0. 0358)无显著影响，财富转移的调节作用仅存在于个体间差异(BE)或未控制个体效应时(RE)，而当控制个体效应和时间效应后，财富转移的调节作用不再显著。

通过 OLS 回归、分位数回归以及面板回归结果发现：家庭财富转移会降低子代收入，提高代际收入弹性，证明了 H5-2 和 H5-3。

5.6.2 家庭财富转移对子代收入弹性作用的异质性分析

(1)基于家庭收入背景的异质性分析。

表 5-12 刻画了不同家庭收入背景下子代获得父代经济帮助的概率。

表 5-12 不同家庭收入背景下子代得到父代经济帮助的概率

是否得到经济帮助	低收入家庭	中低收入家庭	中高收入家庭	高收入家庭	Total
否	1189 (72.10%)	2523 (69.85%)	3325 (73.06%)	4073 (75.44%)	11110 (73.03%)
是	460 (27.90%)	1089 (30.15%)	1226 (26.94%)	1326 (24.56%)	4101 (26.96%)
Total	1649 (10.84%)	3612 (23.75%)	4551 (29.92%)	5399 (35.10%)	15211 (100%)

注：根据 CFPS 数据整理所得。

从表 5-12 中可以看出，不同收入层次的家庭在获得父代经济帮助的概率上存在差异，而这种差异也体现在得到父代经济帮助的人群中不同收入家庭的占比上。低收入家庭、中低收入家庭、中高收入家庭以及高收入家庭得到父代经济帮助的概率分别是 27.90%、30.15%、26.94% 以及 24.56%。在得到父代经济帮助的人群中，低收入家庭、中低收入家庭、中高收入家庭以及高收入家庭分别占比 11.22%、26.55%、29.90% 以及 32.33%。低收入家庭尽管在得到父代经济帮助的概率上较高，但在实际获得经济帮助的群体中占比却相对较低，这反映出低收入父代在提供经济支持时面临的资源限制。相比之下，中高收入家庭和高收入家庭在得到父代经济帮助的群体中占比较高，这可能与他们父代较强的经济能力有关。此外，中低收入家庭在得到父代经济帮助的群体中占比远高于低收入家庭，且略低于中高收入和高收入家庭，这表明随着家庭收入的提升，父代提供经济支持的能力也在增强，但这种增强在达到一定收入水平后可能趋于平稳。

表 5-13 进一步分析了不同家庭收入背景下，家庭财富转移对代际收入的影响。

表 5-13　基于家庭收入背景的异质性分析

变量	低收入家庭	中低收入家庭	中高收入家庭	高收入家庭
ln*fincome*	0. 281*** (0. 0540)	0. 149*** (0. 0365)	0. 139*** (0. 0327)	0. 0807*** (0. 0261)
*fn*3	1. 372* (0. 745)	-0. 538 (0. 561)	-1. 209** (0. 606)	-1. 045* (0. 579)
*fn*3×ln*fincome*	-0. 200** (0. 0856)	0. 0433 (0. 0591)	0. 110* (0. 0611)	0. 0881 (0. 0561)
eduy	0. 0554*** (0. 0144)	0. 0188* (0. 00980)	0. 00279 (0. 00763)	0. 0254*** (0. 00702)
age	0. 362*** (0. 0906)	0. 491*** (0. 0540)	0. 490*** (0. 0511)	0. 647*** (0. 0565)
age^2	-0. 00589*** (0. 00177)	-0. 00773*** (0. 000996)	-0. 00806*** (0. 000941)	-0. 0106*** (0. 00103)
gender	0. 244** (0. 104)	0. 254*** (0. 0632)	0. 226*** (0. 0498)	0. 258*** (0. 0432)
urban	0. 216** (0. 107)	0. 0285 (0. 0581)	-0. 0372 (0. 0448)	0. 0334 (0. 0454)
marriage	0. 139 (0. 123)	0. 102 (0. 0740)	0. 120** (0. 0525)	-0. 0159 (0. 0416)
bmi	0. 0335** (0. 0159)	0. 00545 (0. 00829)	0. 0222*** (0. 00666)	0. 00123 (0. 00578)
party	0. 192 (0. 267)	-0. 269* (0. 153)	-0. 0729 (0. 0974)	0. 0578 (0. 0637)
within	0. 136 (0. 185)	0. 129* (0. 0768)	0. 251*** (0. 0510)	0. 110*** (0. 0378)
西部地区	-0. 433** (0. 205)	-0. 0664 (0. 104)	-0. 0307 (0. 0813)	0. 0426 (0. 0742)
中部地区	0. 125 (0. 114)	0. 0264 (0. 0723)	0. 0974 (0. 0600)	-0. 0173 (0. 0686)
东部地区	0. 248** (0. 123)	0. 166** (0. 0738)	0. 183*** (0. 0605)	0. 228*** (0. 0582)

续表

变量	低收入家庭	中低收入家庭	中高收入家庭	高收入家庭
Constant	-0.671 (1.182)	-0.0179 (0.772)	0.468 (0.752)	-0.735 (0.781)
Observations	561	1362	1939	2428
R-squared	0.322	0.297	0.250	0.270

注：括号内为稳健标准误，***代表 p<0.01，**代表 p<0.05，*代表 p<0.1。

对于低收入家庭而言，代际收入弹性系数为0.281，且在1%的水平上显著，表明父代收入对子代收入有显著的正向影响。父代收入每增加1个单位，子代收入将增加0.281个单位。父代收入的增加对子代经济状况的提升作用显著且直接，这归因于低收入家庭在资源积累和社会资本方面的相对匮乏，代际收入流动性最低，子代收入更加依赖于父代收入。中低收入家庭的代际收入弹性系数为0.149，显著为正，但低于低收入家庭。中高收入家庭的代际收入弹性系数为0.139，显著为正，父代的影响进一步减弱。随着家庭收入水平的提高，父代收入对子代收入的影响逐渐减弱。在中低收入家庭和中高收入家庭中，虽然父代收入的系数仍然显著为正，但其数值相对较小，表明父代收入的增加对子代经济状况的提升作用不如低收入家庭那么显著。这可能是由于随着家庭收入的提高，子女在教育、就业等方面的机会和资源也相应增加，从而减弱了父代收入对子代收入的直接影响。对于高收入家庭而言，代际收入的弹性系数为0.0807，显著为正，但影响程度最低。这可能是因为高收入家庭已经拥有了较为丰富的资源和优势，父代收入的增加对子代经济状况的提升作用相对有限。从 $fn3 \times \ln fincome$ 交互项系数来看，相较于无家庭财富转移的家庭，在低收入家庭中，财富转移会使得代际收入弹性下降(-0.200)。在中低收入家庭和高收入家庭中，交叉系数不显著。在中高收入家庭中，交叉系数显著为正(0.110)，表明财富转移会增加代际收入弹性。

家庭财富转移对子代收入的影响在不同收入阶层存在差异。家庭财富转移对低收入家庭子代收入有显著正向影响(1.372)，而对中高收入和高收入家庭有显著负向影响(-1.209和-1.045)。这表明，对于低收入家庭而言，家庭财富转移可能是一种重要的资源补充，有助于提升子代的收入水平。然而，对于中高收入和高收入家庭，家庭财富转移可能产生了一种"替代效应"，即子代在获得充裕家庭财富后，可能会减少自身努力和职业发展的动力，进而降低工作积极性，导致收入下滑。实证结果验证了 H5-4。

（2）基于出生组的异质性分析。

表 5-14　基于不同出生组的异质性

变量	70 后	80 后	90 后
ln*fincome*	0. 187*** (0. 0670)	0. 195*** (0. 0228)	0. 181*** (0. 0253)
*fn*3	−0. 632 (1. 390)	−0. 615* (0. 373)	−0. 649 (0. 453)
*fn*3×ln*fincome*	0. 0383 (0. 148)	0. 0374 (0. 0383)	0. 0422 (0. 0446)
eduy	0. 0577*** (0. 0213)	0. 0475*** (0. 00590)	0. 00267 (0. 00774)
age	0. 0995 (0. 431)	0. 409*** (0. 0630)	0. 833*** (0. 0710)
age^2	−0. 000983 (0. 00615)	−0. 00586*** (0. 00112)	−0. 0139*** (0. 00152)
gender	0. 222* (0. 123)	0. 321*** (0. 0384)	0. 319*** (0. 0428)
urban	0. 195 (0. 124)	0. 0106 (0. 0363)	0. 0651 (0. 0437)
marriage	0. 317* (0. 189)	0. 0546 (0. 0394)	0. 0205 (0. 0496)
bmi	0. 0253 (0. 0162)	0. 00757 (0. 00493)	0. 0110* (0. 00641)
party	−0. 331 (0. 250)	0. 0385 (0. 0638)	−0. 00863 (0. 0983)
within	0. 388*** (0. 112)	0. 129*** (0. 0376)	0. 255*** (0. 0483)
西部地区	−0. 148 (0. 254)	0. 0137 (0. 0618)	0. 289*** (0. 0761)
中部地区	0. 424*** (0. 156)	0. 0855* (0. 0498)	0. 109* (0. 0569)

续表

变量	70后	80后	90后
东部地区	0.584*** (0.149)	0.365*** (0.0468)	0.303*** (0.0536)
Constant	3.583 (7.574)	0.107 (0.884)	-4.416*** (0.807)
Observations	272	3074	2987
R-squared	0.371	0.331	0.405

注：括号内为稳健标准误，***代表 $p<0.01$，**代表 $p<0.05$，*代表 $p<0.1$。

70后的家庭财富直接转移系数为-0.632，但不显著，表明家庭财富转移对70后子代收入的影响不显著。80后的家庭财富直接转移系数为-0.615，且在10%的水平上显著，表明家庭财富转移对80后子代收入有显著的负向影响。90后的家庭财富直接转移系数为-0.649，但不显著，表明家庭财富转移对90后子代收入的影响不显著。我们对比不同出生组的家庭财富直接转移的系数可以发现，虽然70后、80后和90后在家庭财富转移对子女收入影响方面表现出差异，但这些差异并未构成显著的代际变化趋势。70后和90后的系数均不显著，而80后的系数在10%的水平上显著，这可能与80后所处的社会经济环境（如市场化改革、房价上涨等）、政策背景以及家庭财富积累模式等因素有关，家庭财富转移或许更多地被用于消费而非投资，因此未能显著提高子女的收入水平。

从 $fn3\times\ln finc ome$ 交互项系数来看，70后的交互项系数为0.0383，80后的交互项系数为0.0374，90后的交互项系数为0.0422，但均不显著，表明父代收入与家庭财富转移的交互作用对不同出生组的子代收入影响不显著。因此，家庭财富转移对代际收入弹性的影响不显著，也不具备动态效应。

（3）基于父母生育子女数量的异质性分析。

表5-15 基于父母生育子女数量的异质性分析

变量	一孩	二孩	三孩及以上
ln*fincome*	0.205*** (0.0333)	0.241*** (0.0250)	0.255*** (0.0335)

续表

变量	一孩	二孩	三孩及以上
fn3	-1.076** (0.525)	-0.450 (0.413)	-1.172* (0.709)
fn3×ln*fincome*	0.0885* (0.0518)	0.0291 (0.0420)	0.0817 (0.0722)
eduy	0.0433*** (0.00790)	0.0359*** (0.00718)	0.0481*** (0.0113)
age	0.670*** (0.0612)	0.559*** (0.0416)	0.556*** (0.0746)
age^2	-0.0110*** (0.00111)	-0.00911*** (0.000781)	-0.00923*** (0.00142)
gender	0.250*** (0.0509)	0.362*** (0.0435)	0.234*** (0.0689)
urban	0.0335 (0.0571)	0.0625 (0.0403)	0.105 (0.0683)
marriage	0.0239 (0.0515)	0.0215 (0.0456)	-0.0672 (0.0803)
bmi	0.0105 (0.00654)	0.00933 (0.00590)	0.0278*** (0.00971)
party	0.0385 (0.0849)	-0.0850 (0.0826)	0.0333 (0.129)
within	0.213*** (0.0465)	0.164*** (0.0456)	0.211** (0.0831)
西部地区	0.130* (0.0787)	0.0746 (0.0810)	-0.144 (0.272)
中部地区	0.0179 (0.0824)	0.132** (0.0529)	0.0116 (0.0826)
东部地区	0.324*** (0.0714)	0.284*** (0.0505)	0.393*** (0.0828)
Constant	-3.139*** (0.853)	-1.838*** (0.566)	-2.206** (0.980)
Observations	1980	2921	1090
R-squared	0.356	0.343	0.361

注：括号内为稳健标准误，***代表 $p<0.01$，**代表 $p<0.05$，*代表 $p<0.1$。

父代生育一孩的家庭财富直接转移系数为-1.076，且在5%的水平上显著，表明家庭财富转移对一孩家庭子代收入有显著的负向影响。父代生育二孩的家庭财富直接转移系数为-0.450，但不显著，表明家庭财富转移对二孩家庭子代收入的影响不显著。父代生育三孩及以上的家庭财富直接转移系数为-1.172，且在10%的水平上显著，表明家庭财富转移对三孩及以上家庭子代收入有显著的负向影响。

家庭财富转移系数随着子女数量的增加，呈现出先减小后增大的趋势。在一孩家庭中，父代将更多的资源和财富集中于这一个孩子身上，但过度的干预或期望可能导致了“资源诅咒”效应，即过多的资源反而阻碍了子代的自我发展和收入增长。这种负向影响在二孩家庭中并不显著，可能是因为父母在分配财富和资源时更为均衡，或者二孩家庭中的孩子之间存在一定的相互支持和竞争关系，从而抵消了部分负向影响。当子女数量增加到三孩及以上时，家庭财富转移对子代收入的负向影响再次变得显著，这可能是由于在多子女家庭中，父母在分配资源和财富时面临更大的挑战，难以做到完全公平，导致部分子女可能感到被忽视或资源不足。此外，随着子女数量的增加，家庭的经济负担也会加重，父母在子女的教育和成长上可能需做出更多的牺牲和妥协。这些因素共同作用，使得三孩及以上家庭的子代在收入上受到家庭财富转移更为显著的负面影响。

从$fn3\times\ln fincome$交互项系数来看，一孩家庭的交互项系数为0.0885，且在10%的水平上显著，表明家庭财富转移会使代际收入弹性增加，子代收入更加依赖父代收入，代际收入流动性下降。而在二孩和三孩及以上家庭中，该交互项系数并不显著，意味着家庭财富转移对代际收入弹性的影响在二孩家庭和三孩及以上家庭中并不明显。这可能反映了二孩家庭在资源分配上的相对均衡，或是子女间的相互作用减弱了单一子女因家庭财富转移而受到的代际收入影响。在三孩及以上家庭中，由于子女数量众多，资源稀释效应明显，每个孩子能够获得的家庭支持和财富转移相对有限。多子女家庭可能面临更多的经济压力和挑战，如教育、医疗等方面的支出增加，对子代收入的直接影响也可能被这种资源稀释效应抵消，导致交互项系数不显著。实证结果验证了H5-5。

5.7 小结

本研究通过实证分析探讨了父代收入、家庭财富转移对子代收入的影响，主要得出以下结论：

(1)父代收入对子代收入的正向影响：父代收入的增加显著促进了子代收入的提升，进一步证实了父代收入在决定子代经济地位中的关键作用。高收入家庭能够通过人力资本投资、社会资本传递和财富积累等方式，为子代创造更好的经济条件。

(2)家庭财富转移的负向影响：家庭财富转移对子代收入有显著的负向影响，即财富转移越多，子代收入越低。这可能是由于财富转移减少了子代的工作积极性，或者财富更多地被用于非生产性消费，从而未能有效增强子代的人力资本或提升生产力。

(3)家庭财富转移增加代际收入弹性：财富转移加剧了子代收入对父代收入的依赖程度，这表明财富转移削弱子代的经济自主性，进而强化了代际收入的传递效应。

(4)家庭财富转移对代际收入弹性的影响存在异质性：在低收入家庭中，财富转移对子代收入有正向影响，有助于促进代际流动；而在高收入家庭中，财富转移对子代收入有负向影响，可能加剧代际收入不平等。在一孩家庭中，财富转移对子代收入的影响更强；而在多孩家庭中，财富转移的影响较弱，且对代际收入弹性的影响不显著。这表明家庭资源分配的集中度对代际收入传递具有重要影响。

基于研究结论，本章提出以下政策建议，旨在促进代际流动性，减少收入不平等，并优化家庭财富转移的经济效用：

(1)加强低收入家庭的教育支持。

在低收入家庭中，财富转移对子女收入的正面效应尤为显著，这凸显了教育投资作为增强代际流动性的关键手段。政府应加大对低收入家庭的教育补贴和资助力度，确保其子代能够获得优质的教育资源。例如，提供免费或低成本的教育培训、奖学金和助学贷款。

(2)引导家庭财富转移后的合理使用。

财富转移的负向影响主要源于其被用于消费而非投资，因此，合理引导财富转移后的使用方向可以最大化其经济效用。政府应通过税收优惠或补贴政策，鼓励家庭将财富用于生产性投资(如教育、创业等)，而不是用于非生产性消费。例如，设立教育储蓄账户或创业基金，为符合条件的家庭提供财政支持。

(3)促进高收入家庭的财富再分配。

在高收入家庭中，财富转移对子女收入的负面效应更为显著，这预示着财富过度集中可能进一步拉大代际收入差距。政府应通过累进税制或遗产税等政策，适度调节过高收入家庭的财富积累，避免财富过度集中。同时，鼓励高收入家庭将财富用于社会公益事业(如教育基金、慈善捐赠等)。

(4)支持多孩家庭的经济发展。

在多孩家庭中，财富转移对子代收入的促进作用有限，资源分散可能会降低子代收入水平，因此需要通过政策支持提高这些家庭的经济能力。政府应为多孩家庭提供更多的经济支持和社会福利，减轻其经济负担。例如，提供育儿补贴、税收减免和多孩家庭专属的教育资源。

(5)提升代际流动性的综合政策。

代际收入传递受多种因素影响，单一政策难以全面解决问题，需要多管齐下才能有效提升代际流动性。政府应制定全面的代际流动性提升计划，涵盖教育公平、就业扶持和社会保障等措施。例如，推动教育资源优质均衡分配，加强职业培训和就业指导，完善社会保障体系。

第 6 章

家庭财富对人力资本的影响分析

6.1 引言

“百年大计，教育为本”，这句名言深刻揭示了教育在推动社会文明进步与经济稳定发展中所扮演的核心角色。教育不仅塑造了国家的人才体系结构，而且对民族整体素质的提升起到了决定性的作用。随着时代的演进，教育已经逐渐成为人类社会实践活动不可或缺的一部分。通过学校教育，个体能够实现对知识的认知、理解与创造，是个人追求真理、实现社会流动的重要途径；对于国家而言，教育也是促进经济社会发展、维护社会稳定和加强统治的重要载体。随着城镇化进程的不断推进和城市规模的不断扩大，社会流动性也随之增强，教育在促进社会底层向中上层流动方面的作用日益显著，教育公平问题因此受到了越来越多的关注。本部分将主要探讨家庭财富对子代收入水平的间接传导路径，即家庭财富如何通过影响人力资本从而影响子代收入及职业的选择。

6.2 研究综述

教育公平作为教育经济学领域的主流和前沿问题，相关研究成果丰硕。Coleman(1988)研究发现，父母所拥有的社会资本在子女的教育人力资本形成过程中发挥着关键作用[159]。进一步而言，财富不平等所引发的一系列后果中，教育不平等尤为突出(Killewald et al.，2017)[160]，成为亟待解决的关键问题之一。

在探讨教育公平与财富不平等的关系时，我们不得不关注个体努力与外部环境对教育公平的影响。Roemer 等(2015)开创性地将“机会不平等”

的概念引入“环境—努力”这一分析框架，以此深入探讨不平等现象的根源。Roemer认为，不平等并非由单一因素所致，而是环境与个体努力这两个因素相互交织、共同作用的结果。由个体无法掌控的外部环境因素所引发的不平等，被界定为“机会不平等”[161]。尽管个体的努力在一定程度上能够促进个人发展，但往往难以完全摆脱外部环境因素的制约。作为拥有资本和劳动的精英阶层，能够将自身优势传递给后代，从而加剧社会不平等(李实等，2022)[162]。皮凯蒂(2014)同样强调，富人的大部分收入并非源于他们的工作，而是来自他们已拥有的财产[163]。财富不平等通过降低子代人力资本积累，在代际传递(Lusardi et al.，2017[164])。父代利用家庭财富资源投资于子女教育，例如，住房财富为子女进入高质量学校享受优质教育资源提供了契机，从而导致家庭教育支出增加(陈永伟等，2014[165])，特别是校外教育支出(王丽艳等，2019[166])。此外，家庭财富有助于减少上大学的信贷限制，为子女提供更多的教育机会。家庭财富还可以提供重要的“现实和心理安全网”，发挥保险功能(Pfeffer et al.，2017[167])，确保子女在受教育过程中能够获得必要的支持。

教育资源配置的公平问题一直是社会关注的焦点，教育资源质量的差异研究也已引起学界的重视。杨倩(2012)[168]、蔡文伯和伍开文(2014)[169]等学者的研究关注了家庭资本对子女获得高等教育的层次和质量的影响，发现家庭所处的社会阶层和居住地对子女获得高等教育的层次、质量和性质均具有显著影响。特别是中等收入家庭的父母，由于其文化程度一般较高，其子女更有机会获得优质的高等教育。

然而，现有文献中广泛讨论的是家庭收入与教育不平等之间的关系，包括家庭受教育水平(周燕芳和刘小瑜，2020[170])、家庭教育支出(闫新华和杭斌[171]，2017)以及家庭教育期望(周广肃和夏宇锋，2021[172])与收入不平等的相互关系等多方面内容。虽然财富与收入之间存在相关性，但这种相关性在现实中并没有强到可以完全放弃关注财富而仅关注收入的程度，且这种相关性往往低于人们的预期(Oliver and Shapiro，1995[173])。其中的重要原因便是代际转移的存在(Gale，1994[174])，即财富和优势的代际传递。

因此，教育公平作为实现共同富裕的必要条件，其与财富不平等之间的关系成为值得关注的重要问题。如何打破财富不平等对教育公平的制约，促进教育资源的公平分配，是当前社会需要深入探讨和解决的关键议题。

6.3 理论基础及研究假设

(1)家庭财富与家庭教育支出的关系。

家庭财富作为一种重要的经济资源，是家庭进行各种消费和投资决策的基础。家庭在满足基本生活需求后，会将剩余资源分配到不同领域，以实现家庭福利的最大化。教育不仅是提升子女未来社会经济地位的关键，也是个人发展的重要基石，因此，它自然而然地成为家庭资源分配的重点考虑方向。拥有更多财富的家庭，具备更强的经济实力来承担各类教育支出，如学费、课外辅导费、学习资料费等，因此家庭财富与家庭教育支出正相关。

社会分层理论明确指出，来自不同经济阶层的家庭在对子女教育的期望以及投入策略上存在着显著差异。具体而言，富裕阶层往往将重点置于孩子综合素质的培育以及国际化视野的拓展上，致力于让孩子接受更为多元和高端的教育体验；与之相对，贫困阶层则更多地侧重于实用技能的传授以及生存能力的打磨，期望子女能够尽快具备立足社会的基本能力，以应对现实生活的挑战。通常情况下，高财富家庭处于社会阶层结构中的较高位置，为了巩固现有社会地位或实现进一步的阶层跃升，他们对子女教育抱有极为热切的期望。这种期望犹如强大动力，驱动他们持续加大在子女教育方面的投入力度，涵盖优质教育资源的获取、各类课外辅导的参与以及教育相关消费的升级等多个维度，以全方位确保子女能够享受到顶尖的教育机会，从而在激烈的社会竞争中占据优势，稳固乃至提升家庭在社会阶层中的位置。综上所述，家庭财富水平与对子女教育的期望呈正相关关系，即家庭财富越雄厚，对子女教育的期望值越高，进而促使家庭教育支出相应增加。

基于以上分析，提出以下研究假设：

H6-1：家庭财富与家庭教育支出正相关。家庭财富水平越高，家庭在子女教育方面的支出就越高，即家庭财富的增长会带动家庭教育支出在数量和种类上的相应增加，包括但不限于学费、课外辅导费、学习用品费、教育培训费等。

(2)家庭教育支出与子代学习成绩的关系。

人力资本理论认为，教育是一种对人力资本的投资，通过教育投入可以提高个体的知识、技能水平，进而提升其未来的生产效率和经济收益。家庭教育支出作为教育投资的重要组成部分，为子代提供了更多的学习资源和机会，如优质的学习环境、专业的课外辅导、丰富的学习资料等。这些资源有助于子代更好地掌握知识和技能，提高学习成绩，从而在未来获得更好的回报。因此，家庭教育支出与子代学习成绩之间存在正相关关系。

教育生产函数将教育过程看作一种生产活动，其中家庭投入的教育资源(如教育支出)是生产要素，而子代的学习成绩则是产出。在其他条件不变的情况下，增加教育资源的投入(即家庭教育支出的增加)可以改善教育生产的条件，提高教育生产的效率，从而促进子代学习成绩的提高。例如，更多的教育支出可以让孩子参加针对性的课外辅导课程，弥补学习上的不足，或者购买先进的学习设备和资料，拓宽学习视野，这些都有助于提高子代的学习成绩。

基于以上分析，提出以下研究假设：

H6-2：家庭教育支出与子代学习成绩正相关。家庭教育支出的增加能够为子代提供更多优质的学习资源和机会，从而有助于提高子代的学习成绩。

(3)家庭教育支出、择校行为与子代上重点学校概率的关系。

根据信号传递理论，重点学校往往代表着更高的教育质量和更好的教育资源，在社会中具有较高的声誉和认可度。家庭通过增加教育支出和实施择校行为(如缴纳择校费/赞助费或为入学变更居住地)，可以为子女争取到进入重点学校的机会。进入重点学校这一行为本身就向社会传递了子女具备较高学习能力和发展潜力的信号，同时重点学校丰富的教育资源和良好的学习氛围也有助于进一步提升子女的学习成绩和综合素质。这种信号效应使得子女在未来的升学、就业等方面更具竞争力，增加了他们获得更好发展机会的可能性。因此，增加家庭教育支出和择校行为有助于提高子代上重点学校的概率。

重点学校通常拥有更优秀的师资队伍、更先进的教学设施和更丰富的教育资源。家庭增加教育支出可以为子女提供更多与这些优质资源接触的机会，例如参加重点学校的自主招生培训、购买相关的学习资料等。而择校行为，无论是缴纳择校费/赞助费还是为入学变更居住地，都直接使子女能够进入重点学校，从而充分利用这些优质资源。相比普通学校，重点学校的资源优势更有利于学生的学习和成长，提高他们在学业上取得优异成绩的可能性，进而增加子代上重点学校的概率。同时，家庭教育支出的增加与择校行为之间可能存在协同效应，共同对提高子代上重点学校的概率产生积极影响。

基于以上分析，提出以下研究假设：

H6-3：增加家庭教育支出以及择校行为（为孩子缴纳择校费/赞助费或者为孩子入学变更居住地）都有助于提高子代上重点学校的概率。

6.4 模型构建及统计性分析

6.4.1 模型构建

（1）家庭财富与家庭教育支出。

根据已有研究，家庭财富与家庭教育支出之间存在显著的正相关关系。家庭财富越多，家庭在教育上的投入能力越强，这种投入不仅包括学费、课外辅导费，还可能涉及择校费、赞助费以及为入学变更居住地等行为。此外，家庭的教育支出还受到父母受教育程度（fedu、medu）、城乡户籍(urban)、子女年龄(age)和性别(gender)等因素的影响。

为了分析家庭财富与家庭教育支出的关系，可以构建以下回归模型：

$$\ln wd5total=\beta_0+\beta_1\ln totalasset+\beta_2 fedu+\beta_3 medu+\beta_4 urban+\beta_5 gender+\beta_6 age+\varepsilon \tag{6.1}$$

其中，$\ln wd5total$ 是家庭教育支出的自然对数。使用自然对数形式可以对可能存在的异方差进行一定程度的修正，并且可以使模型的解释更具有弹性含义。$\ln totalasset$ 是家庭净财富的自然对数。预计该弹性系数为正，即家庭净财富越多，家庭教育支出越高。为了检验家庭财富对子代教育支出的稳健性，本书同时估算了家庭收入对子代教育支出的影响。

(2)家庭教育支出与子代学习成绩。

使用有序逻辑回归(Ordered Logistic Regression，Ologit)模型分析教育支出(课外辅导费)和家庭储蓄行为(是否为教育存钱)对子代学习成绩的影响。

有序逻辑回归模型假设因变量 Y 有 J 个有序类别($j=1, 2, \cdots, J$)，存在一个潜在的连续变量 y^* 满足以下线性关系：

$$y_i^*=\beta_0+\beta_1\ln wd503r_i+\beta_2 wd4_i+\beta_3 eduy_i+\beta_4 fedu_i+\beta_5 medu_i+\beta_6 urban_i+\beta_7 gender_i+\beta_8 age_i+\varepsilon_i \tag{6.2}$$

$wd503r$ 表示课外辅导费，$wd4$ 为子代缴纳择校费，$eduy$ 表示子代的受教育年限，$fedu$ 表示父亲学历水平，$medu$ 表示母亲学历水平，$urban$ 表示子代城乡分类，$gender$ 表示子代是否是男性，age 表示子代年龄。

观测到的有序因变量 y 与潜在变量 y^* 的关系为

$$y_i=\begin{cases}1, & \text{if} -\infty<y_i^*\leqslant\alpha_1\\ 2, & \text{if}\ \alpha_1<y_i^*\leqslant\alpha_2\\ \vdots & \\ J, & \text{if}\ \alpha_{J-1}<y_i^*<+\infty\end{cases} \tag{6.3}$$

(3)家庭教育支出、择校行为与子代上重点学校概率。

本部分使用 Logit 模型和 Probit 模型，分析在优质教育不均衡的背景下，在人力资本投资阶段，父代对子代的教育支出和择校行为对子代上重点学校概率的影响。Logit 模型基于逻辑分布，Probit 模型基于标准正态分布，同样假设潜在的线性关系：

$$y_i^* = \beta_0 + \beta_1 \ln wd5total_i + \beta_2 wr1_i + \beta_3 wr3_i + \beta_4 wr4_i + \beta_5 wr5_i + \beta_6 eduy_i + \beta_7 fedu_i + \beta_8 medu_i + \varepsilon_i \quad (6.4)$$

其中，y_i^* 是潜在变量。$\ln wd5total$ 表示家庭教育支出对数，$wr1$ 表示子代是否就近入学，$wr3$ 表示是否为子代缴纳赞助费，$wr4$ 表示为子代缴纳择校费，$wr5$ 表示是否为孩子入学变更居住地，$eduy$ 表示子代受教育年限，$fedu$ 表示父亲学历水平，$medu$ 表示母亲学历水平。

观测到的因变量 y_i 是一个二分类变量，$y_i=1$，表示子代就读于重点学校，$y_i=0$，表示子代就读于普通学校。

在 Logit 模型中，子代就读于重点学校的概率为

$$p(y_i=1)=\frac{\exp(\beta_0+\beta X_i)}{1+\exp(\beta_0+\beta X_i)} \quad (6.5)$$

在 Probit 模型中，子代就读于重点学校的概率为

$$P(y=1 \mid X)=\Phi(\beta_0+\beta X_i) \quad (6.6)$$

其中，$X_i=(\ln wd503r_i,\ wd4_i,\ eduy_i,\ fedu_i,\ medu_i,\ urban_i,\ gender_i,\ age_i)$ 是自变量向量。

6.4.2 主要核心变量及统计性分析

表 6-1 刻画了本章主要变量的描述性统计特征。主要报告了家庭财富、家庭教育支出、子代学习成绩、家庭教育存钱行为、择校方式等变量的均值、标准差、最小值、中位数和最大值，这些指标能反映出家庭对子代的教育投资策略，为后续实证研究提供了重要的数据基础。

表 6-1 主要变量含义及统计性分析

变量	变量说明	Obs	Mean	Std. Dev.	Min	Max
wd5total	教育支出(元)	42019	2810. 177	5754. 528	0	213000
ln*wd5total*	教育支出的对数	33586	7. 205662	1. 528685	0	12. 26905
totalasset	家庭净财富(万元)	46033	49. 06327	123. 9598	0	5526
famincome	家庭收入(万元)	46193	7. 178554	15. 36793	0	1138. 780

续表

变量	变量说明	Obs	Mean	Std. Dev.	Min	Max
fedu	父亲学历水平	46399	3.005733	1.245627	1	8
medu	母亲学历水平	46540	2.803008	1.304316	1	8
urban	城乡分类	46842	0.410508	0.4919312	0	1
gender	性别	47962	0.5291689	0.4991537	0	1
age	年龄	48155	7.35149	4.457961	0	16
wd501b	给学校的教育费用(元)	29896	2121.812	3846.006	0	120000
wd503r	课外辅导费(元)	7483	3499.737	6887.507	0	120000
wd577r	其他教育费用	21408	1375.543	2645.067	0	110000
yuwen	语文成绩	24384	2.782316	0.9610922	1	4
shuxue	数学成绩	24387	2.777012	1.020084	1	4
wd4	是否为教育存钱	35259	0.1730906	0.3783309	0	1
wr1	孩子是否就近入学	18605	0.692502	0.4614698	0	1
wr2	孩子如何入读该校	8470	11.89717	25.76897	1	77
wr3	是否为孩子缴纳择校费/赞助费	15708	0.031258	0.1740196	0	1
wr4	缴纳的择校费(元)	10873	467.2125	3851.209	0	110000
wr5	是否为孩子入学变更居住地	16026	0.0626482	0.2423367	0	1

从表6-1可以看出，家庭平均教育支出(*wd5total*)为2810.177元，标准差是5754.528元，说明教育支出的分布较为分散，存在部分家庭的教育支出远高于平均水平，其最大值是213000元，进一步说明部分家庭的教育支出非常高，包括高额的学费或课外辅导费用。而部分家庭的教育支出为0元，表明有部分家庭在教育支出上为零，可能是因为孩子未入学或家庭经济困难。取对数之后，ln*wd5total* 均值为7.205662，数据分布更加接近正态分布，便于后续分析；其标准差是1.528685，数据的离散程度相对降低，说明对数变换有助于缓解极端值的影响。

totalasset(家庭净财富)均值为49.06327万元，标准差为123.9598万元，显示家庭财富分布极不均匀，存在大量低财富家庭和少数高财富家庭。*famincome*(家庭收入)均值约为7.2万元，标准差约为15.37万元，也

同样显示出收入分布极不均匀，存在大量低收入家庭和少数高收入家庭。通常，家庭收入与家庭净财富之间存在正相关关系。较高的家庭收入往往有助于积累更多的家庭财富，但这种关系并非完全线性，因为财富积累还受到消费习惯、债务水平、投资决策等因素的影响。从表 6-1 统计性特征可以看出，家庭净财富的不平等程度高于家庭收入的不平等程度。这是因为财富积累是一个长期过程，受到初始财富、投资回报和代际传承等因素的影响。虽然家庭收入的分布也较为不平等，但其不平等程度相对较低，因为收入更多地反映了当前的经济活动和劳动力市场状况。为得出稳健性结论，本书采用家庭净财富指标，探讨了家庭财富对子代社会经济地位的深远影响，同时并行分析了家庭收入对子代所产生的相应效应。

从教育费用明细来看，*wd501b*（给学校的教育费用）均值为 2121.812 元，样本数量达到 29896 户，表明学校教育费用是教育支出的主要部分。其最大值为 120000 元，部分家庭支付高额学费，可能是因学校为私立学校或国际学校。*wd503r*（课外辅导费）均值为 3499.737 元，课外辅导费用较高，表明部分家庭重视课外辅导。最大值为 120000 元，说明部分家庭在课外辅导上投入巨大。*wd577r*（其他教育费用）均值为 1375.543 元，其他教育费用相对较低，但仍有部分家庭支出较高。

从学习成绩来看，1 至 4 分别是差、中等、良好和优秀。语文与数学成绩集中在中等偏上水平，但数学成绩离散程度略大于语文成绩。

就教育行为而言，仅 17%的家庭为教育存钱，表明大部分家庭未提前规划教育支出；约 69%的孩子就近入学，说明大部分家庭选择便利的入学方式；仅 3%的家庭为孩子缴纳择校费/赞助费，为孩子缴纳择校费的均值为 467.2125 元，但最大值高达 110000 元，说明少数家庭支付高额择校费；仅 6%的家庭为孩子入学变更居住地。

6.5 家庭财富对家庭教育支出的影响分析

家庭财富作为影响家庭教育支出的重要影响因素，通常呈现出正向影响，家庭财富增加意味着能够提供更好的教育资源和学习机会，从而促进教育质量的提升。即家庭财富越多，其在教育方面的投入往往也越大。这一趋势反映了家庭对于教育的重视程度以及经济能力对教育支出的制约作用。具体而言，富裕家庭更有可能为孩子提供多元化的教育资源，包括课外辅导、特长培训、国际学校等，这些都需要较高的经济支持。然而，需要注意的是，家庭财富并非决定教育支出的唯一因素。不同家庭对于教育的价值观、对孩子的期望以及所处的社会文化背景等都会对教育支出产生影响。因此，在分析家庭财富对家庭教育支出的影响时应综合考虑多种因素的作用。

为了评估家庭经济背景和信贷约束对父代人力资本投资决策的作用，表 6-2 和表 6-3 分别采用家庭净财富指标和家庭收入指标，分析了不同家庭经济背景下，家庭财富对家庭教育支出的具体影响。

表 6-2　家庭净财富对家庭教育支出的影响

变量	总样本	低收入家庭	中低收入家庭	中高收入家庭	高收入家庭
ln*totalasset*	0.247*** (0.00778)	0.204*** (0.0153)	0.194*** (0.0152)	0.180*** (0.0169)	0.248*** (0.0181)
fedu	0.113*** (0.00886)	0.0963*** (0.0154)	0.0730*** (0.0170)	0.0775*** (0.0190)	0.122*** (0.0219)
medu	0.186*** (0.00854)	0.156*** (0.0144)	0.179*** (0.0165)	0.161*** (0.0181)	0.160*** (0.0211)
urban	0.311*** (0.0180)	0.207*** (0.0354)	0.227*** (0.0310)	0.335*** (0.0366)	0.386*** (0.0507)
gender	0.0159 (0.0161)	0.0960*** (0.0303)	−0.0231 (0.0285)	−0.00362 (0.0335)	−0.0525 (0.0412)
age	0.0211*** (0.00240)	0.0203*** (0.00468)	0.0165*** (0.00421)	0.0209*** (0.00489)	0.0257*** (0.00625)
Constant	5.246*** (0.0387)	5.310*** (0.0755)	5.607*** (0.0758)	5.732*** (0.0888)	5.481*** (0.107)
Observations	29758	8583	9219	6815	4340
R-squared	0.165	0.074	0.076	0.100	0.200

注：括号内为稳健标准误，*** 代表 $p<0.01$，** 代表 $p<0.05$，* 代表 $p<0.1$。

家庭净财富（ln*totalasset*）对家庭教育支出有显著正影响，在总样本中系数为0.247，表明家庭净财富每增加1%，教育支出增加0.247%。低收入家庭系数为0.204，中低收入家庭系数为0.194，中高收入家庭系数为0.180，高收入家庭系数为0.248，均在1%水平上显著。各收入组系数均为正，说明无论处于何种收入水平，家庭净财富的增加都会促进家庭教育支出的提升。但系数大小存在差异，高收入家庭和低收入家庭系数相对较高，可能高收入家庭财富积累到一定程度后，更愿意且有能力加大教育投入；而低收入家庭可能因财富的边际效用较高，财富增长时也倾向于增加教育支出。中低收入和中高收入家庭系数相对较低，可能是由于其财富增长带来的教育支出增长幅度相对较小。

父亲学历水平(*fedu*)在总样本中的系数为0.113，表明父亲学历水平每提高1个单位，家庭教育支出对数平均增加0.113个单位，说明父亲学历越高，家庭越可能增加教育支出。各收入组系数均为正且显著，说明不同收入水平下，父亲学历对家庭教育支出的促进作用都存在。但系数大小有所不同，高收入家庭系数为0.122，相对较高，可能高收入家庭在父亲学历较高的情况下，更有资源和意识加大教育投入；低收入家庭系数为0.0963，相对略低，可能受限于收入水平。

母亲学历水平(*medu*)在总样本中的系数为0.186，意味着母亲学历水平每提升1个单位，家庭教育支出对数平均增加0.186个单位，显示母亲学历对家庭教育支出有较强的正向影响。各收入组系数均为正且显著，表明不同收入层次家庭中，母亲学历对教育支出的促进作用普遍存在。各收入组间系数差异不大，说明母亲学历对家庭教育支出的影响在不同收入水平下相对稳定。

城乡分类(*urban*)在总样本中的系数为0.311，表明城镇家庭($urban=1$)相较于农村家庭($urban=0$)，家庭教育支出对数平均高出0.311个单位，体现出城市家庭在教育支出上普遍高于农村家庭。各收入组系数均为正且显著，说明不同收入水平下，城市家庭的教育支出都高于农村家庭。高收入家庭中城市家庭与农村家庭的教育支出差距最大(系数为0.386)，可能是因为高收入的城市家庭在教育资源获取和投入意愿上更具优势。

性别(*gender*)在总样本中系数为0.0159，不显著，说明总体上家庭对子女人力资本投资无显著的性别差异。然而，在低收入家庭中，系数为0.0960且在1%水平上显著，这表明性别对教育支出具有正向影响。可能的原因是，低收入家庭倾向于将有限的教育资源更多地投入到儿子身上。相比之下，在中低收入家庭(系数为-0.0231)、中高收入家庭(系数为-0.00362)和高收入家庭(系数为-0.0525)中，数据显示在无经济条件和信贷约束的情况下，父代对女儿的人力资本投资甚至可能高于儿子，尽管这些系数并不显著。

年龄(*age*)在总样本中的系数为0.0211，且在1%水平上显著。表明孩子年龄每增加1岁，家庭教育支出对数平均增加0.0211个单位，说明随着孩子年龄增长，家庭教育支出会增加。不同收入水平下，孩子年龄增长都伴随着家庭教育支出的上升。高收入家庭系数为0.0257，相对较高，可能高收入家庭在孩子年龄增长过程中，更愿意为其提供更多样化、高成本的教育资源。

表6-3 家庭收入对家庭教育支出的影响

变量	总样本	低收入家庭	中低收入家庭	中高收入家庭	高收入家庭
ln*famincome*	0.278*** (0.00846)	0.125*** (0.0132)	0.398*** (0.0234)	0.465*** (0.0294)	0.393*** (0.0314)
fedu	0.119*** (0.00879)	0.114*** (0.0152)	0.0833*** (0.0167)	0.0720*** (0.0186)	0.145*** (0.0216)
medu	0.186*** (0.00854)	0.169*** (0.0144)	0.173*** (0.0164)	0.163*** (0.0177)	0.167*** (0.0222)
urban	0.362*** (0.0175)	0.275*** (0.0337)	0.308*** (0.0297)	0.424*** (0.0353)	0.458*** (0.0507)
gender	0.0195 (0.0159)	0.0967*** (0.0296)	-0.0207 (0.0277)	0.0181 (0.0325)	-0.0455 (0.0406)
age	0.0254*** (0.00238)	0.0198*** (0.00456)	0.0216*** (0.00410)	0.0313*** (0.00478)	0.0346*** (0.00617)
Constant	2.985*** (0.0903)	4.539*** (0.142)	1.857*** (0.256)	1.025*** (0.334)	1.649*** (0.374)
Observations	30503	9175	9713	7192	4423
R-squared	0.173	0.063	0.086	0.112	0.178

注：括号内为稳健标准误，***代表 $p<0.01$，**代表 $p<0.05$，*代表 $p<0.1$。

从表6-3的实证结果来看，家庭收入（ln*famincome*）对教育支出的影响显著为正（$p<0.01$），即家庭收入越高，教育支出也越高。不同收入水平家庭的影响程度存在差异，随着家庭收入水平的提高，家庭收入变动对教育支出的影响呈现先上升后略微下降的趋势。

在总样本中，其系数为0.278，意味着家庭收入每增加1%，教育支出会增加0.278%。这表明家庭收入与教育支出之间存在正向关系，即家庭收入越高，对教育支出的投入倾向越大。

在低收入家庭中，其系数为0.125，是所有组中最低的。这表明低收入家庭收入每增加1%，教育支出增加幅度相对较小。可能原因是低收入家庭在满足基本生活需求后，可用于教育投入的资金有限，即使收入有所增加，也可能优先用于改善生活质量等其他方面。

在中低收入家庭中，其系数为0.398，较低收入家庭大幅提高。说明随着收入水平提升，中低收入家庭对教育支出更为敏感，收入增长带来的教育支出增长幅度明显高于低收入家庭。这可能是因为中低收入家庭意识到教育对提升家庭未来经济状况的重要性，在经济条件稍有改善时，愿意加大对教育的投入。

在中高收入家庭中，其系数达到0.465，为所有组别中最高。显示出中高收入家庭对教育支出的高度敏感性，收入增长会促使他们以更大比例增加教育投入。这部分家庭可能更加注重子女教育质量，追求优质教育资源，愿意为子女教育支付较高费用。

在高收入家庭中，其系数为0.393，略低于中高收入家庭，但仍然较高。高收入家庭可能已经在教育上有了较高的基础投入，收入增加带来的教育支出增长幅度相比中高收入家庭略小，但总体上对教育支出的正向影响依然显著。

对比表6-2和表6-3，无论是总样本还是各收入分组家庭，家庭净财富和家庭收入的系数均为正。这表明家庭净财富和家庭收入的增加，都会促使家庭教育支出的上升，二者对教育支出的影响方向一致。

在不同家庭背景下，家庭净财富和家庭收入对子代教育支出影响的差异如下：

(1)总样本系数对比。

在表6-2中，家庭净财富(ln*totalasset*)系数为0.247，表明家庭净财富每增加1%，教育支出增加0.247%。在表6-3中，家庭收入(ln*famincome*)系数为0.278，即家庭收入每增加1%，教育支出增加0.278%。由此可见，从总样本看，家庭收入变动对教育支出的影响程度略大于家庭净财富变动对教育支出的影响程度。这可能暗示在决定家庭教育支出时，家庭当前的收入流比积累的净财富发挥着更为关键的作用，也许是因为家庭更倾向于依据当前收入状况来规划教育支出。

(2)低收入家庭对比。

家庭净财富系数为0.204，家庭收入系数为0.125。对于低收入家庭，家庭净财富增加对教育支出的促进作用大于家庭收入增加的促进作用。这可能是因为低收入家庭的收入大部分用于满足基本生活需求，而净财富的增加可能被视为一种相对稳定的资源，更愿意投入到教育中。

(3)中低收入家庭对比。

家庭净财富系数为0.194，家庭收入系数为0.398。在此收入组中，家庭收入增加对教育支出的影响明显大于家庭净财富增加的影响。这可能表明中低收入家庭在收入增长时，更能直接感受到经济状况的改善，从而更积极地增加教育支出，相比之下，净财富的变化对其教育支出决策影响相对较小。

(4)中高收入家庭对比。

家庭净财富系数为0.180，家庭收入系数为0.465。与中低收入家庭类似，中高收入家庭收入变动对教育支出的影响幅度远高于净财富变动的影响。中高收入家庭可能更关注当前收入的增加，以便及时为子女提供更好的教育资源，而净财富的变动对其教育支出决策的影响相对较弱。

(5)高收入家庭对比。

家庭净财富系数为0.248，家庭收入系数为0.393。高收入家庭中，家庭收入增加对教育支出的影响大于家庭净财富增加的影响，但二者差距相对其他收入组较小。高收入家庭可能已经拥有较为充足的财富和稳定的收入，无论是净财富的增加还是收入的增加，都能在一定程度上促进教育支出的增长，其中收入的影响稍占优势。

家庭净财富和家庭收入都是影响家庭教育支出的重要因素，且均呈现显著正向影响。在总样本层面，家庭收入对教育支出的影响稍强于家庭净财富。在不同收入分组中，低收入家庭对净财富变动更为敏感，而中低收入、中高收入和高收入家庭则对收入变动更为敏感。这些差异反映了不同经济状况的家庭在教育支出决策上的特点，对制定差异化的教育政策、促进教育公平具有参考意义。

表 6-4 为面板模型下家庭净财富对家庭教育支出影响的估计结果，包含了随机效应（RE）、固定效应（FE）、组间效应（BE）和双向固定效应（FE_TW）四种估计方法。

表 6-4　面板模型下家庭净财富对家庭教育支出的影响

变量	RE	FE	BE	FE_TW
lntotalasset	0. 264 * * * (0. 00946)	0. 0958 * * * (0. 0212)	0. 217 * * * (0. 0113)	0. 0531 * * * (0. 0173)
fedu	0. 122 * * * (0. 0111)	0. 121 * * * (0. 0411)	0. 103 * * * (0. 0122)	0. 0184 (0. 0347)
medu	0. 235 * * * (0. 0112)	0. 0811 * * (0. 0325)	0. 215 * * * (0. 0120)	0. 0327 (0. 0262)
urban	0. 286 * * * (0. 0244)	0. 0925 (0. 0964)	0. 313 * * * (0. 0256)	0. 0692 (0. 0713)
gender	0. 0154 (0. 0165)	0. 237 * (0. 138)	−0. 00157 (0. 0222)	0. 314 * * * (0. 112)
age	0. 0479 * * * (0. 00283)	0. 142 * * * (0. 00485)	−0. 0200 * * * (0. 00345)	−0. 0225 (0. 0581)
2012 年				0. 911 * * * (0. 118)
2014 年				0. 960 * * * (0. 242)
2016 年				1. 727 * * * (0. 370)
2018 年				1. 681 * * * (0. 465)
2020 年				1. 841 * * * (0. 582)

续表

变量	RE	FE	BE	FE_TW
Constant	4.766*** (0.0465)	4.850*** (0.171)	5.627*** (0.0573)	5.808*** (0.285)
Observations	21515	21515	21515	21515
R-squared		0.171	0.228	0.218
Number of pid	12402	12402	12402	12402

注：BE 模型是括号中的标准误，其他模型是稳健标准误，*** 代表 $p<0.01$，** 代表 $p<0.05$，* 代表 $p<0.1$。

在四种估计方法下，ln*totalasset* 的系数均为正且显著（FE_TW 方法下系数相对较小但仍显著），表明家庭净财富增加会促使家庭教育支出上升。在 RE 模型中系数为 0.264，意味着家庭净财富每增加 1%，家庭教育支出约增加 0.264%。在 FE 模型中系数为 0.0958，此估计控制了个体固定效应，表明在考虑个体异质性后，家庭净财富每增加 1%，教育支出增加 0.0958%，系数较 RE 大幅下降，可能是 RE 估计未充分考虑个体不随时间变化的特征导致估计偏差。在 BE 模型中系数为 0.217，反映了家庭净财富的组间差异对教育支出的影响，家庭净财富每增加 1%，教育支出增加 0.217%。在 FE_TW 模型中系数为 0.0531，在控制个体和时间双向固定效应后，家庭净财富每增加 1%，教育支出增加 0.0531%，是四种估计中系数最小的，说明双向固定效应模型控制了更多因素，使得家庭净财富对教育支出的边际影响降低。

表 6-5 呈现了面板模型下家庭收入（ln*famincome*）对家庭教育支出影响的实证结果。

表 6-5　面板模型下家庭收入对家庭教育支出的影响

变量	RE	FE	BE	FE_TW
ln*famincome*	0.282*** (0.0121)	0.0245 (0.0209)	0.301*** (0.0122)	0.0420*** (0.0154)
fedu	0.126*** (0.0102)	0.117*** (0.0425)	0.0931*** (0.0120)	0.0135 (0.0352)
medu	0.241*** (0.0109)	0.0798*** (0.0303)	0.218*** (0.0118)	0.0278 (0.0275)

续表

变量	RE	FE	BE	FE_TW
urban	0.338*** (0.0235)	0.135 (0.0891)	0.342*** (0.0248)	0.107 (0.0688)
gender	0.0214 (0.0167)	0.207 (0.134)	0.00144 (0.0219)	0.287** (0.112)
age	0.0511*** (0.00297)	0.147*** (0.00521)	-0.00250 (0.00355)	0.00165 (0.0612)
2012年				0.880*** (0.124)
2014年				0.834*** (0.254)
2016年				1.564*** (0.388)
2018年				1.483*** (0.491)
2020年				1.592*** (0.613)
Constant	2.500*** (0.125)	4.856*** (0.263)	2.937*** (0.137)	5.440*** (0.329)
Observations	22161	22161	22161	22161
R-squared		0.165	0.240	0.212
Number of pid	12752	12752	12752	12752

注：BE模型是括号中的标准误，其他模型是稳健标准误，***代表 $p<0.01$，**代表 $p<0.05$，*代表 $p<0.1$。

不同估计方法下家庭收入对家庭教育支出的影响呈现出较大差异：

在随机效应（RE）模型下，系数为0.282，这表明在随机效应模型设定下，家庭收入每增加1%，家庭教育支出会增加0.282%，同时该系数在统计上极其显著，说明家庭收入对家庭教育支出存在显著的正向影响。随机效应模型假设个体异质性与解释变量不相关，在此模型中，家庭收入的变动对教育支出有较强的促进作用。

固定效应（FE）模型下，系数为0.0245，这意味着在固定效应模型下，当控制了个体固定效应（即考虑了个体不随时间变化的特征）后，家庭收入每增加 1%，家庭教育支出仅增加 0.0245%，且这种影响在统计上不显著。这与随机效应模型结果形成鲜明对比，可能是因为随机效应模型没有充分控制个体层面不随时间变化的因素，高估了家庭收入对教育支出的影响；而固定效应模型控制这些因素后，家庭收入对教育支出的影响变得微弱且不显著，说明个体不随时间变化的特征在解释教育支出时可能起着关键作用，掩盖了家庭收入原本的影响。

在组间效应(BE)模型下，系数为 0.301，此结果表明基于组间差异的分析中，家庭收入每增加 1%，家庭教育支出增加 0.301%。组间效应模型主要关注不同组(这里可能基于某些特征划分，如不同地区、不同收入层级等)之间家庭收入差异对教育支出的影响，结果显示组间家庭收入的差异对教育支出有显著的正向推动作用，且影响程度相对较大。

双向固定效应(FE_TW)模型下，系数为 0.0420，这表明在同时控制了个体固定效应和时间固定效应后，家庭收入每增加 1%，家庭教育支出增加 0.0420%。双向固定效应模型能够控制个体不随时间变化的特征以及时间趋势对教育支出的影响，在此模型下家庭收入对教育支出仍有显著正向影响，但系数相对随机效应和组间效应模型较小，说明在剔除个体和时间的共同影响后，家庭收入对教育支出的边际贡献有所降低。

随机效应模型和组间效应模型得到的系数相对较大且显著，表明若不充分控制个体不随时间变化的因素或仅从组间差异角度分析，家庭收入对教育支出的促进作用较为明显。然而，当使用固定效应模型和双向固定效应模型进一步控制个体异质性及时间因素后，家庭收入的影响系数大幅下降，甚至在固定效应模型下变得不显著。这说明在研究家庭收入与教育支出关系时，模型设定至关重要，个体不随时间变化的特征以及时间趋势等因素可能会严重干扰对两者关系的估计。

总体来看，虽然不同模型下影响程度有所不同，但双向固定效应模型相对更全面地控制了各类因素，其结果表明家庭收入对家庭教育支出存在一定程度的正向影响，即家庭收入的增加会在一定程度上带动家庭教育支出的上升。

在面板回归下，家庭净财富和家庭收入对子代教育支出影响的差异如下：

(1)在 RE 模型下：表 6-4 中家庭净财富的系数为 0.264，表 6-5 中家庭收入的系数为 0.282。两者都呈显著正相关，且家庭收入的系数略高于家庭净财富的系数，说明在随机效应模型下，家庭收入对家庭教育支出的影响程度稍大于家庭净财富的影响。

(2)在 FE 模型下：表 6-4 中家庭净财富的系数为 0.0958，表 6-5 中家庭收入的系数为 0.0245。家庭净财富的系数显著为正，而家庭收入的系数较小且不显著，表明在固定效应模型下，家庭净财富对家庭教育支出的影响比家庭收入更为明显。从 RE 模型到 FE 模型，财富系数衰减约 64%(0.264→0.0958)，收入系数衰减 91%(0.282→0.0245)。个体异质性(如家庭教育观念、社会资本)对收入效应的干扰更强，而财富作为长期积累变量，受个体固定效应的影响相对较小。

(3)在 BE 模型下：表 6-4 中家庭净财富的系数为 0.217，表 6-5 中家庭收入的系数为 0.301。家庭收入的系数更大，说明在组间效应模型下，家庭收入对家庭教育支出的影响幅度大于家庭净财富。BE 模型均高估核心变量影响(净财富 0.217→FE 0.0958；收入 0.301→FE 不显著)，忽略个体异质性会导致结论偏误。

(4)在 FE_TW 模型下：表 6-4 中家庭净财富的系数为 0.0531，表 6-5 中家庭收入的系数为 0.0420。两者系数都较小，且家庭净财富的系数略大于家庭收入的系数，意味着在时间固定效应等相关模型下，家庭净财富对家庭教育支出的解释力稍强于家庭收入。加入时间固定效应后，财富系数从 FE 模型的 0.0958 降至 FE_TW 模型的 0.0531(衰减 45%)，收入系数从 FE 模型的 0.0245 升至 FE_TW 模型的 0.0420(回升 71%)。这是因为收入与教育支出的关系部分由时间趋势(如通胀、政策)驱动，而财富的影响更多来自个体自身特征。

家庭净财富和家庭收入均对教育支出有显著正向影响，但在不同模型中影响程度和显著性存在差异。家庭收入在随机效应和混合效应模型中对教育支出的影响更强，但在固定效应模型中影响不显著。家庭净财富在固定效应和双向固定效应模型中表现出更稳定的正向影响。这主要是因为，

①流动性与存量资源：家庭收入是流动性资源，直接影响家庭的可支配资金，因此在随机效应和混合效应模型中表现更强。家庭净财富是存量资源，包括房产、储蓄等，其对教育支出的影响更稳定，尤其在控制个体异质性和时间效应后。家庭财富具有“缓冲”作用，高财富家庭更可能将资源分配给教育(如课外辅导、国际学校)，因其抗风险能力更强；低收入家庭即使收入增加，也可能优先满足基本需求。②个体异质性：固定效应模型控制了个体的异质性，使得家庭收入对教育支出的影响被弱化，而家庭净财富的影响相对稳定。③时间效应：双向固定效应模型控制了时间趋势的影响，家庭净财富的稳定性使其在该模型中表现更优。

家庭财富与家庭收入存在政策敏感性的差异：①收入政策效果有限：提高短期收入(如现金补贴)可能无法有效增加教育支出，因家庭可能将额外收入用于其他消费或储蓄。②财富政策更具潜力：支持家庭财富积累(如住房保障、教育储蓄计划)可更直接提升教育投入，尤其在贫困家庭中可能产生“阈值效应”。

6.6 家庭教育支出与子代学习成绩

家庭教育支出是影响子代学习成绩的重要因素之一。研究表明，家庭对子女教育的投入程度与子女的学习成绩呈正相关关系。具体而言，家庭教育支出不仅涵盖了基本的学习资料和课外辅导费用，还可能包括参与各种兴趣班、特长培训等的费用。这些投入不仅能够为子女提供更丰富的学习资源和更好的学习环境，还能在一定程度上激发子女的学习兴趣和积极性，从而提升其学习成绩。本部分选取“是否为孩子教育存钱”和“过去12个月课外辅导费”作为家庭教育支出的两个重要指标，来探讨家庭教育支出对子代学习成绩的影响。其中，“是否为孩子教育存钱”反映了家庭对子女教育投资的意识和重视程度，而“过去12个月课外辅导费”则直接体现了家庭在子女教育上的实际投入。同时，结合其他相关因素，如父母教育程度、子女的个性特征等，我们可以更全面地理解家庭教育支出对子代学习成绩的影响。

关于子代学习成绩的信息，2010 年 CFPS 通过自测的方式，获得子代字词测试成绩和数学测试成绩，2012—2020 年则采用家长代答的方式，家长需对孩子的语文和数学成绩进行判断，分为“优、良、中、差”四个等级。通过对比不同家庭在这两个指标上的差异，我们可以进一步分析家庭教育支出对子代学习成绩的具体作用机制。具体实证结果如表 6-6 所示。

表 6-6　家庭教育支出对子代学习成绩的影响

变量	*yuwen*	*shuxue*
ln*wd503r*	0.0484*** (0.0183)	0.0566*** (0.0186)
wd4	0.197*** (0.0551)	0.102* (0.0554)
eduy	−0.0482*** (0.0161)	−0.0225 (0.0163)
fedu	0.149*** (0.0263)	0.141*** (0.0268)
medu	0.141*** (0.0256)	0.166*** (0.0258)
urban	−0.0179 (0.0584)	0.0255 (0.0584)
gender	−0.628*** (0.0495)	0.00487 (0.0496)
age	−0.0506*** (0.0184)	−0.113*** (0.0185)
/cut1	−2.774*** (0.208)	−2.389*** (0.201)
/cut2	−0.534*** (0.203)	−0.730*** (0.200)
/cut3	0.902*** (0.203)	0.577*** (0.200)
Observations	5685	5681

注：括号内为稳健标准误，***代表 p<0.01，**代表 p<0.05，*代表 p<0.1。

课外辅导费（ln*wd503r*）对语文成绩的影响系数为0.0484，且在1%水平上显著；对数学成绩的影响系数为0.0566，亦在1%水平上显著。课外辅导支出每增加1%，学生进入更高成绩等级的概率（odds ratio）提升约4.8%（语文）和5.7%（数学）。数学对辅导费的响应更强，可能因数学提分更依赖技巧训练（如解题方法），而语文需要长期积累（如阅读能力）。

是否为教育存钱（*wd4*）对语文成绩的影响系数为0.197（1%显著），对数学成绩的影响系数为0.102（10%显著）。相较于父辈不为子女教育储蓄，父辈为子女教育存钱行为使语文成绩进入更高等级的概率提升约21.7%[exp(0.197)-1]，数学仅提升约10.7%。这可能是由于语文成绩更依赖长期资源投入（如书籍、写作班），而数学成绩可能需即时辅导而非储蓄积累。

鉴于子代学习成绩与教育支出之间存在互为因果的内生性问题（一方面，较多的教育支出可能会提升子代的学习成绩；另一方面，若子代学习成绩不理想，有可能会促使父母进一步增加教育支出），本书拟采用工具变量回归方法解决内生性问题。具体而言，将家庭净财富和家庭收入作为教育支出的代理变量。上文已验证家庭收入和家庭财富与教育支出之间存在显著的正相关关系，同时从理论层面来看，家庭收入和家庭财富与下一代的成绩表现并不存在直接的关联性。因此，这两个代理变量的选取是具有合理性和可行性的（见表6-7、表6-8）。

表6-7 家庭净财富对子代学习成绩的影响

变量	*yuwen*	*shuxue*
ln*totalasset*	0.0480*** (0.0117)	0.0830*** (0.0119)
wd4	0.275*** (0.0313)	0.283*** (0.0318)
eduy	-0.00572 (0.00770)	-0.00192 (0.00777)
fedu	0.180*** (0.0133)	0.170*** (0.0133)
medu	0.137*** (0.0120)	0.136*** (0.0123)

续表

变量	*yuwen*	*shuxue*
urban	0. 0904 *** (0. 0280)	0. 117 *** (0. 0283)
gender	−0. 578 *** (0. 0250)	−0. 0424 * (0. 0248)
age	−0. 0637 *** (0. 00855)	−0. 116 *** (0. 00854)
/cut1	−2. 295 *** (0. 0887)	−2. 149 *** (0. 0862)
/cut2	−0. 306 *** (0. 0865)	−0. 495 *** (0. 0854)
/cut3	1. 083 *** (0. 0869)	0. 776 *** (0. 0856)
Observations	21823	21826

注：括号内为稳健标准误，*** 代表 $p<0.01$，** 代表 $p<0.05$，* 代表 $p<0.1$。

家庭净财富对子代的语文和数学成绩都有显著的正向影响。具体来说，家庭净财富每增加 1%，子代语文成绩进入更高等级的概率提高约 4. 8%[exp(0. 048)−1]，数学提高约 8. 6%，财富对数学成绩的促进作用约是语文的 1. 7 倍。

家庭是否为教育存钱对子代的语文和数学成绩都有显著的正向影响。这表明选择为教育存钱的家庭，子代成绩提升的序数响应概率显著增加。具体来说，即与不为教育存钱的家庭相比，为教育存钱的家庭，使得子代语文取得较好成绩的概率提高约 31. 6%，数学提升约 32. 7%。

表 6-8　家庭收入对子代学习成绩的影响

变量	*yuwen*	*shuxue*
ln*famincome*	0. 0278 ** (0. 0119)	0. 0646 *** (0. 0117)
wd4	0. 287 *** (0. 0310)	0. 293 *** (0. 0315)

续表

变量	*yuwen*	*shuxue*
eduy	-0.00533 (0.00781)	-0.00603 (0.00790)
fedu	0.180*** (0.0131)	0.172*** (0.0132)
medu	0.145*** (0.0120)	0.147*** (0.0123)
urban	0.0870*** (0.0274)	0.132*** (0.0275)
gender	-0.578*** (0.0247)	-0.0437* (0.0245)
age	-0.0617*** (0.00863)	-0.111*** (0.00863)
/cut1	-2.107*** (0.147)	-1.641*** (0.143)
/cut2	-0.114 (0.146)	0.00661 (0.143)
/cut3	1.268*** (0.146)	1.282*** (0.143)
Observations	22361	22361

注：括号内为稳健标准误，***代表 $p<0.01$，**代表 $p<0.05$，*代表 $p<0.1$。

家庭收入对语文成绩的影响系数为0.0278，对数学成绩的影响系数为0.0646，且显著，表明家庭收入每增加1%，子女语文成绩进入更高等级的概率提高约2.8%，数学成绩提升约6.7%，家庭收入对数学的促进作用约为语文的2.3倍。

是否为教育存钱对语文成绩的影响系数为0.287，对数学成绩的影响系数为0.293，且显著。这说明选择为教育存钱的家庭，相比不为教育存钱的家庭，子代语文和数学成绩提升的序数响应概率显著增加，为教育存钱行为使语文成绩进入更高等级的概率提高约33.2%，数学提高约34.1%。这体现了为教育存钱所反映出的家庭对教育的重视，对子代学习成绩有积极推动作用。

对比表 6-6、表 6-7 以及表 6-8 发现：

课外辅导费和家庭净财富对子代学习成绩的影响较为接近，且在数学方面的影响更为显著。课外辅导费对学习成绩有显著影响，但需确保其公平性和质量，避免因经济条件差异导致的教育不平等。家庭收入对学习成绩的影响相对较小，尤其是在语文方面，但在数学方面仍具有较大的显著正向影响。家庭净财富和收入对学习成绩的影响显著，政策应关注低收入家庭和经济弱势群体，为其提供教育资源和经济支持。

在表 6-6、表 6-7、表 6-8 中，$wd4$（是否为教育存钱）对语文和数学成绩的影响系数均为正，且显著，说明为教育存钱这一行为对子女学习成绩（语文和数学）有较为稳定的促进作用。政府要鼓励家庭为教育存钱，通过政策支持（如税收优惠、教育储蓄计划）提升家庭对教育的经济支持。

6.7 家庭教育支出、择校行为与子代上重点学校的概率

当教育存在非同质性时，不同收入水平的家庭，其子女进入重点学校的概率存在何种差异？家庭收入每提升 1 个百分点，子女进入重点学校的概率会相应提高多少？这些问题所揭示的，正是在优质教育不均衡的背景下，家庭收入与获取高质量教育资源之间的内在联系。

人力资本投资支出包括学校内教育支出（如学费、学杂费等）以及学校外教育支出（如家教、辅导班、择校费等）。在当前优质教育资源稀缺的现实状况下，适龄儿童难以全面享受无差别的优质教育，因此家长往往会借助自身的社会经济地位，为子女筛选优质的教育资源。具体到基础教育阶段，择校通常是指家长放弃义务教育阶段适龄儿童按学区免费就近入学的政策，主动为子女选择其他学校就读的教育选择行为。而在高中阶段，择校是指初中毕业生未能达到学籍所在区域所报考高中的录取分数线，却依然选择非教育部门指定的高中就读的现象。

表 6-9 展示了子女在不同教育阶段（幼儿园、小学、初中）入学方式的

分布情况。

表 6-9　子女在不同教育阶段入学的方式

wr2	幼儿园	小学	初中	Total
就近入学	1670	2687	980	5337
电脑派位	32	50	68	150
靠成绩优异或特长考取	25	279	649	953
交赞助费或择校费	87	124	60	271
托熟人、找关系	163	324	114	601
其他方式	600	406	139	1145
Total	2577	3870	2010	8457

（1）就近入学。

在幼儿园、小学和初中阶段，就近入学的比例分别是 64. 8%、69. 4%以及 48. 8%，是占比最大的入学方式。这表明家长普遍倾向于选择距离家较近的学校，方便孩子上下学，同时也便于家长照顾孩子的日常生活。随着孩子年龄增长，初中阶段就近入学人数相对小学有所减少，但仍是主要方式。

（2）电脑派位。

整体人数相对较少，共 150 人。在幼儿园、小学和初中阶段电脑派位的比例分别是 1. 2%、1. 3%以及 3. 4%。在初中阶段电脑派位人数和占比相对增加，可能是因为随着教育资源的竞争加剧，在一些地区初中入学采用电脑派位来保证入学的公平性，以分配相对均衡的教育资源。

（3）靠成绩优异或特长考取。

这种方式随教育阶段呈现出明显的增长趋势。幼儿园阶段占比仅有 1. 0%，小学阶段增长到 7. 2%，初中阶段大幅增长至 32. 3%。这反映出随着孩子年龄增长和受教育程度的提高，学校对学生成绩和特长的重视程度逐渐增加，家长也更加注重培养孩子的学习能力和特长，以争取更好的教育资源。

（4）交赞助费或择校费。

在各阶段分布较为平均，幼儿园占比 3. 4%，小学占比 3. 2%，初中占比3.0%。说明在不同教育阶段，都有部分家长为了让孩子进入理想学校，愿意支付额外费用，但整体占比相对较小。

(5)托熟人、找关系。

在各阶段通过托熟人、找关系的占比分别是6.3%、8.4%以及5.7%，小学阶段占比最高，可能是因为小学阶段学校之间的教学质量差异更为家长所重视，因此他们更愿意通过托熟人、找关系等方式来为孩子争取进入优质学校的机会。然而，随着孩子进入初中和高中，学业成绩和特长成为更重要的择校标准，因此通过关系择校的比例有所下降。

(6)其他方式。

幼儿园阶段“其他”方式入学人数较多，占比最高，可能是由于幼儿园入学方式相对更为多样化，一些特殊情况或个性化的入学途径均归类于此。随着孩子进入小学和初中，入学方式逐渐规范化，“其他”方式的占比逐渐减少。

从整体来看，就近入学是主要的入学方式，占63.1%，尤其在小学阶段比例最高(69.4%)。靠成绩优异或特长考取在初中阶段的比例(32.3%)显著高于幼儿园和小学阶段，说明在更高教育阶段，学业成绩和特长成为重要的入学依据。交赞助费或择校费和托熟人、找关系在各阶段的比例相对较低，但在小学阶段的比例略高。其他方式在幼儿园阶段的比例较高(23.3%)。

家庭是否因子女教育问题变更居住地体现了家庭对子女教育的重视程度。一些家庭通过变更居住地来接近优质教育资源，选择搬迁到学区房所在区域，从而增加孩子进入重点学校的概率。这种因教育而迁移的现象，在一定程度上反映了家庭对子女教育的投资意愿和策略。表6-10刻画了子女在幼儿园、小学和初中三个教育阶段，家庭是否因子女上学而变更居住地的情况。

表6-10　子女在不同教育阶段是否变更居住地

wr5	幼儿园	小学	初中	总计
否	19109	5294	723	25126
是	1263	299	27	1589
总计	20372	5593	750	26715

从表6-10中看出，大多数家庭在子女受教育期间保持居住地稳定，未变更居住地的比例在94.0%以上。因子女教育变更居住地的比例从幼儿园(6.2%)到初中(3.6%)逐步下降，反映家庭在子女教育早期更可能因入学需求调整居住地。呈现这种趋势的原因可能是在幼儿园阶段，入学政策相对宽松(如民办园无严格学区限制)，家庭可能因工作变动或性价比选择变更居住地。在子女小学阶段，家庭对居住环境稳定性需求增加(如社交圈固定、适应学校节奏)，降低搬迁意愿。在初中阶段，入学竞争加剧(如重点中学选拔)，部分家庭可能通过非居住地途径(如特长考取、交赞助费)解决入学问题，减少搬迁需求。另外，受"就近入学"政策约束，变更居住地成本高(如购房/租房成本、户籍限制)，家庭倾向于提前锁定学区房。

对于子代是否上重点学校的概率，使用了Logit和Probit两种回归模型，从回归系数来看，所有变量在Logit和Probit模型中方向一致且显著，表明实证结果稳健(见表6-11)。

表6-11　子代上重点学校的概率

变量	Logit	dy/dx	Probit	dy/dx
ln*wd5total*	0.0865*** (0.0208)	0.0154*** 0.00369	0.0510*** (0.0120)	0.0154*** 0.00363
*wr*1	−0.776*** (0.0629)	−0.138*** 0.0109	−0.468*** (0.0382)	−0.142*** 0.0113
*wr*3	0.624*** (0.133)	0.111*** 0.0236	0.377*** (0.0808)	0.114*** 0.0244
*wr*5	0.403*** (0.0951)	0.0717*** 0.0169	0.245*** (0.0568)	0.0743*** 0.0172
eduy	0.0253*** (0.00851)	0.00450*** 0.00151	0.0153*** (0.00499)	0.00463*** 0.00151
fedu	0.0459* (0.0254)	0.00816* 0.00451	0.0260* (0.0151)	0.00788* 0.00457
medu	0.0244 (0.0243)	0.00433 0.00431	0.0141 (0.0144)	0.00426 0.00437

续表

变量	Logit	dy/dx	Probit	dy/dx
urban	0.301*** (0.0539)	0.0534*** 0.00955	0.180*** (0.0318)	0.0546*** 0.00959
gender	0.0595 (0.0495)	0.0106 0.00880	0.0356 (0.0290)	0.0108 0.00878
Constant	-1.625*** (0.157)		-0.971*** (0.0918)	
Observations	9211		9211	

注：括号内为稳健标准误，***代表 $p<0.01$，**代表 $p<0.05$，*代表 $p<0.1$。

家庭教育支出(ln*wd5total*)对子代上重点学校的概率有显著的正向影响，家庭教育支出每增加1%，子代上重点学校的概率提高约1.54个百分点。高教育支出可能通过课外辅导、优质教材等资源提升子代学业竞争力。

是否就近入学(*wr*1)对子代上重点学校的概率有显著的负向影响。具体来说，与非就近入学相比，就近入学使子代上重点学校的概率平均降低0.138个单位(Logit模型)或0.142个单位(Probit模型)。这可能是因为，重点学校分布不均，优质教育资源集中在非就近区域；就近学校质量较低，家庭需主动择校(如变更居住地或交择校费)。

是否为子代缴纳择校费或赞助费(*wr*3)对子代上重点学校的概率有显著的正向影响。具体来说，与不缴纳择校费相比，为子代缴纳择校费，子代上重点学校的概率平均提高0.111个单位(Logit模型)或0.114个单位(Probit模型)。

是否为子代入学变更居住地(*wr*5)对子代上重点学校的概率有显著的正向影响。具体来说，与不变更居住地相比，为子代入学变更居住地，子代上重点学校的概率平均提高0.0717个单位(Logit模型)或0.0743个单位(Probit模型)。

综上所述，通过这两个模型的分析可知，增加家庭教育支出以及择校行为(为子代缴纳择校费/赞助费或者为子代入学变更居住地)都有助于提高子代上重点学校的概率；而子代就近入学则可能降低其上重点学校的概率。

6.8 小结

本章系统地分析了家庭财富对人力资本投资的影响，得到了以下核心结论：

(1)家庭财富与教育支出。

家庭净财富和收入均显著正向影响教育支出，但财富效应更稳定。净财富每增加1%，教育支出增加0.247%(总样本)，且在控制个体异质性后仍显著；而收入效应在固定效应模型中显著弱化，表明净财富作为长期资源更具可持续性。

在异质性分析中，低收入家庭对财富变动更敏感，中高收入家庭对收入增长反应更强，反映不同经济水平家庭的教育投资策略差异。

(2)教育支出与子代成绩。

教育支出(如课外辅导费)显著提升子代成绩，数学效应(0.0566)强于语文(0.0484)。教育储蓄行为(*wd*4)对两科成绩均有稳定正向作用(语文0.197，数学0.102)，凸显长期资金规划的重要性。

对比家庭净财富与家庭收入对子代学习成绩的影响发现，家庭净财富对数学成绩的边际效应(0.083)显著高于收入(0.0646)，表明财富积累通过多渠道(如优质教育资源、稳定心理预期)间接促进成绩提高。

(3)择校行为与子代重点学校概率。

缴纳赞助费(*wr*3)和变更居住地(*wr*5)分别提高子代上重点学校概率约11%和7%，而就近入学(*wr*1)因学区资源不均降低子代上重点学校概率约14%。教育支出每增加1%，上重点学校概率提高1.54%，反映经济资本和社会资本可直接换取教育机会的现象。

通过实证分析我们得到以下政策启示：

(1)促进教育资源均衡。

推动教师轮岗、多校划片，弱化学区房与入学资格绑定的情况，降低就近入学的质量差异。这不仅可以缓解家长对优质教育资源的过度追求，还能减少因学区房而带来的经济压力和社会不公。通过政策引导，使得教育资源在地区间、学校间更均衡地分配，让每个孩子都能享受到高质量的教育，从而促进社会的整体公平与进步。

(2)优化入学政策。

确保就近入学政策的公平性，减少因居住地变更或择校费支付对教育机会的影响。具体而言，政府应加强对就近入学政策的监管，确保政策执行的透明度和公正性。同时，可以探索多元化的入学方式，如增加电脑派位名额、扩大特长生招生范围等，以提供更多元化的教育机会。此外，对于择校费问题，政府应出台相关政策进行规范和限制，防止因择校费过高而导致教育机会的不平等分配。通过这些措施，可以进一步优化入学政策，为每个孩子提供更加公平、公正的教育机会。

(3)支持弱势家庭。

为低收入家庭提供教育券或补贴，弥补其教育支出与择校能力不足。这些教育券或补贴可以用于支付学费、购买学习材料或参加课外辅导等，从而减轻低收入家庭的教育负担。此外，政府还可以设立专项基金，为经济困难的学生提供奖学金或助学金，鼓励他们努力学习，争取更好的发展。通过这些措施，可以有效支持弱势家庭，确保每个孩子都能获得必要的教育资源，缩小教育差距，促进社会公平。

(4)优化居住政策。

增加保障性住房在优质学区的供给，减少家庭因教育需求被迫搬迁的经济压力。政府可以与房地产开发商合作，在优质学区内建设一定数量的保障性住房，确保低收入家庭有机会居住在优质教育资源附近。同时，对于已存在的保障性住房，政府可以加强与学校的合作，提升周边学校的教育质量，使其成为优质学区。此外，政府还可以制定相关政策，鼓励和支持社会力量参与保障性住房的建设和管理，共同为低收入家庭提供更加稳定和优质的教育居住环境。通过这些措施，可以有效优化居住政策，减少因教育资源分布不均而带来的社会问题，促进社会的和谐与公平。

第7章 人力资本对子代收入的影响分析

7.1 引言

随着全国832个贫困县全部摘帽，我国已从绝对贫困治理迈入相对贫困治理的新阶段，以逐步实现共同富裕。与绝对贫困不同，相对贫困主要指不同群体间的相对“经济差距”，是衡量收入不平等和收入分配不均等问题的综合性指标。西方学者利用多个国家的数据，以横轴为基尼系数，纵轴为代际收入弹性刻画了“盖茨比曲线”，向右上方倾斜的曲线表明，一个国家的代内收入差距和代际收入弹性高度正相关。如果“盖茨比曲线”所揭示的规律也适用于我国，那么，我国的收入差距将从短期的代内贫富差距转变为长期的纵向代际贫富差距，相对贫困的代际传递可能会导致社会流动减缓，进而造成代际阶层的固化。为从根本上缓解相对贫困问题，防止陷入相对贫困的代际传递困境，需构建防止大规模返贫的内源性扶贫措施，而教育在持续巩固拓展脱贫攻坚成果方面发挥着不可或缺的作用。

教育在促进社会公平和代际流动方面发挥着双重作用。一方面，它为相对贫困阶层的后代提供了代际向上流动的重要途径；另一方面，它也成为富裕家庭子女继承并巩固父辈优势资源的主要渠道。教育对子女收入的影响机制主要体现在两个方面：首先，在教育投资阶段，相较于经济条件较好的家庭，相对贫困家庭受人力资本投资约束较大，导致其子女在教育机会上处于劣势地位，这体现了教育机会不平等对子女未来收入的潜在影响；其次，在人力资本回报阶段，由于受教育水平的差异，不同家庭背景的子代在就业市场上获得的收入水平存在显著差异，这是教育收益率差异对子代收入的影响。本书将劣势/优势积累引入逻辑框架中，在分析教育对子代收入影响的基础上，着重剖析教育投资差异和教育收益率异质性对子代贫富差距的影响及作用机理。进一步地，本书从教育代际流动方向、出生组别及兄弟姐妹数量等多个维度，深入解析相对教育水平对子代贫富差距的影响，旨在通过教育扶贫防止大规模返贫、打破社会阶层固化，为有效治理相对贫困以及助力共同富裕提供政策参考。

7.2 研究综述与文献述评

(1)关于教育机会不平等对子代收入差距的影响研究。

学者们从教育公平的视角出发，进行了深入研究，揭示了子代在教育获得上存在不平等现象，即教育机会不平等，这主要源于他们在接受人力资本投资阶段所面临的家庭经济约束。有学者认为，家庭环境因素所导致的子女教育机会不平等，是影响代际收入流动的首要且核心原因(亓寿伟，2016)[175]，子女接受高等教育的机会，与其父母的社会地位之间存在着密切的关系(王处辉等，2015)[176]，家庭资本在获取教育资源方面发挥着显著作用，优质教育资源呈现出向资本优势家庭集中的趋势(范静波，2019)[29]。也有部分学者认为，教育具有促进代际流动的功能(朱月季等，2020；王卫东等，2020[42]；张山，2021[177]；等等)，对于低收入家庭子女而言，教育投资是实现代际向上流动的主要途径，教育有助于缓解社会阶层固化，打破贫困的代际传递(林相森等，2019)[31]。

子代受教育水平不仅受家庭总消费效应函数的约束，还深受父母教育背景的影响，受过高等教育的父母倾向于投入更多时间陪伴子女(Guryan et al.，2008)[178]，更加重视子女的教育问题(Piopiunik，2014)[179]。我国学者亦从教育代际流动的角度对此进行了验证，指出父辈的受教育程度与子代教育之间存在显著的关联性(孙永强等，2015[33]；解雨巷和解垩，2019[35]；周向伟和张天雪，2020[180]；彭骏和赵西亮，2021[36]；等等)[187][188][189][190]，且子代受教育水平的高低与父辈的受教育程度呈正相关关系(魏晓艳，2017)[40]。

(2)关于教育收益率差异对子代收入差距的影响研究。

针对教育收益率差异对收入代际流动影响的研究主要分为两方面：一是研究教育平均收益率差异对代际收入流动的影响。然而，在何种教育程度最能促进子代向上流动的问题上，学界存在不同观点。部分学者指出，相较于高等教育，幼儿教育和初中教育在推动代际收入流动方面更具效力，而增加高等教育的投入对于提升代际收入流动的作用相对有限(陈琳，2015)[181]。但也有学者认为，小学教育并不利于农村人均收入的增长，而中学教育对促进农村居民收入增长具有较高的贡献率(邹薇和张芬，2006)[182]。另有学者认为，只有当教育水平达到一定程度后，才能显现其促进代际流动性的功能，高等教育对于代际收入流动的贡献更大(徐俊武和张月，2015)[183]，应更加侧重高等教育人才的培养。接受大学教育能够有效缩小低收入家庭与高收入家庭子代之间的收入差距，报考高层次大学是贫困家庭打破贫困代际传递的重要途径(Raj et al.，2020)[195]。

二是研究教育收益率异质性对子代收入差距的影响。在劳动力市场上，除了自致性因素发挥作用外，家庭社会经济背景等因素也有一定影响，即使具有相同的学历水平，若家庭经济背景不同，获得的就业选择机会也不同，从而造成子代收入的不平等(Björklund et al.，2009)[185]，存在教育收益率异质性的现象。造成教育收益率异质性的原因有多种，一些学者认为，父代拥有的社会经济资源会影响子代的认知与非认知能力、就读学校质量等，从而使得子代在校接受教育的经济价值有所不同。当存在家庭经济约束时，处于劣势地位的家庭可能会降低子女教育质量，间接影响子女的教育回报率(Deschenes，2007)[186]。有些学者认为，处于劣势地位的家庭的教育回报率反而更高(Card and Alan，1992)[187]，这是由于家庭会选择边际收益等于边际成本情况下的受教育水平，贫困家庭子女的高教育收益率实际源于其高边际教育成本或者强经济约束(Card，2001)[188]。也有学者认为，教育收益率与中国收入不平等变迁之间的关系表现为倒"U"形，经济制度转轨促使教育收益率上升时，教育层次间收益率差异拉大了贫富差距，但高等教育的持续扩张，使得教育收益率下降(周金燕和钟宇平，2010)[189]。教育的回报率受家庭背景、家庭社会经济状况等环境影响而存在异质性，家庭背景的解释力下降，年轻出生组的教育回报率缩小了代际收入差距（陈晓东，2021[190]；候玉娜，2020[191]）。

（3）文献述评。

首先，关于教育的测度，学术界多采取两种方法：第一种是绝对教育测量法，该方法主要依据受教育年限或最高学历水平来直接比较代际教育差异。鉴于我国教育体系经历了多次重大变革，包括高考制度的取消与恢复以及高等教育的扩张，人均受教育水平有了显著提高，教育因素一定程度上削弱了代际收入流动性（杨沫和王岩，2020）[192]。但教育对代际收入流动的影响正逐渐减弱（袁青青等，2022）[193]，教育回报率呈现出下降趋势，即存在学历贬值现象（方长春，2019）[194]，显然，这种方法在进行不同出生队列教育的跨代比较时存在局限性。第二种是采取相对教育测量法，将人群划分为若干出生组，根据教育的经济价值将教育年限分为若干层次，由此形成相对教育指标，跨代相对教育位置的变化称为教育代际流动（Gugushvili et al.，2019）[195]。该测量方法不仅能够揭示代际教育水平所蕴含的真正经济价值，而且使得教育代际流动对子代社会经济地位获取的影响具有跨期可比性。本书将结合我国经济制度、教育制度及生育政策等因素，将数据样本分成五个出生组，刻画不同出生队列的相对教育，测算代间的相对教育流动。

其次，从研究方法来看，研究教育对子代收入差距的影响多采用反事实分解法、中介效应分析法及方差分解法等。本书主要采用反事实分解法，在此不再赘述其他方法。反事实分解法可应用于代际收入流动的不同维度以及不同效应的分解，其研究基本思路是：通过未实际发生的条件，来推理研究对象在“反事实”情况下的可能结果。例如，在调查样本中，我们只能得到相对贫困家庭和富裕家庭实际的受教育水平和最高学历水平，可以通过反事实构建，即假设相对贫困家庭拥有富裕家庭的受教育水平，子代收入分布的变化情况，以此分解子代收入差距中教育的作用。Markandya（1982）首次使用反事实分解法，将代际收入流动性分解为排序流动和结构流动[196]；Kerm（2004）进一步将结构流动分解为增长流动与离散流动[197]。后有学者从整体情况、性别差异、城乡差异、阶层差异等多个角度，运用反事实分析法分解了代际收入流动的传递机制（刘李华和孙早，2022[198]；霍雨佳和刘泽琦，2023[199]；等等），但多用子代收入均值衡量子代贫富差距。本书在此基础上，运用 RIF 分解法，测算了相对教育对子代收入的均值、方差、基尼系数、分位数比以及最富有的 10%人群所占收入份额等分布函数的贡献率。

7.3 理论基础及研究假设

（1）相对教育及教育代际流动对子代收入的影响。

本书借鉴 Gugushvili 等（2019）做法，依据个体在同期人群中的相对位置将相对教育分为低、中、高三个等级[195]，并把父代与子代归入相应的相对教育等级中，根据教育代际流动方向不同，教育代际流动可分为：劣势积累型（低等教育稳定）、教育代际向下流动、中等教育稳定、教育代际向上流动和优势积累型（高等教育稳定）。

不同的教育代际流动类型背后，意味着子代初次进入劳动力市场时，其社会资源的代际积累程度存在差异。当代际劣势资源积累较多时，子代的就业上升通道受阻，进而影响其获取高收入的能力；而代际优势资源积累越多，子代在劳动力市场上拥有的社会资源越丰富，子代就业机会越多，从而收入水平越高。具体而言，当子代教育劣势积累时，资源积累状况最差，子代在劳动力市场中处于不利地位，收入水平下降；教育代际向下流动表现为“优势中断型”，子代整合父辈优势资源的能力较弱，但仍在一定程度上受益于父辈的资源，因此收入下降速度较缓；中等教育稳定介于优劣势之间，子代继承了父辈的中等教育资源，既不明显处于劣势也不明显处于优势，作为其他组的对照组；教育代际向上流动表现为“劣势突破型”，克服了父辈资源不足的限制，通过个人努力获得了高等教育机会，从而在劳动力市场上获得更好的就业机会，收入水平有所提升；当子代教育优势积累时，子代获取高等教育的同时，还继承了父辈的优势资源，“双重叠加优势”使其在劳动市场上占据最有利地位，收入增长最快。基于以上分析，提出以下研究假设：

H7-1：相对教育水平的提高，能提升个体的人力资本水平，从而促进子代收入水平的提高；但当教育劣势积累及代际向下流动时，子代收入将呈下降趋势，且劣势积累型下降速度更快；而当教育代际向上流动和优势积累时，子代收入呈现上升趋势，且优势积累型上升速度更快。

(2)相对教育对子代收入差距的反事实分解。

为了分解相对教育对相对贫困家庭与富裕家庭子女收入差距的影响，将子代收入差距分为两部分：一是在教育投资阶段，由于家庭经济约束导致子代教育获得水平上的差异对子代收入差距的影响；二是在教育回报阶段，由于家庭社会地位差异导致子代教育收益率上的异质性对子代收入差异的影响。

相对贫困家庭更容易受家庭经济条件的限制，教育代际向下流动及劣势积累的可能性更高，导致子代人力资本获得水平较低，使其在劳动力市场上处于不利地位，从而子代的收入水平更低。而富裕家庭不易受家庭经济条件的限制，教育代际向上流动和优势积累的可能性更高，子代能够获得优质的教育，在劳动力市场上处于较有利的位置，因此能获得更高的收入。同时在劳动力市场上，存在“人格化交易”和“有限准入秩序”[200]，使得富裕家庭子女更容易受家庭背景的庇护，能拥有更好的就业机会，获得更高的收入，这种教育收益率异质性导致子代收入差异拉大。基于以上分析，提出以下研究假设：

H7-2：加大相对贫困家庭的教育投资对阻隔相对贫困代际传递、防止脱贫群体大规模返贫具有显著效果，但在劳动力市场上仍存在机会不平等问题，相对贫困家庭的教育回报率低于富裕家庭，收入差距出现代际传递现象。

本部分将教育代际流动分为三部分，分别是教育代际向下流动、教育代际资源积累及教育代际向上流动，其中，代际资源积累包括劣势积累型、中等教育稳定及优势积累型。

当教育代际向下流动时，子代存在人力资本获得不足的情况，使其在劳动力市场上面临更多不确定性，但家庭背景庇护仍然能发挥一定作用，是造成子代贫富代际传递的主要原因；当教育代际积累时，子代复制父代劣势/优势资源，家庭经济约束对子代教育投资差异的影响不显著，只是在劳动力市场上仍存在机会不均等现象，使得子代贫富差距拉大，但教育在一定程度上缓解了收入不平等，表现为受教育水平越高，就业质量越高；当教育代际向上流动时，子代打破父代劣势资源的束缚，加大教育投资，缩小了收入差距，在劳动力市场上，高学历使得子代获得了较好的就业岗位，家庭背景庇护不再是造成子代收入差距的主要原因。基于以上分析，提出以下研究假设：

H7-3：当教育代际向下流动时，相对教育投资缩小了收入差距，家庭背景的庇护是造成子代贫富差距的原因；当教育代际积累时，相对教育投资不显著，教育收益率差异缩小了子代收入差距；教育代际向上流动时，相对教育投资缩小了收入差距，教育收益率差异不显著。

(3)相对教育对子代收入差距的动态效应。

相对教育对子代收入差距的动态效应主要通过出生队列效应得以体现。出生队列效应可以刻画不同时期家庭代际资源传递对劳动者收入获得所产生的影响。当前，结合数据的可得性，可将劳动力市场的主要受雇群体分为五个出生队列组，即1950—1959年出生(50后)、1960—1969年出生(60后)、1970—1979年出生(70后)、1980—1989年出生(80后)及1990年以后出生(90后)的人群。

子代人群分布在70后、80后及90后，这三个出生队列组进入劳动力市场时面临的环境不同。70后在市场经济确立初期(1992年)进入劳动力市场，劳动就业制度由“内招”“接班”等庇护性人事制度向市场化的劳动人事制度过渡，教育获得未充分发挥其信号与筛选功能，使得低教育获得者及教育代际向下流动者也获得较好的就业岗位，所以，非市场化的“人格化交易”在一定程度上缓解了子代收入差距。70后的父辈间的收入差距较小，对子代的教育投资差异较小，对于70后而言，教育投资差异不是造成子代收入差异的原因。80后在经济体制改革深入期(2001年以后)进入劳动力市场，劳动人事制度逐步确立，但受经济发展阶段影响，在教育投资阶段，由于信贷市场不完备，教育获得受家庭经济条件约束，与富裕家庭相比，相对贫困家庭教育投资不足是造成子代收入差距的主要原因；在教育回报阶段，家庭背景对子代就业的影响力减弱，平均主义的收入分配倾向被打破，就业环境市场化使高等教育获得者及教育向上流动者获得了较好的工作岗位，缓解了相对贫困代际传递。90后在劳动人口老龄化阶段(2013年左右)进入劳动力市场，出现了劳动力市场结构的变化和制度的完善共存的现象。在教育投资阶段，家庭经济对教育投资的约束减弱，教育投资的增加缩小了子代收入差距；在教育回报阶段，教育回报率的提升加剧了教育层次间收入回报的差异，从而拉大了子代间收入差距。基于以上分析，提出以下研究假设：

H7-4：关于子代的收入差距，70后相对教育的投资差异不显著，且教育回报率缩小了子代收入差距；80后教育投资差异导致了子代收入差距，而教育回报率则缩小了这种差距；90后教育回报率差异导致了子代收入差距，教育投资差异缩小了子代收入差距。

新中国成立以后，居民的生育意愿较高，政府采取了较宽松的生育政策，70后多有兄弟姐妹，存在家庭教育资源竞争的现象，加上劳动用人制度的不完善等原因，相对教育对劳动者就业选择的影响较弱。80后、90后由于受计划生育政策的影响，农村独女户可生育二胎，城镇家庭多是独生子女。相对于多孩家庭，二孩家庭资源竞争压力变小，相对教育投资增加，缩小了代际收入差距，但教育收益率的上升又拉大了收入差距；对独生子女家庭而言，家庭教育资源不存在竞争问题，教育投资差异较小，然而相对教育不再是缓解子代间收入差距的主要因素，家庭背景及教育收益率的异质性仍是导致子代收入差距的主要原因。

H7-5：当子代有两个及以上兄弟姐妹时，相对教育对子代收入差距的影响不显著；当子代有一个兄弟姐妹时，教育投资缩小了收入差距，教育收益率差异则会拉大收入差距；当子代是独生子女时，教育投资对子代收入差距无显著影响，但教育收益率的异质性会导致子代收入差距拉大。

7.4 模型构建及统计性分析

7.4.1 模型构建

(1)明瑟收入方程。

$$\ln Y_i = \alpha + \beta_1 Edu_i + \beta_2 Exp_i + \beta_3 Exp_i^2 + \varepsilon_i \tag{7.1}$$

其中，$\ln Y_i$ 为子代收入的自然对数，Edu_i 为个体相对教育水平，Exp_i 为工作经验，Exp_i^2 为工作经验的平方，ε_i 为随机扰动项。

本书基于基础模型，加入其他控制变量，将模型进一步扩展为

$$\begin{aligned}\ln Y_i = & \beta + \beta_1 Edu_i + \beta_2 Exp_i + \beta_3 Exp_i^2 + \beta_4 Gender + \beta_5 Marriage + \\ & \beta_6 Bmi + \beta_7 Party + \beta_8 Within + \beta_9 Region + \varepsilon_i \end{aligned} \tag{7.2}$$

其中，*Gender* 为性别；*Marriage* 为是否结婚；*Bmi* 为身体健康指数；*Party* 为是否具有党员身份；*Within* 表示工作单位性质是否为体制内，具体来说，如果工作单位性质为政府部门/党政机关/人民团体、事业单位及国有企业为体制内，否则为体制外；*Region* 为出生地区，主要分为东部、中部、西部以及东北地区。

(2)再中心化影响函数。

本书利用再中心化影响函数(Recentered Influence Function，RIF)，主要用于衡量样本中解释变量 x 的某一处微小变化对统计量 v 的无条件局部效应(UPE)，可用于探究分配不平等性、代际差异的构成因素。Firpo、Fortin 和 Lemieux(2009)[201] 借用稳健估计(Robust estimation)中影响函数(Influence function)的基本概念，构建无条件分位数偏效应(Unconditional Quantile Partial Effects，UQPE)：

$$\begin{aligned} IF\{y_i,\ v(F_y)\} &= \lim_{\varepsilon \to 0} \frac{v\{(1-\varepsilon)F_y + \varepsilon H_{y_i}\} - v(F_y)}{\varepsilon} \\ &= \frac{\partial F_y \to H_{y_i}}{\partial \varepsilon} \end{aligned} \tag{7.3}$$

$$RIF\{y_i,\ v(F_y)\} = IF\{y_i,\ v(F_y)\} + v(F_y) \tag{7.4}$$

其中，F_y 是 y 的原始分布，y 是仅在 H_{y_i} 处取值的一个分布，$v(F_y)$ 即为相应的统计量，如均值、方差、第 q 分位数及不平等指数等。

RIF 回归假设 $RIF\{y_i, v(F_y)\}$ 和解释变量 x 存在线性关系，在此假设下，RIF-OLS 回归模型解释变量微小的变化对 $v(F_y)$ 分布的影响。与 OLS 模型不同的是，RIF-OLS 回归模型对每个观测值 y_i 使用 $RIF\{y_i, v(F_y)\}$ 做被解释变量：

$$RIF\{y_i, v(F_y)\} = X'\beta + \varepsilon_i, \ E(\varepsilon_i) = 0 \tag{7.5}$$

根据前文分析，RIF-OLS 回归模型可以写为

$$RIF\{y_i, v(F_y)\} = \alpha + \beta_1 Edu_i + \beta_2 Exp_i + \beta_3 Exp_i^2 + \beta_4 Gender + \beta_5 Marriage + \beta_6 Bmi + \beta_7 Within + \beta_8 Region + \varepsilon_i \tag{7.6}$$

(3) RIF 反事实分解。

是什么原因导致子代收入差异？本书借鉴收入不平等研究中的“反事实”分解技术，借助 Oaxaca-Blinder(OB) 分解，能够得到两组不同收入群体的收入均值的特征效应(教育投资差异)和系数效应(教育收益率差异)，结合 RIF 回归的性质，可得

$$v_l = E[RIF\{y_i, v(F_{y|T=l})\}] = \overline{X_l}'\hat{\beta}_l \tag{7.7}$$

$$v_h = E[RIF\{y_i, v(F_{y|T=h})\}] = \overline{X_h}'\hat{\beta}_h \tag{7.8}$$

$$v_c = \overline{X_h}'\hat{\beta}_l \tag{7.9}$$

其中，v_l 是相对贫困家庭的统计量，v_h 是富裕家庭的统计量，v_c 是反事实组的统计量，表示假设相对贫困家庭拥有富裕家庭特征时的统计量。由于反事实分布 $F^c_{y|x}$ 的结果和特征分布不能被直接观察且如果遗漏变量将导致模型设定存在偏误，v_c 的估计结果不准确，故使用贝叶斯法则，用观测到的特征分布 $dF_{y|T=h}$ 乘以因子来获得反事实分布的近似值：

$$F^c_{y|x} = \int F_{y|T=h} dF_{y|T=l} \cong \iint F_{y|T=h} dF_{y|T=h} \omega(X) \tag{7.10}$$

其中，$\omega(X)$ 为重加权因子，可由 Logit 模型来估计，由此反事实组统计量估计值为

$$v_c = E[RIF\{y_i, v(F^c_{y|x})\}] = \overline{X_c}'\hat{\beta}_c \tag{7.11}$$

子代收入差距统计量的 RIF 分解如下：

其中，第一项是纯系数效应；第二项是由于分配权重调整造成的误差，大样本中应趋于 0；第三项是纯特征效应；第四项是由于模型设定造成的误差。第一、第二项之和为系数效应，第三、第四项之和为特征效应。

7.4.2 数据说明与统计性分析

为了分析人力资本对子代收入差距的影响及作用机制，本部分将样本分为相对贫困家庭样本和富裕家庭样本，具体做法是使用 CPI 指数将家庭收入调整至 2010 年水平，根据 2010 年贫困标准，删除家庭收入每人每年低于 2300 元的样本，保留父亲收入低于 25%分位的个体为相对贫困家庭，选取父亲收入高于 75%分位的个体为富裕家庭。

关于构造相对教育变量，首先，依据年龄划分出生组，受访者父亲最早的出生年份是 1950 年，受访者最晚的出生年份是 2004 年，每十年划分一个年龄组。鉴于 00 后样本数量较少且就业时未发生重大制度变迁，故将其与 90 后数据合并。其次，根据前文分析，结合教育体制变迁，现将父亲及子女的教育划分为低、中、高三档，形成相对教育变量，使教育跨年龄可比。具体划分标准见表 7-1。

表 7-1 出生组及相对教育分布情况

最高学历	出生年份				
	1950—1959	1960—1969	1970—1979	1980—1989	1990—2004
文盲/半文盲	低	低	低	低	低
小学	低	低	低	低	低
初中	中	中	中	低	低
高中/职高等	高	高	中	中	中
大专	高	高	高	中	中
大学本科及以上	高	高	高	高	高
低(%)	41.32	38.64	44.91	43.64	43.69

续表

相对教育占比	出生年份				
	1950—1959	1960—1969	1970—1979	1980—1989	1990—2004
中(%)	33.96	41.60	49.91	38.39	46.17
高(%)	24.72	19.76	5.18	17.97	10.15
样本量	4402	9312	2661	7837	7609

根据式(7.2)，选取以下变量：子代收入：2010—2020年过去12个月所有工作的税后工资性收入总和的均值；通过交叉分类法，将教育代际流动划分为五种类型，分别为劣势积累型、向下流动型、中等教育稳定型、向上流动型及优势积累型；工作经验：当个人受教育年限≤10时，工作经验等于年龄减16，当个人受教育年限>10时，工作经验等于年龄减受教育年限再减6；健康状况：采用身体质量指数(BMI)表示；工作单位性质：工作单位为政府部门/党政机关/人民团体、事业单位、国有企业为体制内，其他类型为体制外；所在区域：分为东部、中部、西部及东北部地区，取值分别为3、2、0、1，其中西部地区为参照。

表7-2 主要核心变量赋值及样本均值

变量	总样本	相对贫困家庭	富裕家庭	变量说明
收入(元)	28058.47	14336.46	41014.23	
收入对数	9.7790	9.1076	10.2955	
相对教育	1.7082	1.4425	1.9724	取值范围[1, 3]
教育代际流动	-0.4173	-0.8777	-0.04217	取值范围[-2, 2]
劣势积累型(-2)(%)	23.09	38.62	13.34	
向下流动型(-1)(%)	28.92	26.65	25.36	
中等教育稳定型(0)(%)	19.13	13.42	22.25	
向上流动型(1)(%)	23.98	20.31	29.57	
优势积累型(2)(%)	4.88	1.00	9.47	
性别	0.6585	0.6913	0.6477	男=1，女=0
城乡分类	0.5149	0.3585	0.6753	城镇=1，乡村=0
工作经验	7.3199	8.4462	6.7274	取值范围[0, 28]

续表

变量	总样本	相对贫困家庭	富裕家庭	变量说明
婚姻状况	0.4480	0.5183	0.4089	未婚=0，其他=1
健康状况	21.8361	21.6380	21.9508	
单位性质	0.1909	0.1169	0.2625	体制内=1，体制外=0
所在区域	1.7160	1.2551	2.0109	取值范围[0，3]

从表 7-2 可以看出，相对贫困家庭子代收入均值仅有 14336.46 元，约是富裕家庭的 1/3；相对教育均值为 1.4425，低于富裕家庭的 1.9724；从教育代际流动分布频率来看，相对贫困家庭子代教育劣势积累型和向下流动型所占比例高于富裕家庭，而中等教育稳定型、向上流动型及优势积累型所占比例低于富裕家庭，相对贫困家庭的代际优势资源积累较弱；从城乡分类来看，相对贫困家庭多集中于乡村；与富裕家庭相比，相对贫困家庭子女教育获得水平不足，更早进入劳动力市场，但进入体制内工作的比例较少。

7.5 实证结果及分析

(1) 相对教育及教育代际流动对子代收入的影响。

为了探讨相对教育及教育代际流动对子代收入的影响，表 7-3 使用分位回归模型对相对贫困家庭及富裕家庭进行了估计。模型(1)、模型(2)估算了相对教育对子代收入的影响，模型(3)及模型(4)以中等教育稳定型为参照项，估算了不同类型的教育代际流动对子代收入的影响。

表 7-3　相对教育及教育代际流动对子代收入的影响

变量	相对贫困家庭	富裕家庭	相对贫困家庭	富裕家庭
相对教育	0.286*** (0.0259)	0.289*** (0.0133)		
劣势积累型			−0.264*** (0.0450)	−0.243*** (0.0240)

续表

变量	相对贫困家庭	富裕家庭	相对贫困家庭	富裕家庭
向下流动型			-0.211*** (0.0413)	-0.167*** (0.0230)
向上流动型			0.144*** (0.0403)	0.138*** (0.0228)
优势积累型			0.194*** (0.0734)	0.310*** (0.0431)
工作经验	0.282*** (0.0160)	0.0887*** (0.00617)	0.286*** (0.0128)	0.0970*** (0.00619)
工作经验的平方	-0.0119*** (0.000758)	-0.00354*** (0.000322)	-0.0123*** (0.000600)	-0.00407*** (0.000327)
性别	0.248*** (0.0320)	0.232*** (0.0195)	0.226*** (0.0301)	0.206*** (0.0187)
城乡分类	0.159*** (0.0333)	0.133*** (0.0173)	0.192*** (0.0277)	0.160*** (0.0151)
婚姻状况	0.0623* (0.0332)	0.00982 (0.0204)	0.0632* (0.0343)	0.0153 (0.0196)
健康状况	0.0138*** (0.00415)	0.00726*** (0.00227)	0.0166*** (0.00393)	0.0102*** (0.00260)
单位性质	0.328*** (0.0321)	0.102*** (0.0233)	0.398*** (0.0278)	0.142*** (0.0210)
东北地区	0.0742 (0.0590)	-0.0205 (0.0303)	0.110* (0.0650)	-0.0116 (0.0254)
中部地区	0.187*** (0.0464)	0.0458* (0.0247)	0.220*** (0.0384)	0.0644*** (0.0220)
东部地区	0.504*** (0.0414)	0.246*** (0.0215)	0.525*** (0.0377)	0.264*** (0.0216)
常数项	6.743*** (0.115)	9.096*** (0.0551)	7.213*** (0.108)	9.540*** (0.0618)
样本量	12244	12244	12104	12104

注：括号内为稳健标准误，***代表 $p<0.01$，**代表 $p<0.05$，*代表 $p<0.1$。

从相对教育回归系数来看，相对教育对子代收入水平的影响系数显著为正，相对贫困家庭子代的回报率为 28.6%，富裕家庭子代的回报率为

28.9%。从教育代际流动回归系数来看，相对于中等教育稳定型，劣势积累型和向下流动型的子代在劳动力市场上积累优势资源的程度较弱，特别是教育代际劣势积累型，子代教育获得水平不足，叠加了父代劣势教育资源，使得劳动者处于最不利地位；而向下流动型子代虽中断了父代人力资本上的优势，家庭资源的庇护不足以弥补个体人力资本的相对不足，但家庭优势教育资源提高了个体综合素质，增加了子代的就业选择，减缓了子代收入下降的速度。与之相反，向上流动型和优势积累型能更好地整合优势资源，尤其是优势积累型，良好的教育水平叠加父代优势资源，使其在劳动力市场上获得最有利的地位，子代收入提升最快；而向上流动型对子女收入水平有正向影响，验证了自致性的人力资本获得比依靠家庭背景的教育代际向下流动型甚至是中等教育稳定型更能提高子代收入水平。该结果证明，如果低等教育及中等教育家庭子女能获得良好的教育，就能促进劳动者获得更高水平的收入，摆脱相对贫困代际传递。实证结果验证了 H7-1。

进一步地，相对贫困家庭的劣势积累和代际向下流动对子代收入的负向冲击大于富裕家庭（$|-0.264|>|-0.243|$，$|-0.211|>|-0.167|$），这说明在面临同等不利境遇时，家庭社会经济背景庇护使子女收入下降速度减缓；教育代际向上流动时，自致性因素打破了家庭背景的束缚，甚至相对贫困家庭的教育收益率要高于富裕家庭，但当发生教育优势积累时，富裕家庭的“双重叠加”效应更显著，这是由于富裕家庭子女的非认知能力、先赋因素等社会经济资源优于相对贫困家庭。至此可以推演出，加大教育投资可以提升子代收入，但在劳动力市场上仍存在机会不公现象，使得教育收益率存在异质性。要预防脱贫群体大规模返贫，关键在于推动教育代际向上流动。

（2）教育对子女收入差距影响的 RIF 反事实分解。

为了进一步测算相对教育对子代收入差距的影响，本书运用 RIF 反事实分解法①，利用可观测的相对贫困家庭和富裕家庭相对教育水平和教育回报率，通过假定相对贫困家庭拥有富裕家庭子代的相对教育水平，构建

① 主要借鉴 Fernando（2020）[202] 的 oaxaca_rif 命令。

反事实函数，分解子代间的收入差距。具体结果如表 7-4 所示，RIF 统计量主要采用了子代收入对数的均值、方差、基尼系数、最富裕的 10%人群占总收入的比重及 90-10 分位距等指标。为了使抽样数据更具有代表性，本部分使用标准化的个人横截面权数对样本数据进行了调整，并用 Logit 模型对重加权因子进行了估计。另外，特征效应及系数效应的符号具有政策含义，如果符号与总差距符号相同，说明相对教育具有扩大收入代际差距传递的作用；如果符号与总差距不同，说明相对教育具有阻隔收入差距代际传递的作用。

表 7-4　子代收入差距的 RIF 反事实分解

效应分解	mean	var	gini	ucs(90)	iqr(90，10)
相对贫困家庭	8.776*** (0.0426)	1.463*** (0.0758)	0.0762*** (0.00231)	0.120*** (0.000744)	3.128*** (0.0979)
反事实组	8.801*** (0.0449)	1.629*** (0.0799)	0.0810*** (0.00230)	0.122*** (0.000830)	3.422*** (0.0992)
富裕家庭	9.939*** (0.0173)	1.256*** (0.0442)	0.0571*** (0.00109)	0.114*** (0.000214)	2.435*** (0.0626)
总差距	-1.163*** (0.0460)	0.207** (0.0878)	0.0191*** (0.00256)	0.00669*** (0.000775)	0.693*** (0.116)
特征效应	-0.0251 (0.0619)	-0.166 (0.110)	-0.00484 (0.00326)	-0.00203* (0.00112)	-0.294** (0.139)
系数效应	-1.138*** (0.0481)	0.373*** (0.0913)	0.0239*** (0.00254)	0.00872*** (0.000858)	0.987*** (0.117)
纯特征效应	0.0792*** (0.0302)	-0.196*** (0.0547)	-0.00765*** (0.00170)	-0.00279*** (0.000556)	-0.319*** (0.0720)
模型设定误差	-0.104 (0.0684)	0.0304 (0.121)	0.00281 (0.00357)	0.000761 (0.00120)	0.0246 (0.151)
纯系数效应	-0.447*** (0.123)	0.559** (0.231)	0.0279*** (0.00638)	0.0113*** (0.00215)	1.458*** (0.292)
权重分配误差	0.0102* (0.00593)	-0.0415** (0.0186)	-0.00139** (0.000611)	-0.000468** (0.000207)	-0.0766** (0.0328)

注：括号内为稳健标准误，***代表 $p<0.01$，**代表 $p<0.05$，*代表 $p<0.1$。

结果表明，子代收入均值、方差、基尼系数、收入比及分位距等各指标的系数效应[①]显著为正，且对子代收入差距的贡献率分别为：97.85%、180.19%、125.13%、130.34%及142.24%（-1.138/-1.163、0.373/0.207、0.0239/0.0191、0.00872/0.00669及0.987/0.693），说明在劳动力市场上存在代际机会不均等，是子代收入差距拉大的主要原因。具体而言，从子代收入对数均值来看，如果相对贫困家庭子代能获得富裕家庭子代的人力资本水平，那么其收入均值将增加至8.801，相对贫困家庭子代的收入均值比富裕家庭子代少1.163，相对教育投资差异解释了子代间收入差距的-6.81%(0.0792/-1.163)，教育收益率差异解释了子代间收入差距的38.44%(-0.447/-1.163)。从方差、基尼系数、收入比及分位距等指标来看，相对教育对子代收入差距的纯特征效应解释力分别为：-94.69%、-40.05%、-41.70%及-46.03%，而纯系数效应的解释力分别为270.05%、146.07%、168.91%及210.39%。不同指标结果均表明：在人力资本投资阶段，提高子代的相对教育水平能缓解收入差距进一步拉大；而在教育回报阶段，相对贫困家庭的教育回报率低于富裕家庭，教育收益率的异质性是子代收入差距拉大的主要原因。实证结果验证了H7-2。进一步说，相对贫困群体的收入更不稳定，组内收入不平等现象更严重，要解决收入分配不均等问题，更应从相对贫困群体入手，建立防止大规模返贫的长效机制。

表7-5分析了不同教育代际流动类型下，相对教育对子代收入差距的影响。

表7-5 基于教育代际流动的异质性分析

效应分解	代际向下流动	代际资源积累	代际向上流动
相对贫困家庭	8.936*** (0.0920)	8.765*** (0.0580)	8.597*** (0.0876)
反事实组	8.675*** (0.107)	8.868*** (0.0690)	8.791*** (0.0879)

① 特征效应包含纯特征效应及模型设定误差，系数效应包含纯系数效应和权重分配误差，为了节约篇幅，仅保留了相对教育的纯特征效应、模型设定误差、纯系数效应及权重分配误差，删掉了其他变量及常数项的相关效应系数。

续表

效应分解	代际向下流动	代际资源积累	代际向上流动
富裕家庭	9.957*** (0.0310)	9.859*** (0.0268)	10.06*** (0.0337)
总差距	-1.021*** (0.0971)	-1.094*** (0.0639)	-1.465*** (0.0939)
特征效应	0.261* (0.141)	-0.103 (0.0901)	-0.194 (0.124)
系数效应	-1.282*** (0.111)	-0.991*** (0.0740)	-1.271*** (0.0941)
纯特征效应	0.202* (0.103)	0.0252 (0.103)	0.0686* (0.0391)
模型设定误差	0.0729 (0.170)	-0.123 (0.104)	-0.130 (0.134)
纯系数效应	-1.265*** (0.306)	0.430** (0.207)	0.0667 (0.478)
权重分配误差	-0.0307 (0.0404)	-0.0361** (0.0170)	0.00461 (0.0110)

注：括号内为稳健标准误，***代表 $p<0.01$，**代表 $p<0.05$，*代表 $p<0.1$。

从特征效应和系数效应系数来看，系数效应是子代收入差距的主要原因(-1.282/-1.021、-0.991/-1.094、-1.271/-1.465)，即在劳动力市场上存在“有限准入秩序”和“市场非人格化交易”等机会不均等现象。具体而言，当教育代际向下流动时，子代收入差距均值为-1.021，相对教育对收入不平等的纯特征效应贡献率为 19.78%(0.202/-1.021)，相对教育投资缩小了子代收入差距；而纯系数效应贡献率为 123.90%(-1.265/-1.021)，相对教育收益率的异质性是造成子代收入差距的主要原因。当教育代际积累时，相对教育的纯特征效应不显著，纯系数效应贡献率为-39.31%(0.430/-1.094)，即在教育回报阶段，教育收益率缩小了收入差距，子代收入差距主要是其他个体特征因素的系数效应引起的，如工作单位性质、工作经验等。当代际向上流动时，相对教育的纯特征效应贡献率为-4.68%(0.0686/-1.465)，自致性因素对就业机会的影响打破了家庭背景的束缚，纯系数效应不显著。实证结果验证了 H7-3。

(3)相对教育对子女收入差距的动态效应。

表7-6测算了在教育制度变迁和生育政策变化过程中，相对教育对70后、80后及90后子代收入差距的动态效应。

表7-6 基于出生组及同胞数量的异质性分析

效应分解	70后	80后	90后	多孩	二孩	一孩
相对贫困家庭	8.942*** (0.167)	9.063*** (0.0648)	8.463*** (0.0575)	8.767*** (0.0667)	8.755*** (0.0601)	8.860*** (0.133)
反事实组	8.141*** (0.252)	9.421*** (0.0692)	8.532*** (0.0559)	8.795*** (0.0616)	8.803*** (0.0643)	8.544*** (0.140)
富裕家庭	10.11*** (0.0708)	10.15*** (0.0199)	9.536*** (0.0304)	9.895*** (0.0374)	9.845*** (0.0285)	10.07*** (0.0263)
总差距	-1.170*** (0.182)	-1.092*** (0.0678)	-1.073*** (0.0651)	-1.127*** (0.0765)	-1.090*** (0.0665)	-1.205*** (0.136)
特征效应	0.801*** (0.303)	-0.358*** (0.0948)	-0.0689 (0.0802)	-0.0278 (0.0908)	-0.0484 (0.0880)	0.315 (0.193)
系数效应	-1.971*** (0.262)	-0.734*** (0.0720)	-1.004*** (0.0636)	-1.100*** (0.0721)	-1.042*** (0.0703)	-1.521*** (0.142)
纯特征效应	-0.0169 (0.0348)	-0.252*** (0.0824)	0.116*** (0.0312)	-0.00415 (0.0474)	0.132*** (0.0364)	0.0128 (0.0828)
模型设定误差	0.818*** (0.290)	-0.105 (0.121)	-0.185** (0.0766)	-0.0236 (0.102)	-0.181** (0.0921)	0.303 (0.210)
纯系数效应	5.713*** (0.776)	0.608*** (0.169)	-0.532*** (0.141)	-0.0830 (0.177)	-0.321* (0.178)	-2.053*** (0.341)
权重分配误差	-1.831*** (0.328)	0.0137 (0.0240)	0.00781 (0.0270)	-0.00308 (0.00620)	0.00302 (0.00924)	0.0586 (0.0645)

注：括号内为稳健标准误，***代表 $p<0.01$，**代表 $p<0.05$，*代表 $p<0.1$。

从不同出生组间的动态效应来看，劳动力市场上的代际机会不平等仍是子代收入差距的主要原因。具体来看，70后相对教育的投资差异不显著，纯系数效应的贡献率是-488.29%(5.713/-1.170)，即在教育回报阶段，教育收益率缩小了子代收入差异；80后相对教育的纯特征效应的贡献率是23.08%(-0.252/-1.092)，教育投资差异是80后收入差距的原因之一，纯系数效应的贡献率是-55.68%(0.608/-1.092)，在劳动力市场上，教育收益率的提高在一定程度上缓解了子代收入差距；对90后而言，相对教育的纯特征效应的贡献率为-10.81%(0.116/-1.073)，教育投资缩小了代际收入差距，而纯系数效应的贡献率为49.58%(-0.532/-1.073)，教育收益率的异质性造成了子代收入差距。教育对子代收入差距的影响存在异质性，这主要和我国的经济发展阶段、教育政策变化及劳动力市场用人制度等制度变迁相关，实证结果验证了H7-4。

按照同胞数量分解子代收入差距时发现，子代特征效应不显著，劳动力市场上系数效应对多孩、二孩及一孩的解释力分别为112.70%、95.60%及126.22%。当父代有三个及以上孩子时，相对教育对子代收入差距无显著影响；当父代有两个孩子时，相对教育纯特征效应的解释力是-12.11%，纯系数效应的解释力是29.45%，即相对教育投资能缩小子代收入差距，教育收益率异质性能扩大子代收入差距；当父代仅有一个孩子时，教育投资无明显差异，教育收益差异解释了子代收入差距的170.37%(-2.053/-1.205)，实证结果验证了H7-5。

7.6 小结

教育是阻断收入代际传递、预防相对贫困群体大规模返贫的关键因素。教育能促进相对贫困家庭子女收入的提高，与中等教育稳定相比，尽管教育劣势积累和代际向下流动都不利于子代收入增长，但教育代际向下流动受家庭资源的庇护，能缓解子代收入向下流动的速度；教育代际向上流动以及优势积累均有助于促进子代收入的提升。在教育优势积累的过程中，“双重叠加”效应会加速代际收入向上流动的速率。与富裕群体相比，相对贫困群体的认知能力、非认知能力及先赋因素等社会经济资源水平相对较低，这导致教育代际流动对相对贫困家庭的劣势效应更大，而优势效应更小。教育扶贫是解决相对贫困问题的根本途径，当务之急是防止相对贫困群体教育代际向下流动和教育劣势积累。

通过对子代收入均值、方差、基尼系数等指标进行反事实分解，发现系数效应对子代收入差距的解释力度显著且大于特征效应，这表明子代收入不平等主要是由代际机会不公导致的。其中，教育收益率异质性对子代收入均值和基尼系数的贡献率分别是38.44%和146.07%；而增加教育投资，会使得子代收入均值增长6.81%，基尼系数下降40.05%。相对教育在教育投资阶段发挥的正向效果低于其在教育回报阶段的负向影响，要充分发挥教育阻隔代际相对贫困传递的作用，既要在教育投资阶段打破教育起点不公平，也要在教育回报阶段清除家庭社会经济资源对子代的不利影响。

教育对子代收入差距的影响具有动态性。具体来说，教育投资差异对70后的影响不显著，却是80后子代收入差距的主要原因，是90后缩小收入差距的因素之一。教育收益率差异缩小了70后和80后的收入差距，但却成为90后收入差距拉大的原因之一。这主要与我国的制度变迁有关。70后兄弟姐妹较多，虽然面临着较强的家庭经济约束，但父代收入差距较小，教育投资差异也不显著，此外，他们在市场经济初期进入劳动力市场，当时用人制度尚不完善，兄弟姐妹之间可以互帮互助，加上家庭背景的庇护，使得中、低教育获得者也能获得较高层级的工作岗位。80后的父代经历了改革开放时期，在教育投资阶段，信贷市场的不完善加上父代经济条件的差异，导致相对贫困家庭和富裕家庭的教育水平存在较大差异，成为子代收入不平等的重要原因。随着劳动力市场用人制度的市场化以及1999年的高校扩招，使得劳动者接受高等教育的比例有所上升，高等教育获得者及教育向上流动者获得了较好的工作岗位，在一定程度上缓解了子代收入差距。随着我国社会经济的发展及公共政策对教育投资力度的加大，90后子代受教育程度的提高缩小了其收入差距，但是随着用人制度的市场化，在教育收益率上升的同时拉大了不同教育层次间的收益率差异，扩大了子代的收入不平等。在当前的经济发展阶段，要缩小收入差距，更重要的是解决教育收益率异质性的问题。

面对人口老龄化问题，我国已出台了全面三孩政策，生育孩子数量直接影响家庭教育投资水平及教育收益率。与城镇相比，农村相对贫困家庭的比例更高，且农村生育二孩及三孩的意愿也更强，如果相对贫困人口的生育率走高，将导致我国居民收入差距进一步拉大，这显然和缩小收入差距，促进共同富裕的意愿相违背。为了解决贫富差距并预防大规模返贫现象，第一，生育政策要向中高收入群体特别是中等收入群体及受过高等教育的家庭倾斜，以提升他们的生育意愿；第二，教育政策应更多地倾向于那些父辈教育水平较低、子女众多以及经济相对落后的地区，为此，可以设立针对弱势群体的教育专项基金账户，并提供便捷的信贷通道，以消除相对贫困家庭在教育投资上的经济障碍，从而促进子代的教育公平和均衡发展。

第 8 章

家庭财富对子代收入及劳动供给的影响分析

8.1 引言

《中华人民共和国国民经济和社会发展第十四个五年规划和2035年远景目标纲要》中明确提出了一个宏伟的目标，即“人民生活更加美好，人的全面发展、全体人民共同富裕取得更为明显的实质性进展”。这一目标要求不仅体现了国家对人民福祉的高度重视，也指明了未来一段时期内我国社会发展的方向和重点。在党的二十大报告中，进一步强调了“规范收入分配秩序，规范财富积累机制”的重要性。这表明，为了实现共同富裕的目标，我们必须对收入分配和财富积累这两种机制进行深入的规范和调整。收入分配与财富积累是实现社会公平正义、促进全体人民共同富裕的关键环节，不仅关乎国家的持续繁荣与稳定，更与每位公民的生活福祉息息相关。

贫富分化主要来源于两个维度：首先是初次分配和再次分配过程中所产生的贫富分化问题；其次是财富效应与排斥效应并存，导致优势积累与机会阻隔，进而引发贫富分化(樊佩佩和曾盛红，2022)①。尽管财富与收入之间存在着密切的联系，但贫富分化所涉及的影响因素更为复杂多样，包括但不限于资产的增值、投资回报、遗产继承等。相较于收入分化，这些因素的影响程度存在异质性，故在应对贫富分化问题时，需采取更为精细且有针对性的策略。

本章拟解决两个重要问题：第一，当出现财富差距时，父代对子代的财富馈赠是否使得其子代更倾向于选择较为轻松的职业，抑或选择社会地

---

① 樊佩佩，曾盛红．共同富裕与机会阻隔：贫富分化的驱动机制及其治理[J]．现代经济探讨，2022(12)：18-28.

位更高而非收入更高的职业？第二，在控制子代人力资本水平的条件下，父代对子代的直接财富转移是否会降低子代的劳动供给时间？

8.2 研究综述

关于家庭财富与子代收入的研究在第2章已进行论述，本章不再赘述。本章主要论述家庭对子代就业的影响。

8.2.1 家庭财富对子代职业的影响

关于家庭财富与子代职业地位的关系，有学者从家庭财富存量角度出发，指出财富积累较多的家庭能为子代在劳动力市场上谋得更多优势资源，从而在多方面推动子代就业，如 Duncan 等（1998）[203]、Case 等（2002）[204]以及 Liu 和 Xie（2015）[205]等学者的研究均表明家庭财富有助于提升子代就业能力。家庭财富积累是子代未来职业发展的保障，关乎子代的职业选择、就业前景及求职成功的可能性（郑洁，2004）[206]。Ravazzini 和 Chesters（2018）聚焦于澳大利亚，探究了家庭财富水平和子代受教育程度对子代职业选择产生的影响。研究发现，如同家庭背景所起的作用那样，家庭财富水平较高或子代受教育程度较高时，子代往往更倾向于选择社会声望良好的职业[207]。家庭财富差距不仅影响子代人力资本水平，还会显著影响子代的教育回报率，从而扩大子代收入差距（刘阳阳和王瑞，2017[208]）。由此可见，家庭社会经济地位对子代职业选择行为具有举足轻重的作用（李春玲，2010[209]；李忠路和邱泽奇，2016[210]；吴晓刚，2016[211]；金久仁，2019[212]；等等）。

也有学者从家庭财富流量角度指出，家庭收入对子代劳动供给有显著影响。张世伟等（2011）构建了劳动选择模型，以探究东北城镇居民家庭收入与劳动供给行为的关联。研究显示，劳动者的工作参与度、工作时长、自身工资弹性以及交叉工资弹性，均会随着家庭收入的增加而降低。这意味着低收入家庭的劳动供给，相较于高收入家庭，更容易受到工资变动的影响。此外，研究还发现，房产资产差距的扩大，会进一步加剧家庭财富差距，从而对居民的劳动供给行为产生影响[213]。张巍等(2018)指出，房价上涨会通过“闲暇替代效应”和“生活成本效应”显著提高居民的平均工资水平[214]。此外，Joulfaian 和 Wilhelm(1994)[215]及 Holtz-Eakin 等(1993)[216]认为，家庭财富转移不利于子代劳动供给，子代接受父代遗产后会降低劳动供给。陈敏(2015)用“购房首付是否由父母提供”作为家庭直接财富转移的代理变量分析发现，家庭财富的直接代际转移会使子代倾向于选择更轻松的职业并减少子代的工作时间[217]。

家庭财富的差异会显著影响家庭成员尤其是子代的劳动供给曲线，因此，在探讨子代的劳动供给行为时，有必要对家庭的财富状况进行细致区分。财富积累对子代劳动供给的影响，可以通过替代效应与收入效应来解释，在替代效应的作用下，子代倾向于增加劳动供给；而收入效应则倾向于减少劳动供给。当家庭财富存量处于较低水平时，劳动者往往更看重收入增长所带来的效用，此时，收入增长带来的效用要大于闲暇时间增加带来的效用。为了积累更多的财富，劳动者通常会选择增加劳动供给，即替代效应占据主导地位，超过了收入效应。而当财富存量累积到一定程度，达到劳动者预期的水平后，收入效应便会逐渐凸显，进而超过替代效应(戈艳霞和张彬斌，2018[218])，此时，劳动者会倾向于减少劳动供给，以享受更多的闲暇时光。由此，家庭财富积累对家庭成员的劳动供给具有综合性和动态性的影响(Klasik，2012[219])。

8.2.2 家庭其他特征对子代就业的影响

家庭直接影响子代职业抱负和职业目标的选择，子代往往不愿追求，甚至不愿探索多样化的职业可能性(Guerra and Braungart，1999[220]；Shumba and Naong，2012[221])。除了家庭财富外，其他家庭变量，如父母的职业(周兴和张鹏，2015[222])及家庭背景(金久仁，2009[223]；李忠路和邱泽奇，2016[224])等都会影响子代劳动供给。在家庭背景因素中，父母所处社会阶层(Corak，2006[225])、家庭社会资本(马草原等，2018[226])、家庭年收入和对子代的教育投资(刘俊霞，2008[227])以及子代的成长经历和成长环境

(Lockheed and Fuller，1989[228])等因素均会影响子代就业。尽管我国民主化程度不断提高，劳动力市场不断发展与完善，但家庭背景仍会对子代劳动供给行为产生直接影响(金久仁，2009[223])。Pérez(2006)研究了美国300家上市公司CEO更替过程，发现超过1/3的继任CEO与离任CEO或公司大股东有家族联系[229]。家庭背景较好的子代更易获得在体制内工作的机会，虽然他们更倾向于继续深造或出国留学；而家庭背景较差的子代更倾向于选择去合资企业(邓淑娟等，2012[230])。韦颖(2017)指出，当子代为独生子女且父母受教育程度较高时，子代更倾向于选择去较为发达的城市发展，并对职业起薪抱有更高的期望[231]。郭丛斌和闵维方(2007)认为，中国城镇居民收入存在较为明显的代际传递效应，多数子代依然滞留在与父代相同的收入组群[227]。

此外，由于女性承担着人类再生产的使命，女性青年群体在劳动供给过程中，除受以上因素影响外，还受到家庭其他因素的影响。如张川川(2011)在探究子女数量对已婚女性劳动供给行为的影响时发现，城镇已婚女性会因生育子代使其工作参与、工作收入和工作时长被抑制；非农就业的农村已婚女性会因生育子代而使其工作时长减少，但对非农工作参与和工作收入没有显著影响[232]。邹红等(2018)发现隔代照料会显著促进城镇已婚青年女性的劳动供给，但这种促进作用会随子女数量的增加而减弱[233]。

8.2.3 文献述评

从研究内容上看，我国关于子代就业的研究主要从微观层面入手，关注家庭社会经济地位、家庭背景、父母受教育程度、子代人力资本等因素对子代就业的直接影响。与上述因素相比，国内将家庭财富纳入子代收入及就业研究的文献较少。本书将采用家庭财富转移和家庭净财富两个变量，基于跨期双重选择模型，探讨家庭财富对子代收入、职业选择以及子代劳动供给时间的影响，特别是工作时长的作用，旨在进一步丰富子代就业内涵。

人力资本投资在家庭财富对子代就业的影响方面扮演着关键角色。父母能够将家庭财富的优势转化为对子代优质教育资源的投入，进而影响子代职业选择和劳动供给。本书提出，父母对子代的人力资本投资可视作对子代社会经济地位的间接代际转移，而直接的财富馈赠则可视作对子代社会经济地位的直接代际转移。不论是以间接转移还是直接转移的方式，家庭财富均对子代就业产生深刻影响。因此，本章旨在基于直接财富代际转移的视角，探讨家庭财富对子代收入和就业的影响。

8.3 理论基础及研究假设

父代对子代的经济帮助(如财富转移、现金支持等)在代际收入传递中扮演着重要角色，但其影响机制复杂且可能产生多重效应。基于经济学和行为理论，本章将从“负激励效应”“职业选择偏好”和“劳动供给时间”三个方面展开理论分析，并提出相应的研究假设。

(1)负激励效应。

根据“福利依赖理论”和“激励理论”，父代的经济帮助可能降低子代的经济独立性和工作动机，从而产生所谓的“负激励效应”。这种效应的出现，是由于父代的经济援助在一定程度上削弱了子代通过自己的努力来获取经济收益的动力和必要性。具体机制包括：

替代效应：父代的经济支持可能会减轻子代的经济压力，有助于子代组建新的家庭，但同时也可能削弱子代通过自身努力获取收入的动机，导致子代减少工作努力或降低职业抱负。这种情况下，子代可能会觉得没有必要再像以前那样努力工作，因为即使不那么努力，他们也能从父代那里获得经济上的支持。

风险规避：子代在获得经济支持后，可能更倾向于选择稳定的低收入工作，而非高风险高回报的职业。这是因为有了父代的经济援助，子代在职业选择上可能不再那么注重潜在的高收益，而是更倾向于追求工作稳定性和生活保障，从而避免那些可能带来高收入但同时伴随着较大风险的职业。

据此，提出以下研究假设：

H8-1：父代给予子代经济帮助会带来“负激励效应”，从而降低子代的收入水平。

（2）职业选择偏好。

根据“职业选择理论”和“社会地位偏好理论”，我们可以观察到，在子代的职业选择过程中，父代的经济帮助起到了关键作用。这种经济援助显著影响了子代的职业选择偏好，使他们更倾向于选择社会地位较高或工作环境较为轻松的职业，而非那些虽然收入较高但劳动强度大或压力大的职业。这种现象背后的具体机制可以进一步细分为两个方面：

首先，社会地位追求是一个关键因素。当子代得到了父代的经济支持，他们可能会在职业选择上更加重视职业的社会声望和地位。例如，他们可能会倾向于选择公务员、教师等职业，这些职业通常被认为具有较高的社会地位和受到尊重，即便这些职业的经济回报可能不是最高的。

其次，工作舒适度偏好也是一个不容忽视的因素。经济援助可能会让子代在选择职业时，更倾向于那些工作强度较低、压力较小的职业。这样，子代可能会牺牲一部分收入，以换取更好的工作生活平衡和个人福祉。即使这些职业的收入可能不如那些需要长时间工作或高压力环境的职业，子代仍然可能因为追求更优的工作环境和个人健康而选择它们。

据此，提出以下研究假设：

H8-2：父代给予子代经济帮助会使得子代选择更轻松的职业或社会地位更高的职业，而不是收入更高的职业。

（3）劳动供给时间。

根据“劳动供给理论”和“时间分配理论”，我们发现父代对子代的经济援助可能会减少子代的劳动供给时间。这一现象的具体机制如下：

收入效应：父代的经济援助会增加子代的非劳动收入，从而可能导致子代减少劳动市场参与时间，而更多地享受闲暇。

替代效应：经济援助可能使子代更倾向于选择兼职或灵活性较强的工作，而非全职工作。这种倾向可能会导致子代的劳动供给时间减少，因为他们可能会选择那些工作时间更加灵活、工作量更少的职业。

据此，提出以下研究假设：

H8-3：父代给予子代经济帮助会降低子代的劳动供给时间。

8.4 模型构建

（1）明瑟收入方程。

$$\ln Y_i = \alpha + \beta_1 Edu_i + \beta_2 Exp_i + \beta_3 Exp_i^2 + \varepsilon_i \tag{8.1}$$

其中，$\ln Y_i$ 为子代收入的自然对数，Edu_i 为个体相对教育水平，Exp_i 为工作经验，Exp_i^2 为工作经验的平方，ε_i 为随机扰动项。

本书基于基础模型，加入其他控制变量，将模型进一步扩展为

$$\begin{aligned}\ln Y_i = {} & \beta + \beta_1 \ln totalasset + \beta_2 Edu_i + \beta_3 Exp_i + \beta_4 Exp_i^2 + \beta_5 Gender + \\ & \beta_6 Marriage + \beta_7 Bmi + \beta_8 Party + \beta_9 Within + \beta_{10} Region + \varepsilon_i\end{aligned} \tag{8.2}$$

$$\begin{aligned}\ln Y_i = {} & \beta + \beta_1 fn3 + \beta_2 Edu_i + \beta_3 Exp_i + \beta_4 Exp_i^2 + \beta_5 Gender + \\ & \beta_6 Marriage + \beta_7 Bmi + \beta_8 Party + \beta_9 Within + \beta_{10} Region + \varepsilon_i\end{aligned} \tag{8.3}$$

其中，ln*totalasset* 表示家庭净财富，*fn*3 表示家庭财富是否存在代际转移，*Gender* 为性别，*Marriage* 为是否结婚，*Bmi* 为身体健康指数，*Party* 为是否是党员，*Within* 为工作单位性质是否为体制内，*Region* 为出生地区。

（2）MProbit 模型和 MLogit 模型。

子代的职业选择是一个复杂的过程，受个人能力、受教育程度、家庭背景等多重因素的共同影响。家庭财富作为关键的家庭背景因素，可能通过家庭资源配置、教育规划及职业偏好的塑造等途径，对子代的职业选择产生影响。在二分类因变量的模型中，主要采用 Probit 和 Logit 模型，在此不再赘述。

MProbit 模型（Multivariate Probit Model）和 MLogit 模型（Multinomial Logit Model）常用于分析因变量为多分类变量的情况，在研究家庭财富对职业选择的影响时，若职业选择有多种类别，这两个模型可发挥重要作用。

MProbit 模型假设误差项遵循多变量正态分布，模型形式如下：

$$P(Y=j \mid X) = \Phi(X'\beta_j) \tag{8.4}$$

MLogit 模型假设误差项服从逻辑分布，模型形式如下：

$$P(Y=j \mid X)=\frac{e^{x'\beta_j}}{1+\sum_{k\neq j}e^{X'\beta_k}} \tag{8.5}$$

其中，Y 是因变量(职业类型)，取值为 1(政府部门/党政机关/人民团体)、2(事业单位)、3(国有企业)、4(私营企业/个体工商户)、5(外商/港澳台商企业)、6(个人/家庭及其他)，本部分主要以职业类别是个人/家庭及其他为参照；X 是自变量矩阵；$\Phi(\cdot)$代表标准正态累积分布函数；β_j 是针对每个职业类别的参数向量。

(3) Heckman 模型。

家庭财富可能通过多种机制影响子代的劳动供给时间，例如，提供经济支持、影响职业选择或改变劳动动机。然而，直接分析家庭财富与劳动供给时间的关系时，可能会因为样本选择偏差而得到有偏的估计结果。例如，只有那些选择进入劳动力市场的个体才会报告劳动供给时间，而选择不进入劳动力市场的个体则不会报告。这种选择偏差需要通过 Heckman 模型来纠正。

Heckman 模型是一种两阶段模型，用于处理样本选择偏差问题。

第一阶段：选择方程(Selection Equation)，用于预测个体是否进入劳动力市场。假设个体进入劳动力市场的决策受到家庭财富转移、教育水平、年龄、性别等因素的影响，选择方程可以表示为

$$D_i=X_i'\gamma+\in_i \tag{8.6}$$

其中，D_i 是二元变量，表示个体 i 是否进入劳动力市场(1 表示进入，0 表示不进入)；X_i是解释变量，包括家庭财富直接转移($fn3$)、受教育水平(edu)、年龄(age)、性别($gender$)、是否为城镇居民($urban$)等。

使用 Probit 或 Logit 模型估计选择方程，得到每个个体进入劳动力市场的预测概率：

$$\hat{P}(D_i=1) \tag{8.7}$$

逆米尔斯比率是选择方程的预测概率的函数，用于纠正样本选择偏差：

$$\hat{m}_i = \frac{\varphi(\hat{P}(D_i = 1))}{\Phi(\hat{P}(D_i = 1))} \tag{8.8}$$

其中，$\varphi(\cdot)$是标准正态密度函数，$\Phi(\cdot)$是标准正态累积分布函数。

第二阶段：结果方程(Outcome Equation)，用于预测进入劳动力市场的个体的劳动供给时间。结果方程可以表示为

$$Y_i = Z_i'\beta + \lambda \hat{m}_i + \mu_i \tag{8.9}$$

其中，Y_i是劳动供给时间(每周工作小时数)；Z_i是解释变量，与选择方程中的变量相同或部分相同；λ 是逆米尔斯比率(Inverse Mills Ratio, IMR)的系数，用于纠正样本选择偏差；$\hat{m}_i$ 是逆米尔斯比率，从选择方程中计算得到。

8.5 家庭财富对子代收入的影响

(1)家庭净财富对子代收入的影响。

家庭净财富作为家庭财富的重要组成部分，对子代的收入水平具有显著的影响。研究表明，家庭净财富较多的家庭，其子代在成年后的收入水平往往也相对较高。这主要是因为家庭净财富不仅能为子代提供更多教育资源与成长契机，还能通过财富的代际传递与累积，为子代铺设更广阔的职业道路和创业平台。因此，家庭净财富的增加，往往能够带动子代收入的提升，从而促进家庭经济的良性循环。然而，也需要注意到，家庭净财富对子代收入的影响并非绝对，还受到其他多种因素的制约，如子代的受教育程度、职业选择、个人能力等。表 8-1 运用 OLS 回归和分位数回归方法，探讨了当家庭净财富大于 0 时，其对子代收入所产生的影响。

表 8-1　家庭净财富对子代收入的影响

变量	OLS	q25	q50	q75
ln*totalasset*	0.109*** (0.01000)	0.144*** (0.0144)	0.100*** (0.00978)	0.0752*** (0.00704)

续表

变量	OLS	q25	q50	q75
edu	0.0957*** (0.0107)	0.103*** (0.0168)	0.142*** (0.0104)	0.140*** (0.00795)
jobexp	0.209*** (0.00894)	0.302*** (0.0161)	0.138*** (0.00864)	0.0900*** (0.00634)
jobexp^2	-0.00857*** (0.000427)	-0.0126*** (0.000808)	-0.00552*** (0.000420)	-0.00338*** (0.000291)
gender	0.277*** (0.0256)	0.317*** (0.0363)	0.279*** (0.0238)	0.258*** (0.0220)
urban	0.101*** (0.0238)	0.0532 (0.0346)	0.0536*** (0.0174)	0.0648*** (0.0203)
marriage	0.00631 (0.0261)	7.15e-05 (0.0357)	-0.0268 (0.0264)	-0.0498** (0.0231)
bmi	0.0144*** (0.00329)	0.0121** (0.00481)	0.00611* (0.00353)	0.00436 (0.00282)
party	0.0552 (0.0448)	-0.0559 (0.0677)	-1.30e-05 (0.0467)	0.0930** (0.0430)
within	0.262*** (0.0254)	0.270*** (0.0400)	0.0891*** (0.0263)	0.0617** (0.0283)
西部地区	0.146*** (0.0388)	0.262*** (0.0730)	0.0760* (0.0394)	0.0158 (0.0311)
中部地区	0.150*** (0.0315)	0.266*** (0.0549)	0.0763*** (0.0293)	0.0364 (0.0246)
东部地区	0.323*** (0.0304)	0.474*** (0.0549)	0.231*** (0.0298)	0.211*** (0.0241)
Constant	7.476*** (0.0854)	6.430*** (0.143)	8.137*** (0.0870)	8.932*** (0.0675)
Observations	8562	8562	8562	8562

注：括号内为稳健标准误，***代表 $p<0.01$，**代表 $p<0.05$，*代表 $p<0.1$。

家庭净财富对子代收入有显著的正向影响，并且家庭净财富对子代收入的影响在不同收入水平的子代群体中存在差异，呈现随着子代收入水平提高而边际影响递减的趋势。具体而言，在 OLS 回归中，其系数为 0.109，意味着在其他条件不变的情况下，家庭净财富的自然对数每增加 1%，子代收入平均增加 0.109%；在 q25 样本中，系数为 0.144，表明家庭净财富对子代收入的影响在低收入水平的子代群体中相对更大，即家庭净财富的增加对低收入子代群体收入的提升作用更为明显；在 q50 样本中，系数为 0.100，说明家庭净财富对子代收入有显著的正向影响，且影响程度低于总样本和 q25 样本；在 q75 样本中，系数为 0.0752，显示家庭净财富对子代收入的影响在高收入子代群体中相对较小，但依然显著。这意味着随着子代收入水平的提高，家庭净财富对子代收入的边际影响在递减，可能因高收入子代已具备其他优势（如社会网络）。财富的代际传递存在“地板效应”，即低收入子代（q25）对家庭财富依赖度最高，财富的增加能显著提升低收入子代（q25）的经济地位，犹如“雪中送炭”；而高收入子代（q75）的财富边际效用则较低，恰似“锦上添花”。

（2）家庭财富直接转移对子代收入的影响。

家庭财富的直接转移，通常是指父母或其他长辈通过遗产继承、赠与等方式，将其积累的财富直接传递给下一代。这种财富的直接转移对子代的收入状况产生了显著而深远的影响。一方面，直接转移的财富可以为子代提供创业资金、教育投资或生活支持，从而增加他们的经济基础和收入来源。另一方面，财富的直接转移也可能导致子代产生依赖心理，减少他们通过自身努力获取收入的意愿和动力。故而，家庭财富的直接转移对子代收入的影响展现出双重性：既可能催生出积极的正面效应，亦可能引发消极的负面效应。在具体分析时，需要综合考虑家庭背景、子代个人特质以及社会环境等多方面因素。表 8-2 运用 OLS 回归和分位数回归方法，分析了家庭财富直接转移对子代收入的影响。

表 8-2　家庭财富直接转移对子代收入的影响

变量	OLS	q25	q50	q75
*fn*3	−0.149*** (0.0227)	−0.175*** (0.0399)	−0.155*** (0.0207)	−0.0947*** (0.0195)
edu	0.197*** (0.00912)	0.241*** (0.0140)	0.237*** (0.0103)	0.196*** (0.00770)

续表

变量	OLS	q25	q50	q75
jobexp	0.195*** (0.00792)	0.286*** (0.0165)	0.141*** (0.00801)	0.0889*** (0.00695)
jobexp^2	-0.00770*** (0.000385)	-0.0115*** (0.000766)	-0.00530*** (0.000364)	-0.00313*** (0.000315)
gender	0.254*** (0.0227)	0.282*** (0.0410)	0.250*** (0.0199)	0.251*** (0.0180)
urban	0.183*** (0.0210)	0.198*** (0.0371)	0.124*** (0.0197)	0.114*** (0.0180)
marriage	0.0247 (0.0233)	0.0338 (0.0368)	-0.0123 (0.0242)	-0.0167 (0.0260)
bmi	0.0177*** (0.00297)	0.0168*** (0.00500)	0.0111*** (0.00290)	0.00757*** (0.00243)
party	0.0231 (0.0397)	-0.0908 (0.0569)	-0.0368 (0.0398)	0.0390 (0.0374)
within	0.315*** (0.0227)	0.337*** (0.0387)	0.115*** (0.0253)	0.0970*** (0.0234)
西部地区	0.0758** (0.0360)	0.193*** (0.0505)	0.0171 (0.0349)	-0.0225 (0.0331)
中部地区	0.150*** (0.0282)	0.242*** (0.0459)	0.0728** (0.0311)	0.0425 (0.0275)
东部地区	0.399*** (0.0260)	0.582*** (0.0440)	0.311*** (0.0248)	0.246*** (0.0218)
Constant	7.233*** (0.0754)	6.020*** (0.139)	7.795*** (0.0772)	8.782*** (0.0723)
Observations	11975	11975	11975	11975

注：括号内为稳健标准误，***代表 $p<0.01$，**代表 $p<0.05$，*代表 $p<0.1$。

家庭财富直接转移与子代收入之间存在负相关关系，且这种关系在不同分位数处的强度不同。具体来说，家庭财富直接转移对子代收入的负面影响在25%分位数时最为显著，中位数时次之，75%分位数时相对较弱。具体而言，在OLS回归中，系数为-0.149，且在1%的显著性水平上显著，表明在其他条件不变的情况下，与不存在家庭财富直接转移的家庭相比，存在家庭财富直接转移（*fn*3 取值为1）时，子代收入平均会减少0.149%；

在 q25 样本中，系数为-0.175，意味着在低收入水平的子代群体中，家庭财富直接转移对子代收入的负向影响更大，即这种帮助可能在一定程度上抑制了低收入子代群体的收入增长；在 q50 样本中，系数为-0.155，显示家庭财富直接转移对子代收入依然有显著的负向影响，且影响程度介于 OLS 回归和 q25 样本之间；在 q75 样本中，系数为-0.0947，说明在高收入子代群体中，家庭财富直接转移对子代收入的负向影响相对较小，但仍然显著。随着子代收入水平的提高，家庭财富直接转移对子代收入的潜在负面影响可能减弱，这一点在家庭财富直接转移对下一代劳动收入影响的研究中得到了体现。

实证结果验证了 H8-1。

家庭净财富会促进子代收入增长，然而家庭财富直接转移却会抑制子代收入增长，这可能是由以下原因造成的：①家庭净财富助力教育投资。净财富较多的家庭有更强的经济实力为子代提供优质教育资源，包括就读学费高昂的私立学校、参加各类课外辅导班和兴趣班、出国留学等。优质教育有助于子代获得更高学历和更丰富的知识技能，提升其在劳动力市场上的竞争力，进而获得更高收入。比如，家庭能够负担孩子参加专业的职业技能培训课程，使孩子在相关领域具备专业优势，更容易获得高薪工作。②家庭净财富拓展社会资本。家庭净财富的丰厚，往往象征着其置身于一个更为广泛且优质的社会关系网络之中。父母可以利用自身的人脉资源为子代提供更多就业信息、实习机会和职业推荐等。例如，在一些行业，内部推荐是获取工作的重要途径，家庭的社会资本能帮助子代获得这些机会，进入更好的企业或获得更好的岗位，提高收入。③家庭净财富缓解信贷约束。家庭净财富，特别是房产等资产，具备显著的财富效应，能够有效缓解家庭在面临信贷需求时的约束。当家庭面临教育、创业等需要大额资金支出的情况时，可凭借房产等资产更容易地获得银行贷款等外部资金支持。如子代想要创业，可将家庭财富作为抵押物获取启动资金，为创业提供助力，进而实现收入的稳步增长。④在家庭内部的财富分配机制中，财富直接转移可能引发子代的依赖性，削弱了他们通过个人努力来提升收入的内在动机。⑤财富直接转移也可能会限制子代在职业发展和创业方面的积极探索，这可能导致他们更倾向于依赖家庭财富，而非通过个人奋斗来实现经济稳定。⑥家庭财富直接转移对子代收入产生的负向影响还可能与社会心理层面的因素有关，如子代可能感受到来自家庭的经济压力减小，进而减弱了他们追求更高收入水平的动力，使得家庭财富直接转移在一定程度上对子代收入产生不利影响。

8.6 家庭财富对子代职业选择的影响

在 CFPS 数据库中，“职业”刻画存在差异，2010 年的调查问卷问题是：“您现在主要工作的机构属于……”2012 年的调查问卷问题是：“这家公司/这个单位/这项生意属于……”有 16 种选项供选择：①政府部门/党政机关/人民团体/军队；②国有/集体事业单位/院/科研院所；③国有企业/国有控股企业；④集体企业；⑤股份合作企业/联营企业；⑥有限责任公司/股份有限公司；⑦私营企业；⑧港/澳/台商投资企业；⑨外商投资企业；⑩农村家庭经营；⑪个体工商户；⑫民办非企业组织；⑬协会/行会/基金会等社会组织；⑭社区居委会/村委会等自治组织；⑮其他；⑯无法判断。

2014—2020 年调查问卷的问题是：“这份工作的单位/雇主属于……”有 10 种选项供选择：①政府部门/党政机关/人民团体；②事业单位；③国有企业；④私营企业/个体工商户；⑤外商/港澳台商企业；⑥其他类型企业；⑦个人/家庭；⑧民办非企业组织/协会/行会‘基金委会；⑨无法判断；⑩其他雇主类型。

本节结合 2014—2016 年的调查数据，对 2010 年和 2012 年职业数据进行了调整和分类。一种分类方法是二分法，按照子代是否更偏好于轻松职业，将子代职业分为两类，一类主要包含政府部门/党政机关/人民团体、事业单位及国有企业，简称体制内；另一类主要包含私营企业/个体工商户、外商/港澳台商企业、个人/家庭、民办非企业组织/协会/行会/基金委会及其他，简称体制外。另一种分类方法是将职业分为六类，分别是：

①政府部门/党政机关/人民团体；②事业单位；③国有企业；④私营企业/个体工商户及其他类型企业；⑤外商/港澳台商企业；⑥个人/家庭、民办非企业组织/协会/行会/基金委会及其他。

表 8-3 刻画了体制内外平均每周工作小时数即工作时间的组间差异。

表 8-3　两大类工作机构平均每周工作小时数组间差异 *t* 检验

Group	Obs	Mean	Std. Err.	Std. Dev.	[95% Conf. Interval]	
体制外	9262	52. 78731	0. 1898783	18. 27375	52. 41511	53. 15952
体制内	2691	46. 08163	0. 2991445	15. 51807	45. 49505	46. 6682
combined	11953	51. 27765	0. 1638216	17. 91058	50. 95653	51. 59877
diff		6. 705689	0. 3874188		5. 946285	7. 465093
diff = mean(0) - mean(1)				*t* = 17. 3086		
Ho：diff = 0				degrees of freedom = 11951		
Ha：diff<0		Ha：diff！ = 0		Ha：diff>0		
Pr(T<*t*) = 1. 0000		Pr(T>*t*) = 0. 0000		Pr(T>*t*) = 0. 0000		

从检验结果来看，体制外职工平均每周工作 52. 79 小时(标准差 18. 27 小时)，体制内职工平均每周工作 46. 08 小时(标准差 15. 52 小时)。体制外比体制内多工作 6. 71 小时，差异的 95%置信区间为 5. 95 ~ 7. 47 小时。

原假设(Ho)：diff=0，即认为体制外和体制内平均每周工作小时数没有差异。

备择假设(Ha)：分别有三种情况，Ha：diff<0(认为体制外平均每周工作小时数小于体制内)，Pr(T<*t*)= 1. 0000，说明在这种备择假设下，得到当前样本结果或更极端结果的概率为 1，即几乎不可能出现体制外平均每周工作小时数小于体制内的情况；Ha：diff！ =0(认为体制外和体制内平均每周工作小时数有差异)，Pr(T>*t*)= 0. 0000，说明在这种备择假设下，得到当前样本结果或更极端结果的概率几乎为 0，强烈拒绝原假设，即可以认为体制外和体制内平均每周工作小时数有显著差异；Ha：diff>0(认为体制外平均每周工作小时数大于体制内)，Pr(T>*t*)= 0. 0000，说明在这种备择假设下，得到当前样本结果或更极端结果的概率几乎为 0，进一步支持了体制外平均每周工作小时数大于体制内的结论。

表 8-4 统计了六大类工作机构平均每周工作时间。

表 8-4 六大类工作机构平均每周工作小时数

工作机构	政府部门/党政机关/人民团体	事业单位	国有企业	私营企业/个体工商户	外商/港澳台商企业	个人/家庭及其他
每周工作小时数	44. 71723	42. 52597	48. 63235	54. 79053	49. 93768	50. 35355
样本量	466	842	1335	5867	407	2197

从表 8-4 可以看出:

(1)私营企业工作时间最长。

私营企业/个体工商户平均每周工作 54. 79 小时，显著高于其他类型，反映其高强度、市场驱动的劳动文化。这主要归因于私营企业面临的巨大竞争压力、严格的绩效考核制度以及普遍的加班文化(例如“996”工作模式)。

(2)体制内机构工作时间较短。

事业单位(42. 53 小时)和政府部门(44. 72 小时)工作时间最短，体现体制内单位对法定工时的严格遵守及相对稳定的工作节奏。

这可能是由于体制内类型的工作机构能较好地执行劳动法、福利保障完善、隐性加班较少。

(3)外商企业处于中间水平。

外商/港澳台商企业(49. 94 小时)工作时间接近国有企业(48. 63 小时)，但略高，反映外资企业在本地化过程中可能融合了高强度工作模式。国有企业工时相对可控，可能受益于规模化管理与政策保护。

(4)个人/家庭及其他类别的特殊性。

该类别(50. 35 小时)包括自由职业者、家庭经营者等，工作时间灵活但总体较长，或因自我管理需求导致“无边界工作”。

表 8-5 通过两种模型(Probit、Logit)及其边际效应(dy/dx)，分析了家庭净财富(ln*totalasset*)对子代职业选择的影响。

表 8-5 家庭净财富对子代职业选择的影响

变量	Probit	dy/dx	Logit	dy/dx
ln*totalasset*	0. 0399 *** (-0. 0133)	0. 0104 *** (-0. 0035)	0. 0664 *** (-0. 0233)	0. 0099 *** (-0. 0035)
edu	0. 2280 *** (-0. 0136)	0. 0593 *** (-0. 0034)	0. 3965 *** (-0. 0239)	0. 0590 *** (-0. 0034)
age	0. 0276 *** (-0. 0033)	0. 0072 *** (-0. 0009)	0. 0507 *** (-0. 0058)	0. 0075 *** (-0. 0009)
gender	-0. 0651 ** (-0. 0319)	-0. 01695 ** (-0. 0083)	-0. 1201 ** (-0. 0555)	-0. 0179 ** (-0. 0083)
urban	0. 1207 *** (-0. 0324)	0. 0314 *** (-0. 0084)	0. 2165 *** (-0. 0574)	0. 0322 *** (-0. 0085)
party	0. 4353 *** (-0. 0534)	0. 1133 *** (-0. 0138)	0. 7044 *** (-0. 0893)	0. 1048 *** (-0. 0131)
fedu	0. 0704 *** (-0. 0157)	0. 0183 *** (-0. 0041)	0. 1247 *** (-0. 0274)	0. 0186 *** (-0. 0041)
medu	0. 0569 *** (-0. 0151)	0. 0148 *** (-0. 0039)	0. 1008 *** (-0. 0262)	0. 0150 *** (-0. 0039)
constant	-3. 0094 *** (-0. 1056)		-5. 2536 (-0. 1884)	

注：括号内为稳健标准误，*** 代表 p<0. 01，** 代表 p<0. 05，* 代表 p<0. 1。

在 Probit 模型中，家庭净财富的增加对子代就业选择有显著影响。具体而言，ln*totalasset* 的系数为 0. 0399，在 1%的水平上显著，表明家庭净财富每增加 1%，子代进入体制内工作的概率将提升 1. 04 个百分点。在应用 Logit 模型进行分析时，ln*totalasset* 系数为 0. 0664，边际效应显示，家庭净财富每增加 1%，子代进入体制内工作的概率将提升 0. 99 个百分点。Probit 与 Logit 模型结果高度一致（系数方向、显著性相同），增强结论可靠性。边际效应接近（约 1%），表明不同模型假设下结论稳健。这一结果表明，家庭净财富显著促进子代职业选择机会，财富越高的家庭，子代更可能选择社会地位较高或稳定性强的职业，实证结果验证了 H8-2。

家庭财富为子代提供了更多选择和机会，使他们在职场竞争中更具优势。并且，高财富家庭通常拥有更广泛的社会联系和人脉资源，这不仅为子代提供了丰富的实习和就业机会，还在职业发展道路上给予了他们更多的支持和助力。因此，家庭财富不仅影响着子代的教育机会和职业选择，还在一定程度上塑造了他们的职业发展路径。

表 8-6 分析了家庭财富直接转移对子代职业选择的影响。

表 8-6 家庭财富直接转移对子代职业选择的影响

变量	Probit	dy/dx	Logit	dy/dx
*fn*3	0. 0693 * * (0. 02923)	0. 0170 * * (0. 00716)	0. 1203 * * (0. 05158)	0. 0167 * * (0. 00717)
edu	0. 2590 * * * (−0. 0118)	0. 0635 * * * (−0. 00278)	0. 4528 * * * (0. 02085)	0. 0630 * * * (0. 0028)
age	0. 0296 * * * (−0. 0029)	0. 00726 * * * (−0. 000705)	0. 0543 * * * (0. 00511)	0. 00754 * * * (0. 0007)
gender	−0. 0619 * * (0. 0281)	−0. 0152 * * (−0. 00688)	−0. 1093 * * (0. 04928)	−0. 0152 * * (0. 00685)
urban	0. 1799 * * * (0. 0280)	0. 0441 * * * (−0. 00685)	0. 3224 * * * (0. 05024)	0. 0448 * * * (0. 00697)
party	0. 4516 * * * (0. 0480)	0. 111 * * * (−0. 0114)	0. 7308 * * * (0. 07897)	0. 102 * * * (0. 0109)
fedu	0. 05940 * * * (0. 0138)	0. 0146 * * * (−0. 00339)	0. 1058 * * * (0. 02439)	0. 0147 * * * (0. 00339)
medu	0. 0509 * * * (0. 0135)	0. 0125 * * * (−0. 00327)	0. 0930 * * * (0. 02336)	0. 0129 * * * (0. 00324)
constant	−3. 0907 * * * (0. 0913)		−5. 4332 * * * (0. 16431)	
N	13431		13431	

注：括号内为稳健标准误，*** 代表 p<0. 01，** 代表 p<0. 05，* 代表 p<0. 1。

无论是 Probit 还是 Logit 模型，财富直接转移（如经济支持、财产赠与）均显著增加子代选择体制内工作的概率，Probit 模型的系数为 0. 0693（p<0. 05），Logit 模型的系数为 0. 1203（p<0. 05），两个模型的边际效应相近（1. 70%、1. 67%），表明不同模型假设下结论具有可比性边际效应，约为 1. 7%，效应稳健。实证结果再次验证了 H8-2。

家庭财富较多或者存在家庭财富直接转移时，会使得子代更倾向于选择轻松的职业，如政府部门或事业单位，这些职业虽然稳定但收入增长潜力有限。这一发现进一步强调了家庭财富和背景在子代职业选择中的重要作用，同时也揭示了社会资源和机会分配的不平等现象。表 8-5 和表 8-6 的实证结果不仅支持了前文关于家庭财富对子代职业选择影响的理论假设，还为理解社会阶层流动和职业机会分配提供了视角。

为了进一步地分析家庭财富对子代职业选择的影响，本部分以个人/家庭及其他这一工作单位为参照，运用 MLogit 模型，对家庭净财富及家庭财富直接转移如何影响子代职业选择进行了详尽的分析与评估。具体而言，通过 MLogit 模型分析，表 8-7 揭示了家庭净财富对子代职业选择的潜在影响，而表 8-8 则深入探讨了家庭财富直接转移在子代职业选择过程中的作用。

表 8-7　MLogit 模型下家庭净财富对子代职业选择的影响

变量	政府部门及党政机关等	事业单位	国有企业	私营企业等	外商及港澳台商等企业
ln*totalasset*	0.2639*** (0.0517)	0.0748* (0.0425)	0.1685*** (0.0362)	0.0941*** (0.027)	0.4711*** (0.0563)
edu	0.4451*** (0.0552)	0.8402*** (0.0488)	0.3753*** (0.0378)	0.0368075*** (0.0279)	0.2403*** (0.0581)
age	0.0352** (0.0150)	0.0545*** (0.0133)	0.0372*** (0.0099)	0.0293*** (0.0069)	0.0181*** (0.0152)
gender	0.0998 (0.1319)	-1.065*** (0.1055)	0.1193 (0.0923)	-0.2080*** (0.0673)	-0.0129*** (0.1382)
urban	0.3958*** (0.1347)	0.2123* (0.1102)	0.5253*** (0.0896)	0.2873*** (0.0632)	0.4056*** (0.1395)
party	1.3080*** (0.1694)	0.3463** (0.1661)	0.1347 (0.1577)	-0.4301*** (0.1361)	0.2250*** (0.2272)
fedu	0.1359** (0.0583)	0.0525 (0.0496)	0.0842*** (0.0412)	-0.1181*** (0.0307)	-0.0830*** (0.0622)
_cons	-5.9553*** (0.4400)	-5.9513*** (0.3761)	-4.0152*** (0.2890)	0.3166*** (0.1974)	-4.646*** (0.4392)

注：括号内为稳健标准误，***代表 $p<0.01$，**代表 $p<0.05$，*代表 $p<0.1$。

家庭财富对子代职业选择具有显著影响。首先，相较于子代就职于个人/家庭及其他这一类型的工作机构，子代进入外商及港澳台商企业的效应最强(系数为 0.4711),财富每增加 1%,选择此类职业的对数概率比(log-odds)提升约 47.1%。这类企业通常对员工的个人能力和综合素质要求较高,而家庭财富的增加意味着子代能接受更优质的教育和培训,从而提升了他们的竞争力。此外,家庭财富也可以为子代提供更多的社交资源和信息渠道,使他们更容易接触到外商及港澳台商企业的招聘信息和职业发展机会。这些因素共同作用,使得家庭财富对子代进入外商及港澳台商企业具有显著的正面效应。

其次,政府部门和国有企业(系数分别为 0.2639 和 0.1685)往往对求职者的背景和社会关系网络有一定的要求。家庭财富的增加意味着子代拥有更多可利用的社会资本,如人脉资源,这些资源在求职过程中能够发挥重要作用,帮助子代更容易地进入政府部门和国有企业。同时,这些机构提供的职位通常具有较高的稳定性,对于追求稳定生活的子代来说,家庭财富的积累可能增加了他们选择这份职业的意愿。因此,家庭财富对子代进入政府部门和国有企业也表现出一定的正面效应,尽管这种效应相较于外商及港澳台商企业而言较弱。

再次,家庭财富积累对子代进入私营企业的影响效应较小(系数为 0.0941),可能是因为私营企业相较于外商及港澳台商企业、政府部门和国有企业,对家庭财富积累的要求不那么严格。私营企业的招聘可能更加注重个人的能力、技能和工作表现,而非仅仅依赖于家庭财富积累所带来的资源或人脉。此外,私营企业的工作环境和文化可能更加灵活和多样化,吸引更多不同背景的子代加入,从而减弱了家庭财富积累对子代职业选择的影响。

最后,家庭净财富对子代进入事业单位影响效应最弱且显著性低(10%水平),可能因事业单位招聘更注重学历或考试能力,而非家庭资源。事业单位作为公共服务的重要提供者,其招聘流程往往受到严格的监管和规定,以确保公平性和公正性。因此,家庭财富积累所带来的资源或人脉在事业单位招聘中的影响力相对较小。事业单位更注重应聘者的专业素质和综合能力,尤其是与岗位要求相匹配的学历背景和考试能力。这种招聘导向使得家庭财富积累对子代进入事业单位的影响效应较弱,且显著性不高。此外，事业单位的工作性质和内容往往具有一定的公益性和服务性，这也吸引了许多有志于为社会作贡献的子代加入，进一步削弱了家庭财富积累在职业选择中的影响力。

表 8-8 MLogit 模型下家庭财富直接转移对子代职业选择的影响

变量	政府部门及党政机关等	事业单位	国有企业	私营企业等	外商及港澳台商等企业
*fn*3	0.6614*** (0.1264)	0.4786*** (0.1082)	0.4581*** (0.0911)	0.4254*** (0.0699)	0.0393 (0.1441)
edu	0.4896*** (0.0515)	0.8360*** (0.0453)	0.3861*** (0.0351)	0.0347 (0.0262)	0.2905*** (0.0520)
age	0.0532*** (0.0144)	0.0571*** (0.0125)	0.0457*** (0.0095)	0.0360*** (0.0067)	0.0363** (0.0142)
gender	0.0322 (0.1253)	-1.0561*** (0.0990)	0.0721 (0.0871)	-0.2401*** (0.0643)	-0.1228 (0.1271)
urban	0.5005*** (0.1256)	0.3183*** (0.1021)	0.6297*** (0.0835)	0.3375*** (0.0595)	0.6568*** (0.1264)
party	1.3142*** (0.1572)	0.2936* (0.1536)	0.1388 (0.1445)	-0.4605 (0.1251)	0.1954 (0.2061)
fedu	0.1164** (0.0550)	0.0252 0.0459	0.0680* (0.0387)	-0.1247*** (0.0291)	-0.0463 (0.0578)
constant	-5.8186 (0.4156)	-5.7717*** (0.3496)	-3.7409*** (0.2689)	0.4527** (0.1849)	-3.7344*** (0.3982)

注：括号内为稳健标准误，*** 代表 $p<0.01$，** 代表 $p<0.05$，* 代表 $p<0.1$。

家庭财富直接转移（父母给予子女经济帮助）对子代选择政府部门及党政机关、事业单位、国有企业、私营企业等有显著的正向影响，而对子代选择外商及港澳台商等企业的影响不显著。具体而言，根据家庭财富直接转移对下一代劳动收入影响的研究，家庭财富直接转移对子代选择政府部门及党政机关工作的效应系数为 0.6614，且在 1%水平上显著，表明父母给予子女经济帮助时，子女选择进入政府部门及党政机关等工作的概率会显著增加。这表明家庭财富直接转移与子女进入政府部门及党政机关等工作的可能性呈正相关，即获得经济帮助会提高子女选择这类职业的概率。

对事业单位的影响效应系数为 0.4786，说明家庭财富直接转移会使子女选择进入事业单位工作的对数发生比增加0.4786，同样显示出正向影响。

对于国有企业，家庭财富直接转移的影响效应系数同样为正，达到0.4581，这表明获得经济帮助的子女选择进入国有企业工作的概率（对数发生比）会有所提升。

对私营企业等的系数是0.4254，家庭财富直接转移对子女选择私营企业等工作的对数概率比具有正向影响，意味着经济上的援助会增加子女选择这类工作的可能性。

对外商及港澳台商等企业的系数为0.0393，虽然也是正数，但数值相对较小且不显著。这表明家庭财富直接转移对子女选择外商及港澳台商等企业工作的影响较弱，与其他职业类型相比，获得经济帮助对子女选择这类企业工作的概率提升作用不明显。

基于MLogit模型，进一步预测了子代进入不同工作单位的概率，具体结果见表8-9。

表8-9 个体选择各种职业的概率

变量	Obs	Mean	Std. dev.	Min	Max
政府部门及党政机关等	11194	0.0410186	0.0418394	0.0034342	0.3539865
事业单位	11194	0.0751616	0.0839725	0.002023	0.6076087
国有企业	11194	0.1214612	0.0530404	0.0208684	0.3107943
私营企业等	11194	0.5631527	0.1228065	0.0874972	0.814461
外商及港澳台商等企业	11194	0.0369023	0.0113739	0.0110169	0.0725086
个人/家庭及其他	11194	0.1623036	0.0607453	0.020005	0.3786817

从表8-9中的数据可以看出，私营企业在个体职业选择中占据主导地位，占比最高（56.32%），这也反映出私营企业在经济活动中占据较大比重，提供了大量的就业机会，对劳动力市场有较强的吸纳能力。其次是个人/家庭及其他（16.23%），该类别涵盖多种情况，包括个体经营、家庭作坊式工作等，有一定数量的个体选择此类职业，反映出就业形式的多样性。再次是国有企业（12.15%）和事业单位（7.52%），国有企业通常具有稳定的经营环境、较好的福利待遇和职业发展空间，对部分求职者具有吸

引力。最后是政府部门及党政机关等和外商及港澳台商等企业，占比相对较低，分别为 4.10%和 3.69%。这主要是因为政府部门及党政机关等就业岗位通常竞争激烈，对个人的综合素质、学历、政治条件等要求较高，导致选择该职业的人数相对较少。外商及港澳台商等企业的分布地域相对集中、业务需求特定，对员工的语言能力、专业技能等方面有特殊要求，限制了部分个体的选择。

表 8-10 至表 8-15 依次展示了家庭财富直接转移对子代选择在不同工作机构就职时是否存在组间差异的 t 检验结果。表 8-10 是家庭财富直接转移在子代进入政府部门/党政机关/人民团体的组间差异检验结果。

表 8-10　子代进入政府部门/党政机关/人民团体的组间差异

Group	Obs	Mean	Std. err.	Std. dev.	[95% Conf. interval]	
0	8262	0.0380958	0.0004339	0.039437	0.0372453	0.038946
1	2932	0.0492544	0.0008681	0.0470058	0.0475523	0.050957
Combined	11194	0.0410186	0.0003955	0.0418394	0.0402434	0.041794
diff		-0.0111586	0.0008932	-0.0223172		
diff = mean(0) - mean(1)				t = -12.4923		
H0：diff = 0				Degrees of freedom = 11192		
Ha：diff<0		Ha：diff! = 0		Ha：diff>0		
Pr(T<t) = 0.0000		Pr(T>t) = 0.0000		Pr(T>t) = 1.0000		

研究发现，存在家庭财富直接转移的子代选择政府部门及党政机关等职业的概率(0.0492544)高于无家庭财富直接转移的子代(0.0380958)，这表明家庭财富直接转移可能对子女的职业选择产生影响，使他们更倾向于选择稳定的职业路径。原假设(H0)：两组均值差异为 0，即家庭财富直接转移与否对个体选择该职业的概率没有影响。备择假设(Ha)下，Ha：diff<0：认为无家庭财富直接转移组个体选择该职业的概率低于存在家庭财富直接转移组，对应的概率 Pr(T<t) = 0.0000，说明在该备择假设下，得到当前样本结果或更极端结果的概率几乎为 0，强烈拒绝原假设，支持无家庭财富直接转移组个体选择该职业概率更低的结论；Ha：diff! = 0：认为两组个体选择该职业的概率有差异，Pr(T>t) = 0.0000，表明在该备择假设下，

得到当前样本结果或更极端结果的概率几乎为 0，拒绝原假设，即两组选择该职业的概率存在显著差异；Ha：diff>0：认为无家庭财富直接转移组个体选择该职业的概率高于存在家庭财富直接转移组，Pr(T>t)= 1.0000，说明在该备择假设下，得到当前样本结果或更极端结果的概率为 1，几乎不可能出现无家庭财富直接转移组个体选择该职业概率高于存在家庭财富直接转移组的情况，拒绝该备择假设。总体而言，通过上述分析可知，家庭财富直接转移显著影响个体选择政府部门及党政机关等职业的概率，具体表现为存在家庭财富直接转移的个体选择这些职业的概率明显高于无家庭财富直接转移的个体。

表 8-11　子代进入事业单位的组间差异

Group	Obs	Mean	Std. err.	Std. dev.	[95% Conf. interval]	
0	8262	0.073936	0.0009149	0.0831598	0.0721426	0.0757294
1	2932	0.0786151	0.0015909	0.0861419	0.0754958	0.0817344
Combined	11194	0.0751616	0.0007937	0.0839725	0.0736058	0.0767173
diff		-0.0046791	0.0018047		-0.0082166	-0.0011417
diff=mean(0)-mean(1)				t=-2.5928		
H0：diff=0				Degrees of freedom=11192		
Ha：diff<0		Ha：diff! =0		Ha：diff>0		
Pr(T<t)= 0.0048		Pr(T>t)= 0.0095		Pr(T>t)= 0.9952		

根据表 8-11 的 t 检验结果来看，无家庭财富直接转移组的子代进入事业单位的平均概率为 7.39%，而存在家庭财富直接转移组的平均概率为 7.86%。这表明存在家庭财富直接转移的子代进入事业单位的概率相对较高。两组均值差异(diff)为-0.0046791，即无家庭财富直接转移组子代进入事业单位的概率比存在家庭财富直接转移组低 0.0046791。尽管两组间的差异绝对值不大，但这一差异在统计学上仍可能具有显著性。原假设(H0)：两组子代进入事业单位的概率无差异，即 diff = 0。备择假设下，Ha：diff<0：表示无家庭财富直接转移组子代进入事业单位的概率低于存在家庭财富直接转移组，Pr(T<t) = 0.0048，远低于常用的显著性水平 0.05，因此我们拒绝原假设，支持备择假设，即在统计学上，无家庭财富

直接转移组子代进入事业单位的概率显著低于存在家庭财富直接转移组；Ha：diff！=0：表示两组子代进入事业单位的概率存在差异，Pr(T>*t*)=0.0095，小于0.05，拒绝原假设，表明两组概率存在显著差异；Ha：diff>0：表示无家庭财富转移组子代进入事业单位的概率高于存在家庭财富转移组，Pr(T>*t*)=0.9952，远大于0.05，不拒绝原假设，即不能认为无家庭财富直接转移组子代进入事业单位的概率高于存在家庭财富直接转移组。总体而言，通过上述分析可知，家庭财富直接转移对子代能否进入事业单位具有显著影响，存在家庭财富直接转移的子代进入事业单位的概率要明显高于无家庭财富直接转移的子代。

表 8-12　子代进入国有企业的组间差异

Group	Obs	Mean	Std. err.	Std. dev.	[95% Conf. interval]	
0	8262	0.1186178	0.0005767	0.052424	0.1174872	0.1197483
1	2932	0.1294738	0.0009963	0.0539485	0.1275202	0.1314273
Combined	11194	0.1214612	0.0005013	0.0530404	0.1204786	0.1224439
diff		−0.010856	0.0011356		−0.013082	−0.00863
diff=mean(0)−mean(1)				*t*=−9.5597		
H0：diff=0				Degrees of freedom =11192		
Ha：diff<0		Ha：diff！=0		Ha：diff>0		
Pr(T<*t*)=0.0000		Pr(T>*t*)=0.0000		Pr(T>*t*)=1.0000		

从表 8-12 的 *t* 检验结果来看，无家庭财富直接转移组子代进入国有企业的平均概率为0.1186178(约11.86%)，存在家庭财富直接转移组的平均概率为0.1294738(约12.95%)，总体平均概率为0.1214612(约12.15%)。由此可见，存在家庭财富直接转移组的子代进入国有企业的概率相对较高。两组均值差异(diff)为−0.010856，即无家庭财富直接转移组子代进入国有企业的概率比存在家庭财富直接转移组低0.010856。尽管两组之间的差异值绝对值较小，但在统计学层面，这一差异具有显著性。原假设(H0)：两组子代进入国有企业的概率无差异，即diff=0。备择假设下，Ha：diff<0：表明在没有家庭财富直接转移的情况下，子代进入国有企业的概率要低于存在家庭财富直接转移的情况，Pr(T<*t*)=0.0000，远低于

1%的显著性水平，因此我们坚决拒绝原假设，转而支持备择假设，即确认无家庭财富直接转移组的子代进入国有企业的概率确实较低；Ha：diff！=0：意味着两组子代在进入国有企业的概率上存在明显差异，Pr(T>t)=0.0000，远小于0.05的显著性水平，因此我们拒绝原假设，证实两组子代在进入国有企业的概率上确实存在显著差异；Ha：diff>0：表示无家庭财富直接转移组子代进入国有企业的概率高于存在家庭财富直接转移组，Pr(T>t)=1.0000，不拒绝原假设，即不能认为无家庭财富直接转移组子代进入国有企业的概率高于存在家庭财富直接转移组。总体而言，通过上述分析可知，家庭财富直接转移对子代进入国有企业的概率有显著影响，存在家庭财富直接转移的子代进入国有企业的概率显著高于无家庭财富直接转移的子代。

表 8-13　子代进入私营企业/个体工商户的组间差异

Group	Obs	Mean	Std. err.	Std. dev.	[95% Conf. interval]	
0	8262	0.5537595	0.0013031	0.1184438	0.5512051	0.5563138
1	2932	0.5896215	0.0024152	0.1307802	0.5848858	0.5943572
Combined	11194	0.5631527	0.0011607	0.1228065	0.5608775	0.5654279
diff		-0.035862	0.0026182		-0.0409941	-0.03073
diff=mean(0)-mean(1)				t=-13.6973		
H0：diff=0				Degrees of freedom=11192		
Ha：diff<0		Ha：diff！=0		Ha：diff>0		
Pr(T<t)=0.0000		Pr(T>t)=0.0000		Pr(T>t)=1.0000		

从表8-13的t检验结果来看，无家庭财富直接转移组子代进入私营企业/个体工商户的平均概率为0.5537595(约55.38%)，存在家庭财富直接转移组的平均概率为0.5896215(约58.96%)，总体平均概率为0.5631527(约56.32%)。可以看出，存在家庭财富直接转移组的子代进入私营企业/个体工商户的概率相对较高。两组均值差异(diff)为-0.035862，即无家庭财富直接转移组子代进入私营企业/个体工商户的概率比存在家庭财富直接转移组低0.035862。原假设(H0)：两组子代进入私营企业/个体工商户的概率无差异，即diff=0。备择假设下，Ha：diff<0：表示无家庭财富直接转移组子代进入私营企业/个体工商户的概率低于存在家庭财富直接转

移组，Pr(T<t)= 0.0000，远低于常规的显著性水平(如 0.05)，表明在备择假设下，得到当前样本结果的概率极低，因此我们有充分的理由拒绝原假设，支持无家庭财富直接转移组子代进入私营企业/个体工商户的概率显著低于存在家庭财富直接转移组；Ha：diff! =0：表明两组子代选择进入私营企业/个体工商户的概率存在显著差异，Pr(T>t)= 0.0000，远小于 0.05，拒绝原假设，进一步证实了这种差异的显著性；Ha：diff>0：表示无家庭财富直接转移组子代进入私营企业/个体工商户的概率高于存在家庭财富直接转移组，Pr(T>t)= 1.0000，这表明在该备择假设下，得到当前样本结果或更极端结果的概率为 1，所以不拒绝原假设，即不能认为无家庭财富直接转移组子代进入私营企业/个体工商户的概率高于存在家庭财富直接转移组。总体而言，通过上述分析可知，家庭财富直接转移对子代进入私营企业/个体工商户的概率有显著影响，存在家庭财富直接转移的子代进入私营企业/个体工商户的概率显著高于无家庭财富直接转移的子代。

表 8-14　子代进入外商/港澳台商企业的组间差异

Group	Obs	Mean	Std. err.	Std. dev.	[95% Conf. interval]	
0	8262	0.0398271	0.0001224	0.011125	0.0395871	0.040067
1	2932	0.0286608	0.0001346	0.0072894	0.0283969	0.0289248
Combined	11194	0.0369023	0.0001075	0.0113739	0.0366916	0.0371131
diff		0.0111662	0.0002206		0.0107339	0.0115986
diff = mean(0) - mean(1)				t = 50.6279		
H0：diff = 0				Degrees of freedom = 11192		
Ha：diff<0		Ha：diff! =0		Ha：diff>0		
Pr(T<t)= 1.0000		Pr(T>t)= 0.0000		Pr(T>t)= 0.0000		

从表 8-14 的 t 检验结果来看，无家庭财富直接转移组的子代进入外商/港澳台商企业的平均概率为 0.0398271，相比之下，存在家庭财富直接转移组的概率为 0.0286608，总体平均概率为 0.0369023，无家庭财富直接转移组的子代进入这类企业的概率相对较高。两组均值差异(diff)为 0.0111662，即无家庭财富直接转移组子代进入外商/港澳台商企业的概率比存在家庭财富直接转移组高 0.0111662。原假设(H0)：两组子代进入外

商/港澳台商企业的概率无差异，即 diff = 0。备择假设下，Ha：diff<0：表示无家庭财富直接转移组子代进入此类企业的概率低于存在家庭财富直接转移组，Pr(T<*t*) = 1.0000，这意味着在该备择假设下，得到当前样本结果或更极端结果的概率为 1，所以不拒绝原假设，即不能认为无家庭财富直接转移组概率更低；Ha：diff! = 0：表示两组概率存在差异，Pr(T>*t*) = 0.0000，这表明我们有足够的证据拒绝原假设，从而得出两组子代进入外商/港澳台商企业的概率存在显著差异的结论；Ha：diff>0：表示无家庭财富直接转移组子代进入此类企业的概率高于存在家庭财富直接转移组，Pr(T>*t*) = 0.0000，拒绝原假设，转而支持备择假设，即相较于存在家庭财富直接转移组，无家庭财富直接转移组的子代进入外商/港澳台商企业的概率显著更高。综上所述，家庭财富直接转移对子代能否进入外商/港澳台商企业具有显著影响，具体表现为无家庭财富直接转移组的子代进入此类企业的概率显著高于存在家庭财富直接转移组。根据表 8-14 的实证数据可以推断，外商/港澳台商企业在招聘时更看重个人的综合素质能力，相比之下，家庭财富积累与直接转移对子代能否进入此类企业的影响较小。没有家庭财富直接转移的子代更倾向于通过进入这类国际化企业来获得更好的职业发展和经济回报，以实现自身财富的积累；而有家庭财富直接转移的子代由于家庭资源的支持，有更多其他的职业选择，优先考虑外商/港澳台商企业的可能性较小。

表 8-15　子代进入个人/家庭及其他领域的组间差异

Group	Obs	Mean	Std. err.	Std. dev.	[95% Conf. interval]	
0	8262	0.1757639	0.0006577	0.0597826	0.1744746	0.1770532
1	2932	0.1243743	0.0008399	0.0454805	0.1227274	0.1260212
Combined	11194	0.1623036	0.0005741	0.0607453	0.1611782	0.163429
diff		0.0513896	0.0012122		0.0490135	0.0537656
diff = mean(0) - mean(1)				*t* = 42.3949		
H0：diff = 0				Degrees of freedom = 11192		
Ha：diff<0		Ha：diff! = 0		Ha：diff>0		
Pr(T<*t*) = 1.0000		Pr(T>*t*) = 0.0000		Pr(T>*t*) = 0.0000		

从表 8-15 的 t 检验结果来看，无家庭财富直接转移组子代进入个人/家庭及其他领域的平均概率为 0. 1757639，存在家庭财富直接转移组的平均概率为 0. 1243743，总体平均概率为 0. 1623036。可以明显看出，无家庭财富直接转移组的均值更高，说明该组子代进入此类领域的可能性更大。两组均值差异(diff)为 0. 0513896，即无家庭财富直接转移组子代进入个人/家庭及其他领域的概率比存在家庭财富直接转移组高 0. 0513896。原假设(H0)：两组子代进入个人/家庭及其他领域的概率无差异，即 diff = 0。备择假设下，Ha：diff<0：表示无家庭财富直接转移组子代进入该领域的概率低于存在家庭财富直接转移组，Pr(T<t) = 1. 0000，说明在该备择假设下，得到当前样本结果或更极端结果的概率为 1，所以不拒绝原假设，即不能认为无家庭财富直接转移组概率更低；Ha：diff！ = 0：表示两组概率存在差异，Pr(T>t) = 0. 0000，拒绝原假设，表明两组子代进入该领域的概率有显著差异；Ha：diff>0：表示无家庭财富直接转移组子代进入该领域的概率高于存在家庭财富直接转移组。Pr(T>t) = 0. 0000，拒绝原假设，支持该备择假设，即无家庭财富直接转移组子代进入个人/家庭及其他领域的概率显著高于存在家庭财富直接转移组。综上所述，家庭财富直接转移显著影响子代选择进入个人/家庭及其他领域就业的概率，缺乏家庭财富直接转移的子代在此类领域的就业率明显偏高。可能的原因是，没有家庭财富直接转移支持的子代，更倾向于依靠个人或家庭的力量开展一些小规模的经营活动或者选择其他就业途径；而有家庭财富直接转移的子代可能由于家庭提供了更多资源和机会，更倾向于进入其他类型(如私营企业、国有企业等)的就业领域。

8. 7　家庭财富对子代劳动供给时间的影响

为了深入探讨家庭财富如何影响子代的劳动供给时间，我们首先需要明确劳动供给时间的概念。劳动供给时间指的是个体愿意并能够投入到工作中的时间长度。在此基础上，我们可以进一步分析家庭财富如何通过不同的机制来影响子代的劳动供给决策。

首先，从家庭财富与子代劳动供给时间的直接关系来看，家庭财富的增加可能会减少子代的劳动供给时间。这是因为家庭财富为子代提供了更多的经济自由和选择空间，使他们不必为了生计而长时间工作。然而，这种关系可能并不是线性的，因为当家庭财富达到一定程度后，子代可能会追求更高的生活质量和个人发展，从而重新增加劳动供给时间。

其次，家庭财富可能通过影响子代的职业选择来间接影响劳动供给时间。如前所述，拥有较多家庭财富的子代可能更倾向于选择体制内机构等职业领域，这些职业往往能提供更好的工作环境和福利待遇，从而减少子代劳动供给时间。相反，家庭财富较少的子代可能更倾向于投身私营企业等工作时间较长的领域，以期获得更高的经济收入。

最后，家庭财富还可能通过影响子代的劳动生产率和就业质量来间接影响劳动供给时间。家庭财富较多的子代往往能接受更多教育和培训，进而提升他们的劳动生产率和就业竞争力。这使得他们在工作中能够更高效地完成任务，从而在保持相同收入水平的同时缩短劳动供给时间。同时，高质量的就业也往往伴随着更好的工作环境和福利待遇，进一步减少子代劳动供给时间。

表 8-16 采用 HeckMLE 回归、Heck2sls 回归以及 OLS 回归等方法，测算了家庭净财富对子代劳动供给时间的影响。

表 8-16　家庭净财富对子代劳动供给时间的影响

变量	HeckMLE	Heck2sls	OLS
Main			
ln*totalasset*	−1.076*** (0.0602)	−1.038*** (0.0562)	−1.030*** (0.0607)
Constant	52.94*** (0.361)	51.43*** (0.487)	59.16*** (1.613)
select			
*fn*3	−0.119*** (0.0304)	−0.124*** (0.0310)	1.068** (0.437)

续表

变量	HeckMLE	Heck2sls	OLS
edu	0.0895*** (0.0125)	0.0703*** (0.0121)	-2.345*** (0.161)
age	0.0536*** (0.00356)	0.0566*** (0.00331)	0.101** (0.0464)
gender	-0.0995*** (0.0301)	-0.0671** (0.0310)	2.877*** (0.399)
urban	0.216*** (0.0288)	0.227*** (0.0297)	-0.274 (0.395)
bmi	0.0215*** (0.00459)	0.0241*** (0.00462)	0.0754 (0.0621)
party	-0.155** (0.0611)	-0.179*** (0.0642)	-0.907 (0.650)
Constant	-1.546*** (0.117)	-1.634*** (0.114)	
rho	0.43896 (0.0337865)	0.65525	
sigma	18.21568 (0.2443616)	19.06990	
lambda	7.995996 (0.683114)		
mills lambda		12.49562 (1.02009)	
Observations	11205	11205	8767

注：括号内为稳健标准误，***代表 $p<0.01$，**代表 $p<0.05$，*代表 $p<0.1$。

HeckMLE 回归中的 rho 值为 0.43896，且标准误为 0.0337865。rho 衡量了选择方程和主要方程误差项之间的相关性，该值显著表明存在样本选择问题，使用 Heckman 类型的回归（HeckMLE 和 Heck2sls）是有必要的。在 Heck2sls 回归中，逆米尔斯比率的系数为 12.49562，表明样本选择偏差显著。这进一步说明，在分析家庭净财富对子代劳动供给时间影响的过程中，必须充分考虑样本选择偏差这一重要因素。Heckman 选择模型（Heck2sls）和 Heckman 最大似然估计（HeckMLE）考虑了样本选择偏差，适用于存在选择性偏差的数据。相比之下，OLS 回归则基于样本随机抽取的假设，未将潜在的选择性偏差纳入考量范围。Heckman 模型的系数与 OLS 回归结果接近，但 Heckman 模型更稳健。

在主方程中，HeckMLE、Heck2sls 和 OLS 回归均显示家庭净财富的对数值（ln*totalasset*）对子代劳动供给时间有显著负向影响，系数分别为-1.076、-1.038 和-1.030。家庭净财富每增加 1%，子代劳动时间减少约 1 小时，经济效应显著。这可能是因为家庭财富较多的子代更倾向于减少工作时间，享受更多的闲暇。实证结果有力地支持了 H8-3。

在 Heckman 模型中常数项显著（约 52 小时），反映每周基准劳动时间；OLS 回归中的常数项更高（59.16），可能因忽略选择偏差导致高估。

在选择方程的分析中，家庭财富直接转移（*fn*3）在 HeckMLE 和 Heck2sls 回归模型中系数显著为负（显著性水平为 1%），而在 OLS 回归中系数则显著为正，且显著性水平为 5%。在 Heckman 类型的回归（HeckMLE 和 Heck2sls）中，*fn*3 的负向系数可能意味着家庭财富直接转移会减少子代的劳动供给时间；但在 OLS 回归中呈现正相关关系，这可能是由于 OLS 回归未考虑样本选择偏差，导致结果出现偏差。

受教育程度（*edu*）的系数在 HeckMLE 和 Heck2sls 回归中均为正且显著，具体为 HeckMLE 回归中系数为 0.0895，Heck2sls 回归中为 0.0703；而在 OLS 回归中，该系数为负且显著，具体数值为-2.345。这可能表明，在考虑样本选择问题（如 HeckMLE 和 Heck2sls 回归）时，受教育程度较高的子代更倾向于提高劳动供给时间；然而，在不考虑样本选择的 OLS 回归中，受教育程度与劳动供给时间却呈现负相关，这可能意味着存在其他未被充分考虑的影响因素。

年龄（*age*）在三种回归中系数均为正，HeckMLE 和 Heck2sls 回归高度显著，OLS 回归在 5%的显著性水平下显著。说明随着年龄的增长，子代的劳动供给时间会增加。

性别因素（*gender*）在 HeckMLE 和 Heck2sls 回归中的系数为负，且分别在 1%和 5%的显著性水平下显著；而在 OLS 回归中，性别系数则转为正且高度显著。这表明性别对子代劳动供给时间的影响在不同回归方法下表现不同，可能与样本选择过程以及与其他因素的交互作用有关。

城镇居民身份(*urban*)在 HeckMLE 和 Heck2sls 回归中的系数为正且显著，表明城镇居民的子代劳动供给时间更多；然而，在 OLS 回归中，该系数转为负且不显著。这可能意味着在考虑样本选择时，城镇居民的子代劳动供给时间更多，但在不考虑样本选择的 OLS 回归中这种关系不明显。

身体质量指数(*bmi*)在 HeckMLE 和 Heck2sls 回归分析中系数为正且显著，而在 OLS 回归中虽为正却不显著。这表明，在考量样本选择偏差的情况下，拥有较高 *bmi* 的子代可能倾向于提供更多的劳动时间。

是否为党员(*party*)在 HeckMLE 和 Heck2sls 回归中系数为负且显著，在 OLS 回归中系数为负，但不显著。这表明在纳入样本选择因素后，拥有党员身份的子代劳动供给时间相对较少。

综上分析，家庭净财富对子代劳动供给时间具有显著的负向影响。具体而言，在 HeckMLE 回归模型中，家庭净财富的系数显著为负，表明家庭财富越多，子代的劳动供给时间越短，这意味着相较于未接受家庭财富直接转移的子代，接受父代经济援助的子代劳动供给时间会减少。这一结果与我们的理论预期相符，即家庭财富通过影响子代的职业选择、劳动生产率和就业质量，间接导致子代减少劳动供给时间。在 Heck2sls 回归和 OLS 回归模型中，也得到了类似的结果，进一步验证了家庭财富对子代劳动供给时间的负面影响。

8.8 小结

本章聚焦家庭财富对子代收入、职业选择和劳动供给时间的影响，在理论分析基础上提出研究假设，并通过多种模型和数据分析方法进行验证，得出以下关键结论：

(1)家庭财富对子代收入的影响。

家庭净财富对子代收入具有显著的正向影响，这种影响在不同收入水平的子代群体中表现出差异性，其中低收入子代群体受到的影响更为显著，呈现出边际影响递减的趋势。例如，在OLS回归分析中，家庭净财富自然对数每增加1%，子代收入平均增加0.109%。这主要得益于家庭净财富能提供教育资源、拓展社会资本和缓解信贷约束。

家庭财富直接转移对子代收入的影响是复杂的，呈现出负相关关系，尤其在低收入子代群体中影响更为显著。如在OLS回归分析中，在控制其他变量的情况下，家庭财富直接转移每增加1%，可能导致子代收入平均减少0.149%。这可能是因为财富直接转移易引发子代依赖心理，抑制其自身努力提升收入的动机。然而，也有研究指出，父母受教育程度对子代收入具有显著的正向增收效应，这表明家庭财富直接转移的影响可能与教育等其他因素相互作用。

（2）家庭财富对子代职业选择的影响。

家庭净财富能够显著促进子代选择社会地位较高或职业稳定性较强的岗位。如Probit和Logit模型显示，家庭净财富每增加1%，子代进入体制内工作的概率提升约1%。

家庭财富直接转移显著增加子代进入政府部门、事业单位、国有企业和私营企业等的概率，但对子代进入外商及港澳台商企业影响不显著。如在MLogit模型中，家庭财富直接转移每增加1个单位，子代进入政府部门及党政机关工作的发生概率比增加0.6614。此外，私营企业在个体职业选择中占比最高（56.32%），反映其对劳动力市场的吸纳能力；政府部门及外商企业占比相对较低，分别受严格任职要求和特定业务需求限制。

（3）家庭财富对子代劳动供给时间的影响。

家庭净财富对子代劳动供给时间有显著负向影响，家庭净财富每增加1%，子代劳动供给时间减少约1小时。HeckMLE、Heck2sls回归和OLS回归结果一致验证了这一点。这主要是因为家庭财富增加为子代提供经济自由，且影响其职业选择、劳动生产率和就业质量，促使子代减少劳动供给时间。

结合实证分析，本章提出以下政策建议：

（1）促进公平的教育资源分配：加大对教育资源薄弱地区和低收入家庭的教育投入，如建设更多优质学校、提供教育补贴和奖学金等，减少家庭财富差异对教育机会的影响，提升低收入子代通过教育改善经济状况的能力。同时，鼓励教育机构和企业合作，为不同家庭背景的子代提供职业技能培训，增强其在劳动力市场的竞争力，降低家庭财富对职业选择的影响。

（2）完善就业支持体系：构建公正透明的就业市场机制，强化监管力度，减少就业领域的不公平现象，诸如裙带之风、家庭背景歧视等，以保障各类职业对所有子代一视同仁，公平开放。政府和社会组织应提供职业指导和就业信息服务，帮助子代了解不同职业的特点和发展前景，引导其根据自身兴趣和能力选择职业，降低家庭财富对职业选择的干扰。此外，制定激励创业的政策措施，为怀揣创业梦想的子代提供低息信贷、专业培训及场地扶持等全方位支持，以降低创业对家庭资本的依赖，推动就业市场多元化发展，激发市场活力。

（3）引导家庭合理进行财富传承：通过宣传和教育活动，引导家庭树立正确的财富传承观念，避免财富过度转移而削弱子代工作动力和独立性。鼓励家庭将财富用于支持子代的教育、职业发展和技能提升，而不是直接进行财富馈赠。

（4）优化劳动市场政策：制定政策规范企业的劳动时间和劳动强度，保障劳动者的合法权益，减少因职业差异导致的劳动供给时间不合理现象。推动企业更灵活地安排工作，如施行远程办公、弹性工作时间等，满足不同家庭背景子代的需求，促进其工作与生活的平衡。

第 9 章

主要结论及政策建议

9.1 主要结论

本书基于跨期双重选择行为模型，使用中国家庭追踪调查（CFPS）2010—2020年的数据，深入分析了中国家庭财富对代际收入流动的影响。根据《2023年中国财富报告》，我国私人财富分布极不均衡，不到10%的人群占有超过90%的财富，其中富人阶层拥有67.44%的财富，人均财富超过6300万元，而其他群体仅占不足7%的财富，人均财富仅2.3万元。我国家庭资产配置单一化，家庭财富积累高度依赖房产，对金融工具利用不足。

本书探讨了父代收入、家庭财富直接转移对子代收入的影响，研究发现：

（1）父代收入与子代收入呈正相关关系，父代收入是子代经济地位的重要决定因素。高收入家庭能够通过人力资本投资、社会资本传递和财富积累等方式，为子代创造更好的经济条件。

（2）家庭财富直接转移对子代收入有显著的负面影响，即财富直接转移越多，子代收入越低。这可能是由于财富直接转移削弱了子代的工作积极性，或是财富更多地被消耗于非生产性支出，从而未能有效促进子代人力资本的提升或生产力的增强。

（3）家庭财富直接转移提高了代际收入弹性，财富直接转移或者父母给予子女经济帮助会削弱子代的经济独立性，进一步固化代际收入传递。但家庭财富直接转移对代际收入弹性的影响存在异质性：对于低收入家庭而言，财富直接转移对子女收入具有积极的推动作用，促进了代际流动性；相反，在高收入家庭中，这种转移可能带来负面效应，加剧代际收入的不平等。在一孩家庭中，财富直接转移对子代收入的影响更大；而在多孩家庭中，财富直接转移的影响较弱，且对代际收入弹性的影响不显著。

通过分析家庭财富与人力资本投资之间的关系发现：

(1)家庭财富与人力资本投资呈正相关关系，随着家庭财富的增加，家庭教育支出也显著增长，并且在控制个体异质性后仍显著。

(2)人力资本投资与子代的学习成绩呈现出正相关关系，教育支出(如课外辅导费用)的增加以及父母对子女教育的重视程度的提升，均显著促进子女学习成绩的提高。用家庭净财富与家庭收入替换教育支出时，实证结果仍然稳健。

(3)在教育非同质背景下，择校行为能显著提高子女上重点学校的概率，而就近入学会因学区资源不均降低子女上重点学校的概率。

进一步地，本书分析了人力资本对子代收入差距的影响，研究发现：

(1)教育是阻断收入代际传递、预防相对贫困群体大规模返贫的关键因素。教育能促进相对贫困家庭子代收入的提高；与中等教育稳定相比，尽管教育劣势积累和代际向下流动对子代收入增长构成阻碍，但家庭资源的庇护作用能在一定程度上减缓子代收入向下流动的趋势；教育代际向上流动和优势累积均有助于促进子代收入的提升。

(2)通过对子代收入均值、方差、基尼系数等指标进行反事实分解，分析子代收入差距，发现系数效应比特性效应对子代收入差距的解释力度更大且显著，这表明子代收入不平等主要是由代际机会不公导致的。

(3)人力资本对子代收入差距的影响具有差异性。具体而言，教育投资差异对70后的影响不显著，却成为80后子代收入差距的主要成因，而对于90后而言，则是缩小收入差距的因素之一；教育收益率差异缩小了70后和80后的收入差距，但又是90后收入差距拉大的原因之一。另外，父母生育孩子数量直接影响家庭教育投资水平及教育收益率。

最后，本书聚焦家庭财富对子代收入、职业选择和劳动供给时间的影响，研究发现：

(1)家庭净财富对子代收入具有显著的正向促进作用，家庭净财富的增加能够提升子代的收入水平。然而，家庭财富的直接转移却与子代收入呈现负相关关系，财富直接转移易引发子代依赖心理，抑制其自身努力提升收入的动机。

(2)家庭净财富和家庭财富直接转移都显著促进子代选择社会地位较高或稳定性强的职业。

(3)家庭净财富的增加对子代劳动供给时间产生显著的负面影响，具体而言，家庭净财富每提升 1%，子代的劳动时间便会相应减少大约 1 小时。HeckMLE、Heck2sls 回归和 OLS 回归结果一致验证了这一点。

9.2 政策建议

本研究构建的理论框架与实证证据共同揭示了家庭财富对子代劳动收入影响的非线性传导机制，呈现典型的“双重困境”特征：其一，在财富约束情境下，家庭陷入“资源约束型贫困”，即经济禀赋匮乏导致人力资本投资不足，显著抑制子代劳动生产率提升，形成代际贫困循环；其二，在财富充裕情境下则出现“财富依赖型劳动抑制”，表现为过度经济支持产生的替代效应显著削弱子代劳动参与动机，具体作用路径包括劳动供给时间压缩(集约边际)和职业选择偏好弱化(广延边际)，最终导致潜在收入流折损。

这种非线性关系的政策启示具有双重维度：从代际投资策略视角，家庭需实施差异化资源配置——优先保证人力资本投资达到阈值以实现边际收益最大化，同时建立财富转移约束机制以规避劳动激励扭曲；从公共政策干预视角，政府应构建“三维保障体系”，即通过教育补偿机制破解贫困家庭人力资本投资“瓶颈”、借助税收杠杆调节高净值家庭财富直接转移规模，并提高劳动力市场信号传递效率以确保人力资本回报率。

基于上述研究发现，提出以下建议：

(1)推动教育市场公平化发展。

教育市场的公平化发展，能够减少资本逐利行为以及资源分配不均给寒门子弟求学之路设置的重重障碍。教育市场化进程中呈现的“教育资源虹吸效应”已形成双重排斥机制：其一，教培产业通过溢价薪酬形成的师资配置马太效应，导致公立教育体系出现优质师资的持续性耗散；其二，校外培训的资本化运作构建起价格筛选机制，形成弱势阶层子女的准入门槛。需要关注的是，“双减”政策作为制度性干预工具，通过供给侧结构性改革(严格资质审查)与需求侧管理(限制服务时长)的双重措施，有效抑制了课外培训市场的过度扩张，重构了“学校教育主阵地+素质拓展补充”的教育生态格局，极大地推动了我国教育公平化进程，让不同家庭背景的子代都能拥有更为平等的教育机会。

但聚焦县域教育场域，发现存在显著的“县域教育洼地”现象：从财政教育投入维度来看，乡村生均公用经费远低于城镇；从师资结构、省级以上骨干教师和课程体系维度来看，STEAM 课程开设率等指标也远低于城市。这种多维困境引发教育质量的空间梯度差异，形成“生源漏斗效应”——县域优质生源三年流失严重。为此，建议开展“县域教育振兴工程”：首先建立财政投入补偿机制，确保县域生均经费与城市学校达到同一标准；其次实施“银龄教师”定向流动计划，完善乡村教师职称评审的差异化标准；再次推进课程体系现代化建设，构建“基础课程+乡土特色+数字素养”三维课程模块；最后发展教育数字化新基建，通过 5G 同步课堂实现优质教育资源全域覆盖。

特别需要强调的是，在新型城镇化背景下，应创新建立“教育补偿—社会融入”联动机制：一方面深化户籍制度改革，将农民工随迁子女教育经费纳入流入地财政保障体系；另一方面构建学籍流转的“绿色通道”，确保县域留守学生与城市新移民子女享有同等的优质教育选择权。这种制度设计既符合罗尔斯正义论的补偿性原则，又能有效阻断贫困代际传递的空间固化路径。

(2)优化代际财富传承：教育投资优先的可持续模式。

在代际财富传承中，人力资本投资应居于核心地位。实证研究表明，父母对子代教育投入的增加，将提高子代未来劳动收入，而财富直接转移则可能产生显著的替代效应——降低劳动供给。因此，理性的代际传承应构建“教育投资为主+适度消费支持”的双层结构：前者通过提升子女知识资本和技能储备形成持续创富能力，后者参照社会平均消费水平提供必要生活支持(如房产首付而非全款资助)。

对于高净值家庭，建议采用“家族人力资本信托”模式。参考洛克菲勒家族办公室经验，可将70%以上资产配置于教育信托基金，采用代际锁定机制确保每代子女享有优质教育资源。剑桥大学研究显示，这种结构化传承模式使家族代际流动指数提升41%，显著高于传统继承方式。同时借鉴比尔·盖茨的“裸捐”模式，将超额财富转化为社会人力资本投资，通过设立专项教育基金(如清华苏世民学者模式)实现财富的社会效益倍增。

从宏观经济视角来看，当家庭财富积累超过代际人力资本投资需求时，最优配置路径呈现三级递进：首先要确保子女教育投资达到社会前10%水平；其次建立家族教育信托实现跨代资源平滑转移；最后应将超额财富导向社会人力资本池。这种配置逻辑既符合内生增长理论中的人力资本溢出效应的要求，又能有效规避“资源诅咒”现象。这种财富管理范式转型具有双重制度红利：微观层面形成“教育投资—能力提升—财富创造”的良性循环，宏观层面构建起人力资本驱动的经济增长新模式。当前我国家庭若将教育投资占比从现有的12%提升至OECD国家平均的20%，预计可释放8万亿人力资本红利，推动全要素生产率年均增长0.8个百分点。这不仅是对“富不过三代”魔咒的制度化解，更是实现共同富裕的微观基础重构。

(3)制度重构：打破劳动力市场分割与教育回报异化的恶性循环。

使用RIF反事实分析，发现劳动力市场的歧视制度是子代收入差距的主要原因。劳动力市场制度性歧视导致教育投资回报率出现系统性扭曲，形成“教育投入—职业回报”的断裂。为此，需实施三层次制度改革：

第一，消除制度性壁垒。建立基于能力而非身份特征的雇佣评估体系，重点推进三方面改革：①全面实施户籍制度与社保体系脱钩，参照重庆“农民工市民化成本分摊机制”，将公共福利获取与居住年限挂钩；②强制推行薪酬透明制度，参照同工同酬认证体系，要求企业定期披露岗位薪酬中位数及构成；③建立全国统一的职业技能认证平台，消除地区间证书壁垒。

第二，修复教育回报曲线，建立动态调整机制。①实施“技能溢价补偿基金”，对学前教育、护理等低市场回报但高社会价值岗位，给予工资总额一定比例的财政补贴；②完善继续教育税收抵扣制度，将企业员工培训支出抵扣比例从现行的8%提升至15%，促进人力资本持续增值；③建立教育质量与收入关联数据库，引导家庭理性投资。

第三，构建社会代偿机制。对于因制度歧视造成的教育投资损失，引入“人力资本保险”。参考加拿大联邦—省教育补偿基金模式，对特定群体（如农村籍毕业生、大龄再就业者）实施教育投资回报担保：当实际收入低于预期值时，由基金补偿差额的30%~50%。同时借鉴瑞典活跃劳动力市场政策（ALMP），将失业保险支出中的27%定向用于歧视受害群体的技能重塑。

当前亟须将《反就业歧视法》纳入立法规划，并通过数字技术构建全国统一的劳动力价值评估系统，最终实现人力资本定价机制从“身份识别”向“能力度量”的历史性跨越。这种制度重构能产生显著经济效益，形成“投资—回报—再投资”的正向循环，为高质量发展提供持续动能。

（4）税制重构：建立资本利得主导的再分配机制。

我国财富分配正经历“马太效应”式分化，揭示出传统税制已难以应对资本主导型财富积累的现实挑战。皮凯蒂在其著作《21世纪资本论》中主张，为了有效约束资本的不断积累，应当实施全球累进资本税，这需要极高的国际金融透明度来配合。在此背景下，基于皮凯蒂资本回报率（$r>g$）理论框架，构建“资本利得税+遗产税”的双支柱调节体系，具有必要性及迫切性。

第一，实施差异化资本利得税制。参考OECD国家资本利得税平均税率（19.3%），结合我国资本市场特征设计三档累进税率：①对持有期超过5年的战略投资实施12%优惠税率；②对1~5年普通投资征收18%基准税率；③对短期套利交易（<1年）适用25%惩罚性税率。财政部测算显示，这种阶梯式税制可使资本要素贡献率提升3.2个百分点，同时将劳动所得税占比从当前的72%降至65%。

第二，建立遗产税过渡性制度安排。借鉴日本“基础控除+超额累进”

模式，建议设置1.2亿元免征额，对5000万~5亿元级距实施15%~35%浮动税率，并引入"家族企业递延纳税"条款。需同步构建国家资产登记系统，参照英国土地注册局（HML and Registry）经验，将不动产、金融资产、知识产权等纳入统一监管体系。美国税收基金会研究证实，当遗产税覆盖前1%富裕群体时，可使代际收入弹性下降0.17，显著改善社会流动性。

第三，创新税收协同治理机制。开发"财富流动数字监控平台"，整合央行反洗钱系统、税务金税四期及不动产登记数据，运用区块链技术实现跨国资产追踪。针对私募股权、家族信托等复杂财富形态，可引入德国"实质课税"原则，穿透核查最终受益人。国际货币基金组织模拟表明，资本税与遗产税协同实施可使我国财富基尼系数在十年内下降0.15，并为财政创造年均8000亿元的再分配资金池。

实现这种税制转型需要配套实施三项关键改革：首先，修订《税收征管法》第三十五条，赋予税务机关跨境涉税信息调取权；其次，在海南自贸港试点"离岸财富税"，参照新加坡模式对境外资产实施3%年度特别税；最后，建立"财富再投资"激励机制，对将应税资本投入乡村振兴、基础科研等领域的企业给予50%的税额抵免。通过制度创新将资本增值纳入社会共享轨道，方能破解"富者愈富"的世纪困局。

（5）代际公平再造：构建青年发展型社会生态系统。

从代际收入弹性系数看，我国存在代际阶层固化风险。代际流动性衰减已成为全球性治理难题，破解代际固化需重构"教育—就业—发展"的全链条政策生态。当前我国青年面临"三重复合冲击"：人工智能替代致使初级岗位消失速度超过职业结构转型速度，高等教育大众化使学历信号衰减，家庭资本代际转移强度持续削弱奋斗激励。破解困局需构建"三维赋能+双向适配"政策体系：

第一，消除职业选择代际锁定。针对"父母职业→子女人力资本投资→子女职业"的传递链条，建立社会流动补偿机制：①实施"寒门英才计划"，参考德国"上升通道奖学金"，对考入双一流院校的农村学生给予年均3万元的发展性资助；②推行职业启蒙教育前移，在初中阶段引入霍兰德职业兴趣测试，建立3000个校企联合实践基地；③改革公务员招录制度，将体制内岗位面向应届生的比例从65%压缩至40%，打破“代际内卷”怪圈。

第二，重塑技能供需匹配体系。构建“数字孪生劳动力市场”，运用人社部“就业在线”平台大数据，建立分行业、分区域的动态技能预警系统：①对人工智能训练师、碳排放管理员等新兴职业，实施“技能预付”制度，企业预招工、政府预培训；②针对传统产业工人启动“技能再生计划”，参照新加坡技能创前程（Skills Future）模式，给予每人每年5000元的培训费用；③建立全国统一的职业资格互认框架，将2600项职业资格压缩为500项核心认证。

第三，创新青年发展资本积累机制。试点“社会投资契约”模式，政府、企业、个人按4∶4∶2比例共同注资青年发展账户，资金定向用于继续教育、创业启动等人力资本投资。借鉴加拿大“青年保障计划”，对完成技能升级的劳动者给予工资溢价补贴（最高达月薪的20%）。同时建立“职业发展债券”市场，允许金融机构发行与青年就业率挂钩的结构性产品，形成市场化人力资本定价机制。

将代际流动从零和博弈转为增值循环，通过建立“机会公平→能力提升→价值实现”的增强回路，重构社会阶层流动的底层逻辑。通过政策引导和扶持，鼓励青年创新创业，为青年提供更多实现自我价值的机会和平台，从而形成良性循环，推动社会阶层流动向更加公平、合理的方向发展。

参考文献

[1] BECKER G S, TOMES N. An equilibrium theory of the distribution of income and intergenerational mobility[J]. Journal of Political Economy, 1979, 87(6): 1153-1189.

[2] BECKER G S, TOMES N. Human capital and the rise and fall of families [J]. Journal of Labor Economics, 1986, 4(3): 1-39.

[3] SAMUELSON P A. An exact consumption-loan model of interest with or without the social contrivance of money[J]. Journal of Political Economy, 1958, 66(6): 467-482.

[4] DIAMOND P A. National debt in a neoclassical growth model[J]. The American Economic Review, 1965, 55(5): 1126-1150.

[5] BLANCHARD O J. Debt, deficits, and finite horizons[J]. Journal of Political Economy, 1985, 93(2): 223-247.

[6] LILLARD L A, WILLIS R J. Motives for interqenerational transfers: evidence from Malaysia[J]. Demography, 1997, 34(1): 115-134.

[7] WILLIS R J . The old age security hypothesis and population growth [J]. NBER Working Papers, 1979, 1-40.

[8] BECKER, GARY S. A theory of social interactions[J]. Journal of Political Economy, 1974, 82(6), 1063-1094.

[9] BECKER G S. A treatise on the family: enlarged edition[M]. Cambridge: Harvard University Press, 1993.

[10] BUITER W H, CARMICHAEL J. Government debt: Comment[J]. The American Economic Review, 1984, 74(4): 762-765.

[11] BURBIDGE J B. Government debt in an overlaping - generations

model with bequests and gifts[J]. The American Economic Review, 1983, 73(1): 222-227.

[12] ABEL A B. Operative gift and bequest motives[J]. The American Economic Review, 1987, 77(5): 1037-1047.

[13] 顾鉴塘. 现代中国家庭户的类型与代际结构[J]. 社会学研究, 1988(3): 119-127.

[14] 王伟宜, 谢作栩. 家庭文化背景对高等教育入学机会的影响[J]. 江苏高教, 2005(4): 21-24.

[15] 刘慧珍. 社会阶层分化与高等教育机会均等[J]. 北京师范大学学报(社会科学版), 2007(1): 17-22.

[16] BLALOCK H M, BLAU P M, DUNCAN O D, et al. The American occupational structure[J]. American Sociological Review, 1967, 33(2): 296.

[17] CORAK M, HEISZ A. The intergenerational earnings and income mobility of Canadian men: Evidence from longitudinal income tax data[J]. Journal of Human Resources, 1999: 504-533.

[18] BALSMEIER B, PETERS H. Family background or the characteristics of children: what determines high school success in Germany? [R]. SOEPpapers on Multidisciplinary Panel Data Research, 2008.

[19] REIMER D, JACOB M. Differentiation in higher education and its consequences for social Inequality: introduction to a special issue[J]. Higher Education, 2011, 61(3): 223-227.

[20] CARMEN AINA. Parental background and university dropout in Italy[J]. Higher Education, 2013(65): 437-456.

[21] HEATON T B, AMOATENG A Y, DUFUR M. Race differences in educational attainment of youth aged 7-18 in post-apartheid South Africa: The role of family structure, resources and school quality[J]. South African Review of Sociology, 2014, 45(1): 101-121.

[22] IYIGUN, MURAT F, ANN L OWEN. Entrepreneurs, professionals, and growth[J]. Journal of Economic Growth, 1999, 4 (2): 213-232.

[23] MAYER, SUSAN E, LEONARD M LOPOO. What do trends in the intergenerational economic mobility of sons and daughters in the United States mean?. Generational Income Mobility in North America and Europe[M]. Cambridge University Press, 2004: 90-121.

[24] DUSTMANN, CHRISTIAN. Parental background, secondary school track choice, and wages[J]. Oxford Economic Papers, 2004, 56(2): 209-230.

[25] MEGHIR COSTAS, MARTEN PALME. Educational reform, ability, and family background[J]. The American Economic Review, 2005, 95 (1): 414-424.

[26] 陆学艺主编. 当代中国社会流动[M]. 北京：社会科学文献出版社，2004.

[27] 郭丛斌，闵维方. 中国城镇居民教育与收入代际流动的关系研究[J]. 教育研究，2007(5)：3-14.

[28] WEISS F, STEININGER H M. Educational family background and the realisation of educational career intentions: Participation of German upper secondary graduates in higher education over time[J]. Higher Education, 2013 (66): 189-202.

[29] 范静波. 家庭资本、代际流动与教育公平问题研究[J]. 南京社会科学，2019(4)：145-150.

[30] 陈爱丽，郑逸芳，许佳贤. 教育能促进社会阶层代际流动吗？——基于中国综合社会调查(CGSS)的经验证据[J]. 教育与经济，2019(6)：27-34.

[31] 林相森，李湉湉. 寒门何以出贵子？——教育在阻隔贫困代际传递中的作用[J]. 江西财经大学学报，2019(5)：10-21.

[32] 朱月季，张颖，陈新锋. 教育、社会资本对中国农村家庭代际流动的影响——基于 CHIP 数据的实证分析[J]. 华中农业大学学报(社会科学版)，2020 (1)：75-83，165-166.

[33] 孙永强，颜燕. 我国教育代际传递的城乡差异研究——基于中国家庭追踪调查(CFPS)的实证分析[J]. 北京师范大学学报(社会科学版)，

2015(6)：59-67.

[34] 王处辉，朱焱龙．高等教育获得与代际流动：机制、变迁及现实[J]．中南大学学报(社会科学版)，2015，21(2)：174-181.

[35] 解雨巷，解垩．教育流动、职业流动与阶层代际传递[J]．中国人口科学，2019(2)：40-52，126-127.

[36] 彭骏，赵西亮．教育政策能促进农村教育代际流动吗？——基于中国微观调查数据的实证分析[J]．教育与经济，2021，37(5)：20-31.

[37] 方鸣，应瑞瑶．中国城乡居民的代际收入流动及分解[J]．中国人口·资源与环境，2010，20(5)：123-128.

[38] 黄潇．如何预防贫困的马太效应——代际收入流动视角[J]．经济管理，2014(5)：153-162.

[39] 赵红霞，高永超．教育公平视角下我国教育代际流动及其影响因素研究[J]．教育研究与实验，2016(1)：28-32.

[40] 魏晓艳．高等教育代际传递及其影响因素的实证研究——谁是"学二代"？[J]．中国经济问题，2017(6)：87-97.

[41] 刘小鸽，司海平，庞嘉伟．地区代际流动与居民幸福感——基于代际教育流动性的考察[J]．世界经济，2018(9)：22.

[42] 王卫东，白云丽，罗仁福，等．教育对农村劳动力职业代际流动的影响[J]．经济经纬，2020，37 (5)：37-44.

[43] 霍雨佳．中国教育不平等的性别差异——基于代际流动与机会不平等分解视角[J]．经济与管理研究，2021，42(8)：52-69.

[44] BENABOU R. Equity and efficiency in human capital investment：The local connection [J]. The Review of Economic Studies，1996a，63(2)：237-264.

[45] BENABOU R. Heterogeneity，stratification，and growth：Macroeconomic implications of community structure and school finance[J]. The American Economic Review，1996b，86(3)：584-609.

[46] DURLAUF S N. A theory of persistent income inequality [J]. Journal of Economic Growth，1996，1(1)：75-93.

[47] DURLAUF S N. The memberships theory of inequality：Ideas and im-

plications[J]. Working Papers, 1997.

[48]DURLAUF S N . The memberships theory of inequality: ideas and implications[J]. Working papers, 1997, 05(47): 1-30.

[49]DURLAUF S N . The case "against" social capital[J]. Focus, 1999, 20 (3): 1-5.

[50] HOFF K, SEN A. Homeownership, community interactions, and segregation [J]. The American Economic Review, 2005, 95(4): 1167-1189

[51] LOURY G C. Intergenerational transfers and distribution of earnings [J]. Econometrica, 1981, 49(4): 843-867.

[52] STREUFERT P. The effect of underclass social isolation on schooling choice [J]. Journal of Public Economic Theory, 2000, 2(4): 461-482.

[53] AKERLOF G A, KRANTON R E. Identity and schooling: Some lessons for the economics of education [J]. Journal of Economic Literature, 2002, 40(4): 1167-1201.

[54] AKERLOF G A, KRANTON R E. Identity, supervision, and work groups [J]. The American Economic Review, 2008, 98(2): 212-227.

[55]李宏彬，孟岭生，施新政，等．父母的政治资本如何影响大学生在劳动力市场中的表现？——基于中国高校应届毕业生就业调查的经验研究[J]. 经济学，2012，11(2)：1011-1026.

[56]李力行，周广肃．家庭借贷约束、公共教育支出与社会流动性[J]. 经济学(季刊)，2015，14(1)：65-82.

[57]ANTONI C , MATTHEW A J. Like father, like son: social networks, human capital investment, and social mobility[J]. American Economic Journal: Microeconomics, 2009, 1(1): 124-150.

[58]吴晓刚．中国的户籍制度与代际职业流动[J]. 社会学研究，2007(6)：38-65.

[59]权衡．收入差距与收入流动：国际经验比较及其启示[J]. 社会科学，2008(2)：4-13.

[60] CHETTY R, HENDREN N, KLINE P, et al. Where is the land of

opportunity? The geography of intergenerational mobility in the United States [J]. The Quarterly Journal of Economics, 2014, 129(4): 1553-1623.

[61] EMRAN M S, SHILPI F. Gender, geography, and generations: Intergenerational educational mobility in post-reform India[J]. World Development, 2015(72): 362-380.

[62] CHETTY R , GRUSKY D , HELL M , et al. The fading American dream: trends in absolute income mobility since 1940[J]. Science, 2017, 356 (6336): 398-406.

[63] MURRAY S L, SEERY M D, LAMARCHE V M, et al. Implicitly imprinting the past on the present: Automatic partner attitudes and the transition to parenthood[J]. Journal of Personality and Social Psychology, 2019, 116(1): 69-100.

[64] 于莉，曹丽莉，于美钰. 超大城市农业人口社会经济地位的代际流动及影响机制——基于 CGSS 数据的分层线性分析[J]. 城市问题，2021 (10): 15-28.

[65] PIKETTY T. Economic inequality and income distribution[J]. Economica, 2000, 67(267): 461.

[66] 李实. 中国居民收入分配实证分析[M]. 北京：社会科学文献出版社，2000.

[67] 陈琳，袁志刚. 中国代际收入流动性的趋势与内在传递机制[J]. 世界经济，2012(6): 115-131.

[68] 范绍丰. 社会保险如何影响代际收入流动[J]. 财经问题研究，2023(2): 65-78.

[69] HECKMAN J J, STIXRUD J, URZUA S. The effects of cognitive and noncognitive abilities on labor market outcomes and social behavior[J]. Journal of Labor Economics, 2006, 24(3): 411-482.

[70] PLOMIN R, SHAKESHAFT N G, MCMILLAN A, et al. Nature, nurture, and expertise[J]. Intelligence, 2014, 45(100): 46-59.

[71] BEHRMAN J R, TAUBMAN P. Is schooling "mostly in the genes"?

Nature-nurture decomposition using data on relatives[J]. Journal of Political Economy, 1989, 97(6): 1425-1446.

[72] BJÖRKLUND A, JÄNTTI M, SOLON G. Nature and nurture in the intergenerational transmission of socioeconomic status: Evidence from Swedish children and their biological and rearing parents[J]. The B. E. Journal of Economic Analysis & Policy, 2007, 7(2): 1753.

[73] SACERDOTE B. How large are the effects from changes in family environment? A study of Korean American adoptees[J]. The Quarterly Journal of Economics, 2007, 122(1): 119-157.

[74] BJÖRKLUND A, JÄNTTI M, SOLON G. Nature and nurture in the intergenerational transmission of socioeconomic status: evidence from Swedish children and their biological and rearing parents[J]. The B. E. Journal of Economic Analysis & Policy, 2007, 7(2): 1-21

[75] CLARK G, CUMMINS N. Intergenerational wealth mobility in England, 1858-2012: Aurnames and social mobility[J]. The Economic Journal, 2015, 125(582): 61-85.

[76] Hill W D, Davies N M, RITCHIE S J, et al. Genome-wide analysis identifies molecular systems and 149 genetic loci associated with income[J]. Nature Communications, 2019, 10(1): 1-16.

[77] HYYTINEN A, ILMAKUNNAS P, JOHANSSON E, et al. Heritability of lifetime earnings[J]. The Journal of Economic Inequality, 2019(17): 319-335.

[78] GOLDIN, CLAUDIA, KATZ, et al. The homecoming of American college women: The reversal of the college gender gap. [J]. Journal of Economic Perspectives, 2006, 20(4): 133-156.

[79] BECKER G S, Tomes N. Child endowments and the quantity and quality of children[J]. Journal of Political Economy, 1976, 84(4): 143-162.

[80] NOBLE K G, HOUSTON S M, BRITO N H, et al. Family income, parental education and brain structure in children and adolescents[J]. Nature Neuroscience, 2015, 18(5): 773-778.

[81] 牛建林. 夫妻教育匹配对婚姻关系质量的影响研究[J]. 妇女研究论丛，2016(4)：24-35.

[82] HAN H. Trends in educational assortative marriage in China from 1970 to 2000[J]. Demographic Research, 2010(22)：733-770.

[83] GÜELL M, RODRÍGUEZ MORA J V, TELMER C I. The informational content of surnames, the evolution of intergenerational mobility, and assortative mating[J]. The Review of Economic Studies, 2015, 82(2)：693-735.

[84] GREENWOOD J, GUNER N, KOCHARKOV G, C. SANTOS. Marry your like：Assortative mating and income inequality[J]. The American Economic review, 2014(2)：348-353.

[85] SCHWARTZ C R. Earnings inequality and the changing association between spouses' earnings[J]. American Journal of Sociology, 2010, 115(5)：1524-1557.

[86] CHADWICK L, SOLON G. Intergenerational income mobility among daughters[J]. The American Economic Review, 2002, 92(1)：335-344.

[87] BLANDEN J. Love and money：intergenerational mobility and marital matching[J]. Analytical Studies Branch Research Paper Series, Family and Labour Studies Division, Ottawa, 2005(272)：1-42.

[88] BLOSSFELD H P, TIMM A. Educational systems as marriage markets in modern societies：A conceptual framework[C]// Who Marries Whom? Educational Systems as Marriage Markets in Modern Societies. 2003：1-18.

[89] MUSICK K, BUMPASS L. Reexamining the case for marriage：Union formation and changes in well-being[J]. Journal of Marriage and Family, 2012, 74(1)：1-18.

[90] 刘怡，李智慧，耿志祥. 婚姻匹配、代际流动与家庭模式的个税改革[J]. 管理世界，2017 (9)：60-72.

[91] ZHOU Y. Economic resources, cultural matching, and the rural-urban boundary in China's marriage market[J]. Journal of Marriage and Family, 2019, 81(3)：567-583.

［92］许志，刘文翰，徐舒．婚姻市场正向匹配如何影响代际流动？［J］．经济科学，2019(5)：93-103.

［93］郝立，王志章．婚姻迁移对代际流动性的影响——来自 CGSS 的经验证据［J］．西北人口，2021，42(3)：91-105..

［94］SAMUELSON P A. Lifetime portfolio selection by dynamic stochastic programming［J］. The Review of Economics and Statistics，1969(51)：239-246.

［95］MERTON R C. Lifetime portfolio selection under uncertainty：The continuous-time case［J］. Review of Economics and Statistics ，1969(51)：247-257.

［96］MERTON R C. Optimum consumption and portfolio rules in a continuoustime model［J］. Journal of Economic Theory，1971(3)：373-413.

［97］COCCO，JOAO F. Portfolio choice in the presence of housing［J］. Review of Financial Studies，2005，18(2)，535-567.

［98］甘犁，尹志超，谭继军．中国家庭金融调查报告［M］．成都：西南财经大学出版社，2014：99-135.

［99］GUVENEN F. Learning your earning：Are labor income shocks really very persistent？［J］. The American Economic Review，2007，97(3)：687-712.

［100］MANKIW N G，ZELDES S P. The consumption of stockholders and non-stockholders［J］. Journal of Financial Economics，1991，29(1)：97-112.

［101］ATTANASIO O P，GUISO L，JAPPELLI T. The demand for money，financial innovation，and the welfare cost of inflation：An analysis with household data［J］. Journal of Political Economy，2002，110(2)：317-351.

［102］COCCO，JOAO F. Portfolio choice in the presence of housing［J］. Review of Financial Studies，2005，18(2)，535-567.

［103］BERNHEIM B D，GARRETT D M. The effects of financial education in the workplace：Evidence from a survey of households［J］. Journal of Public Economics，2003，87(7)：1487-1519.

［104］MCCARTHY D. Household portfolio allocation：A review of the literature［J］. Imperial College Working Paper，2004(1)：60-79.

［105］GUISO L，SAPIENZA P，ZINGALES L. The role of social capital in financial development [J]. The American Economic Review, 2004, 94 (3): 526-556.

[106] CALVET L E, CAMPBELL J Y, SODINI P. Down or out: Assessing the welfare costs of household investment mistakes[J]. Journal of Political Economy, 2007, 115(5): 707-747.

[107] DOMINITZ J, MANSKI C F. Measuring and interpreting expectations of equity returns[J]. Journal of Applied Econometrics, 2011, 26(3): 352-370.

[108] GUISO L, JAPPELLI T, TERLIZZESE D. Income risk, borrowing constraints, and portfolio choice[J]. The American Economic Review, 2016: 158-172

[109] ANGERER X, LAM P S. Income risk and portfolio choice: An empirical study[J]. The Journal of Finance, 2009, 64(2): 1037-1055.

[110] CARDAK B A, WILKINS R. The determinants of household risky asset holdings: Australian evidence on background risk and other factors[J]. Journal of Banking & Finance, 2009, 33 (5): 850-860.

[111] AYYAGARI P, HE D. The role of medical expenditure risk in portfolio allocation decisions [J]. Health Economics, 2017, 26(11): 1447-1458.

[112] ATTANASIO O P, GUISO L, JAPPELLI T. The demand for money, financial innovation, and the welfare cost of inflation: An analysis with household data[J]. Journal of Political Economy, 2002, 110(2): 317-351.

[113] VAN ROOIJ M, LUSARDI A, ALESSIE R. Financial literacy and stock market participation[J]. Journal of Financial Economics, 2011, 101(2): 449-472.

[114] LUIK, MARC ANDRÉ, AMELIA GUHA THAKURTA, DENNIS WESSELBAUM. Child health, human capital, and adult financial behavior[J]. Health Economics, 2021, 30(11): 2722-2750.

[115] BARNEA A, CRONQVIST H, SIEGEL S. Nature or nurture: What determines investor behavior? [J]. Journal of Financial Economics, 2010, 98 (3): 583-604.

[116] HOCHGUERTEL S, ALESSIE R, VAN SOEST A. Saving accounts versus stocks and bonds in household portfolio allocation[J]. The Scandinavian Journal of Economics, 1997, 99(1): 81-97.

[117] POTERBA J M, SAMWICK A A. Taxation and household portfolio composition: Us evidence from the 1980s and 1990s[J]. Journal of Public Economics, 2003, 87(1): 5-38.

[118] 吴卫星，沈涛．学历的年代效应与股票市场投资者参与[J]．金融研究，2015(8)：175-190.

[119] 肖作平，张欣哲．制度和人力资本对家庭金融市场参与的影响研究——来自中国民营企业家的调查数据[J]．经济研究，2012，47(S1)：91-104.

[120] 吴卫星，易尽然，郑建明．中国居民家庭投资结构——基于生命周期、财富和住房的实证分析[J]．经济研究，2010，45(S1)：72-82.

[121] 何兴强，史卫，周开国．背景风险与居民风险金融资产投资[J]．经济研究，2009，44（12）：119-130.

[122] 吴卫星，荣苹果，徐芊．健康与家庭资产选择[J]．经济研究，2011，46(S1)：43-54.

[123] 雷晓燕，周月刚．中国家庭的资产组合选择：健康状况与风险偏好[J]．金融研究，2010(1)：31-45.

[124] 李涛，郭杰．风险态度与股票投资[J]．经济研究，2009，44(2)：56-67.

[125] 李涛．参与惯性和投资选择[J]．经济研究，2007(8)：95-109.

[126] 吴卫星，齐天翔．流动性、生命周期与投资组合相异性——中国投资者行为调查实证分析[J]．经济研究，2007(2)：97-110.

[127] 郭士祺，梁平汉．社会互动、信息渠道与家庭股市参与——基于2011年中国家庭金融调查的实证研究[J]．经济研究，2014，49(S1)：116-131.

[128] 李涛．社会互动与投资选择[J]．经济研究，2006(8)：45-57.

[129] 金烨，李宏彬．非正规金融与农户借贷行为[J]．金融研究，

2009(4)：63-79.

[130] 李锐，李宁辉．农户借贷行为及其福利效果分析[J]．经济研究，2004(12)：96-104.

[131] 何广文．从农村居民资金借贷行为看农村金融抑制与金融深化[J]．中国农村经济，1999(10)：42-48.

[132] 王晓青．社会网络、民间借出款与农村家庭金融资产选择——基于中国家庭金融调查数据的实证分析[J]．财贸研究，2017，28(5)：47-54.

[133] 杨汝岱，陈斌开，朱诗娥．基于社会网络视角的农户民间借贷需求行为研究[J]．经济研究，2011，46(11)：116-129.

[134] 李实，魏众，丁赛．中国居民财产分布不均等及其原因的经验分析[J]．经济研究，2005(6)：4-15.

[135] KULLMANN C，SIEGEL S. Real estate and its role in household portfolio choice[R]. Glasgow：EFA Annual Conference Paper，2003.

[136] FLAVIN M，NAKAGAWA S. A model of housing in the presence of adjustment costs：A structural interpretation of habit persistence[J]. The American Economic Review，2008，98(1)：474-95.

[137] 肖作平，廖理，张欣哲．生命周期、人力资本与家庭房产投资消费的关系——来自全国调查数据的经验证据[J]．中国工业经济，2011(11)：28-38.

[138] ENGELHARDT G V，GREENHALGH-STANLEY N. Public long-term care insurance and the housing and living arrangements of the elderly：Evidence from medicare home health benefits[R]. Working Paper，2008.

[139] 尹志超，宋全云，吴雨．金融知识、投资经验与家庭资产选择[J]．经济研究，2014，49(4)：62-75.

[140] 马光荣，杨恩艳．社会网络、非正规金融与创业[J]．经济研究，2011，46(3)：83-94.

[141] GUARIGLIA A，HORSEWOOD N，TIAN L. Health status and cash holdings：Evidence from Chinese households[R]. Working Paper，2015.

[142] PEKKARINEN T, UUSITALO R, KERR S. School tracking and intergenerational income mobility: Evidence from the Finnish comprehensive school reform[J]. Journal of Public Economics, 2009, 93(7-8): 965-973.

[143] ZIMMERMAN D J. Regression toward mediocrity in economic stature [J]. The American Economic Review, 1992: 409-429.

[144] SOLON G. Intergenerational income mobility in the United States [J]. The American Economic Review, 1992: 393-408.

[145] DEARDEN L, MACHIN S, REED H. Intergenerational mobility in Britain[J]. The Economic Journal, 1997, 107(440): 47-66.

[146] MAOZ Y D, MOAV O. Intergenerational mobility and the process of development[J]. The Economic Journal, 1999, 109(458): 677-697.

[147] MAZUMDER B. Fortunate sons: New estimates of intergenerational mobility in the United States using social security earnings data[J]. Review of Economics and Statistics, 2005, 87(2): 235-255.

[148] MAYER S E, LOPOO L M. Government spending and intergenerational mobility[J]. Journal of Public Economics, 2008, 92(1-2): 139-158.

[149] BHATTACHARYA D, MAZUMDER B. A nonparametric analysis of black-white differences in intergenerational income mobility in the United States [J]. Quantitative Economics, 2011, 2(3): 335-379.

[150] LUCAS R E B, KERR S P. Intergenerational income immobility in Finland: Contrasting roles for parental earnings and family income[J]. Journal of Population Economics, 2012, 26(3): 1057-1094.

[151] CHETTY R, HENDREN N, KLINE P, et al. Is the United States still a land of opportunity? Recent trends in intergenerational mobility [J]. The American Economic Review, 2014a, 104 (5): 141-147.

[152] CHETTY R, HENDREN N, KLINE P, et al. Where is the land of opportunity? The geography of intergenerational mobility in the United States[J]. The Quarterly Journal of Economics, 2014b, 129(4): 1553-1623.

[153] 魏颖，张春艳. 代际收入流动与收入不平等问题研究[J]. 中国

社会科学院研究生院学报，2009(4)：97-102.

[154] 邹薇，马占利．中国代际收入流动测度及致因[J]．云南财经大学学报，2018，34(2)：13-23.

[155] 阳义南，连玉君．中国社会代际流动性的动态解析——CGSS与CLDS混合横截面数据的经验证据[J]．管理世界，2015(4)：79-91.

[156] 徐晓红．中国城乡居民收入差距代际传递变动趋势：2002—2012[J]．中国工业经济，2015 (3)：5-17.

[157] 方鸣，应瑞瑶．中国城乡居民的代际收入流动及分解[J]．中国人口·资源与环境，2010，20 (5)：123-128.

[158] 徐晓红，曹宁．部门分割视角下的收入差距代际传递变动趋势[J]．贵州财经大学学报，2018(3)：93-101.

[159] COLEMAN, JAMES S. Social capital in the creation of human capital[J]. American Journal of Sociology, 1988(94): 95-120.

[160] KILLEWALD A, PFEFFER F T, SCHACHNER J N. Wealth inequality and accumulation[J]. Annu Rev Sociol, 2017, 43(1): 379-404.

[161] ROEMER J E, TRANNOY A. Equality of opportunity[J]. Elsevier, 2015, 2: 217-300.

[162] 李实，陶彦君，詹鹏．全球财富不平等的长期变化趋势[J]．社会科学战线，2022(4)：71-84，281.

[163] [法]托马斯·皮凯蒂．21世纪资本论[M]．巴曙松，陈剑，余江，等，译．北京：中信出版社，2014.

[164] LUSARDI A, MICHAUD P C, MITCHELL O S. Optimal financial knowledge and wealth inequality[J]. Journal of Political Economy, 2017, 125 (2): 431-477.

[165] 陈永伟，顾佳峰，史宇鹏．住房财富、信贷约束与城镇家庭教育开支——来自CFPS2010数据的证据[J]．经济研究，2014，49(S1)：89-101.

[166] 王丽艳，季奕，王咿瑾．住房财富、家庭收入和教育支出——基于天津市微观调查数据的分析[J]．城市发展研究，2019，26(5)：

116-124.

[167] PFEFFER F T, KILLEWALD A. Generations of advantage. Multigenerational correlations in family wealth[J]. Social Forces, 2017, 96(4): 1411-1442.

[168] 杨倩. 家庭背景与不同层次、质量、性质高等教育的获得[J]. 高教探索, 2012(6): 144-148.

[169] 蔡文伯, 伍开文. 家庭背景对高等教育入学机会的影响——基于新疆的实证研究[J]. 教育科学, 2014, 30(4): 55-61.

[170] 周燕芳, 刘小瑜. 家庭受教育水平与收入不平等关系研究——基于 CFPS2016 数据分析[J]. 江西社会科学, 2020, 40(3): 85-95.

[171] 闫新华, 杭斌. 收入不平等与家庭教育支出——基于地位关注的视角[J]. 山西财经大学学报, 2017, 39(5): 1-13.

[172] 周广肃, 夏宇锋. 收入不平等对中国家庭教育期望的影响[J]. 经济科学, 2021(6): 130-142.

[173] OLIVER M L, SHAPIRO T M. Black wealth/white wealth: A new perspective on racial inequality [M]. London: Routledge, 1995.

[174] GALE, WILLIAM G, JOHN KARL SCHOLZ. Intergenerational transfers and the accumulation of wealth[J]. Journal of Economic Perspectives, 1994, 8(4): 145-160.

[175] 亓寿伟. 中国代际收入传递趋势及教育在传递中的作用[J]. 统计研究, 2016, 33(5): 77-86.

[176] 王处辉, 朱焱龙. 高等教育获得与代际流动: 机制、变迁及现实[J]. 中南大学学报(社会科学版), 2015, 21(2): 174-181.

[177] 张山. 财政义务教育支出对代际收入流动的影响[J]. 经济问题, 2021(2): 71-79.

[178] GURYAN JONATHAN, ERIK HURST, MELISSA KEARNEY. Parental education and parental time with children[J]. Journal of Economic Perspectives, 2008, 22 (3): 23-46.

[179] PIOPIUNIK MARC. Intergenerational transmission of education and

mediating channels: Evidence from a compulsory schooling reform in Germany [J]. The Scandinavian Journal of Economics, 2014, 116 (3): 878-907.

[180] 周向伟，张天雪. 感知与突围：教育场域中农村家庭的阶层代际流动——基于 CGSS 数据的实证分析[J]. 教育发展研究，2020，40(6)：1-8.

[181] 陈琳. 促进代际收入流动：我们需要怎样的公共教育——基于 CHNS 和 CFPS 数据的实证分析[J]. 中南财经政法大学学报，2015(3)：27-33，159.

[182] 邹薇，张芬. 农村地区收入差异与人力资本积累[J]. 中国社会科学，2006(2)：67-79，206.

[183] 徐俊武，张月. 子代受教育程度是如何影响代际收入流动性的？——基于中国家庭收入调查的经验分析[J]. 上海经济研究，2015，(10)：121-128.

[184] RAJ CHETTY, JOHN N FRIEDMAN, EMMANUEL SAEZ, et al. Income segregation and intergenerational mobility across colleges in the United States[J]. The Quarterly Journal of Economics, 2020, 135(3): 1567-1633.

[185] BJÖRKLUND ANDERS, MARKUS JÄNTTI, MATTHEW J. LINDQ UIST. Family background and income during the rise of the welfare state: Brother correlations in income for Swedish men born 1932-1968[J]. Journal of Public Economics, 2009, 93(5-6): 671-680.

[186] DESCHENES OLIVIER. Estimating the effects of family background on the return to schooling[J]. Journal of Business & Economic Statistics, 2007, 25 (3): 265-277.

[187] CARD DAVID, ALAN B. KRUEGER. Does school quality matter? Returns to education and the characteristics of public schools in the United States [J]. Journal of Political Economy, 1992, 100 (1): 1-40.

[188] CARD DAVID. Estimating the return to schooling: Progress on some persistent econometric problems[J]. Econometrica, 2001, 69 (5): 1127-1160.

[189] 周金燕，钟宇平. 教育对中国收入不平等变迁的作用：1991—

2006[J]. 北京大学教育论，2010，8(4)：106-119，190.

[190] 陈晓东. 教育对我国收入不平等的影响：测度与分解[J]. 上海财经大学学报，2021，23(6)：97-108.

[191] 候玉娜. 教育阻隔贫富差距代际传递的效果与机制——基于“反事实”分解技术的实证分析[J]. 教育研究，2020，41(11)：22-35.

[192] 杨沫，王岩. 中国居民代际收入流动性的变化趋势及影响机制研究[J]. 管理世界，2020，36(3)：60-76.

[193] 袁青青，刘泽云. 中国居民代际收入流动性趋势研究[J]. 经济学动态，2022 (1)：117-131.

[194] 方长春. 教育扩张是否影响了教育收益率——基于中国城镇数据的 HLM 分析[J]. 教育研究，2019，40(1)：111-121.

[195] GUGUSHVILI ALEXI, et al. Intergenerational mobility in relative educational attainment and health-related behaviours[J]. Social Indicators Research, 2019, 141 (3): 413-441.

[196] MARKANDYA ANIL. Intergenerational exchange mobility and economic welfare[J]. European Economic Review, 1982, 17 (3): 307-324.

[197] VAN KERM, PHILIPPE. What lies behind income mobility? Reranking and distributional change in Belgium, Western Germany and the USA [J]. Economica, 2004, 71 (282): 223-239.

[198] 刘李华，孙早. 中国居民代际收入流动性的水平、来源与潜力测算——来自 CGSS 和 CHIP 的经验证据[J]. 南开经济研究，2022(4)：22-42.

[199] 霍雨佳，刘泽琦. 教育代际传递对农村子女收入性别差距的影响及差异性分析——基于反事实视角[J]. 人口学刊，2023，45(3)：90-110.

[200] 卢现祥，尹玉琳. 代际职业流动的制度分析[J]. 广东社会科学，2018(3)：185-198，256.

[201] FIRPO SERGIO, FORTIN NICOLE M, LEMIEUX THOMAS. Unconditional quantile regression[J]. Econometrica, 2009, 77(3): 953-973.

[202] FERNANDO RIOS-AVILA. Recentered influence functions (RIFS)

in Stata：RIF regression and RIF decomposition[J]. The Stata Journal，2020，20(1)：51-94.

[203] DUNCAN G，YEUNG W J，BROOKS-GUNN J，et al. How much does childhood poverty affect the life chances of children[J]. American Sociological Review，1998(63)：406-423.

[204] CASE A，LUBOTSKY D，PAXSON C. Economic status and health in childhood：The origins of the gradient[J]. The American Economic Review，2002，92(5)：1308-1334.

[205] LIU A，XIE Y. Influences of monetary and non-monetary family resources on children's development in verbal ability in China[J]. Research in Social Stratification & Mobility，2015(40)：59-70.

[206] 郑洁．家庭社会经济地位与大学生就业——一个社会资本的视角[J]．北京师范大学学报(社会科学版)，2004(3)：111-118.

[207] RAVAZZINI LAURA，JENNY CHESTERS. Inequality and wealth：Comparing the gender wealth gap in Switzerland and Australia[J]. Feminist Economics，2018，24 (4)：83-107.

[208] 刘阳阳，王瑞．寒门难出贵子？——基于“家庭财富—教育投资—贫富差距”的实证研究[J]．南方经济，2017(2)：40-61.

[209] 李春玲．高等教育扩张与教育机会不平等——高校扩招的平等化效应考查[J]．社会学研究，2010，25(3)：82-113，244.

[210] 李忠路，邱泽奇．家庭背景如何影响儿童学业成就？——义务教育阶段家庭社会经济地位影响差异分析[J]．社会学研究，2016，31(4)：121-144，244-245.

[211] 吴晓刚．中国当代的高等教育、精英形成与社会分层——来自“首都大学生成长追踪调查”的初步发现[J]．社会，2016，36(3)：1-31.

[212] 金久仁．从资本差距到场域隔离：城乡教育的家庭支持差距研究[J]．教育科学，2019，35 (1)：1-8.

[213] 张世伟，周闯，贾朋．东北地区城镇家庭劳动供给行为研究——基于劳动供给离散选择模型的经验分析[J]．中国人口科学，2011，

(1)：54-63，111-112.

［214］张巍，许家云，杨竺松．房价、工资与资源配置效率——基于微观家庭数据的实证分析［J］．金融研究，2018(8)：69-84.

［215］JOULFAIAN，DAVID，and MARK O. WILHELM. Inheritance and labor supply［J］. Journal of Human Resources，1994，29(4)：1205-1234.

［216］HOLTZ-EAKIN D，JOULFAIAN D，ROSEN H S. The Carnegie conjecture：Some empirical evidence［J］. The Quarterly Journal of Economics，1993，108(2)：413-435.

［217］陈敏．家庭财富转移对下一代劳动收入的影响机制研究［D］．杭州：浙江大学，2015.

［218］戈艳霞，张彬斌．财产性收入与劳动供给新红利——对“扩大财产性收入人群”的政策效应评估［J］．劳动经济研究，2018，6(1)：20.

［219］KLASIK D. The college application gauntlet：A systematic analysis of the steps to four-year college enrollment［J］. Research in Higher Education，2012，53(5)：506-549.

［220］GUERRA A L，BRAUNGART-RIEKER J M. Predicting career indecision in college students：The roles of identity formation and parental relationship factors［J］. Career Development Quarterly，1999，47(3)：255-266.

［221］SHUMBA A，NAONG M. Factors influencing students［J］. Journal of Social Sciences，2012，33(2)：169-178.

［222］周兴，张鹏．代际间的职业流动与收入流动——来自中国城乡家庭的经验研究［J］．经济学(季刊)，2015，14(1)：351-372.

［223］金久仁．家庭背景与毕业生职业获得关系的公平性研究［J］．教学研究，2009，32(2)：5.

［224］李忠路，邱泽奇．家庭背景如何影响儿童学业成就？——义务教育阶段家庭社会经济地位影响差异分析［J］．社会学研究，2016，31(4)：121-144，244-245.

［225］CORAK M. Do poor children become poor adults? Lessons from a cross country comparison of generational earnings mobility［J］. Iza Discussion

Papers, 2006, 13 (6): 143-188.

[226] 马草原，王东阳，程茂勇．家庭背景与就业机会——父母的职位特征为何介入了子女在首要部门的就业竞争？[J]．南开经济研究，2018(6): 149-169.

[227] 刘俊霞．人力资本投资、就业促进与社会保障[J]．中南财经政法大学学报，2008(3): 28-32.

[228] LOCKHEED, MARLAINE E, BRUCE FULLER, et al. Family effects on students' achievement in Thailand and Malawi[J]. Sociology of Education, 1989: 239-256.

[229] PÉREZ-GONZÁLEZ, FRANCISCO. Inherited control and firm performance[J]. The American Economic Review, 2006, 96 (5): 1559-1588.

[230] 邓淑娟，戴家武，辛贤．家庭背景对大学生毕业去向的影响[J]．中国农业大学学报(社会科学版)，2012，29(3): 109-117.

[231] 韦颖．普通高校毕业生就业意向测评的建构与实证研究——以云南省六所普通高校为对象[J]．高等教育研究，2017，38(2): 61-66.

[232] 张川川．子女数量对已婚女性劳动供给和工资的影响[J]．人口与经济，2011(5): 29-35.

[233] 邹红，彭争呈，栾炳江．隔代照料与女性劳动供给——兼析照料视角下全面二孩与延迟退休悖论[J]．经济学动态，2018(7): 37-52.